ÉTICA E DEMOCRACIA ECONÔMICA

CAMINHOS PARA A SOCIALIZAÇÃO DA ECONOMIA

L. M. Luzio-dos-Santos

Ética e Democracia Econômica

Caminhos para a socialização da economia

Editora
Ideias & Letras

1ª impressão

EDITORA IDEIAS & LETRAS

Rua Barão de Itapetininga, 274
República - São Paulo /SP
Cep: 01042-000 – (11) 3862-4831
Televendas: 0800 777 6004
vendas@ideiaseletras.com.br
www.ideiaseletras.com.br

Dados Internacionais de Catalogação na Publicação (CIP)
de acordo com ISBD

Ética e democracia econômica: caminhos para a socialização da economia/L. M. Luzio do Santos
São Paulo: Ideias & Letras, 2020.
232 p.: 16cm x 23cm.

ISBN: 978-85-5580-067-2

1. Economia. 2. Democracia econômica. 3. Ciência política. 4. Ética I. Título.

2020-405 CDD 330
CDU 33

Elaborado por Odilio Hilario Moreira Junior - CRB-8/9949

Índice para catálogo sistemático:
1. Biografia 330
2. Biografia 33

À minha família:
Érica, Sofia, Gabriel, Maria Adelina e José Adelino,
pelo amor, compreensão e inspiração.

Agradecimentos

A todos os colegas que, de alguma forma, contribuíram para a reflexão e execução deste livro. Aos alunos que fomentaram as discussões em sala com questionamentos e comentários que enriqueceram os conteúdos aqui abordados. A todos os autores que serviram de referência e inspiração e, principalmente, aos amigos Clodomiro Bannwart, Sinival Osório Pitaguari, Fábio Silveira e Cesar Henrique Resende por contribuírem com discussões, sugestões e *insights*.

“As forças da luz começam a fazer-se sentir com maior potência do que antes. Elas não precisam, para prevalecer, perseguir, amordaçar, esmagar, eliminar. Precisam apenas brilhar, como uma vela simples e humilde que transmite sua chama a outras velas, e estas a outras mais, até que, num tempo, não tão longe quanto se teme, as sombras ficam contaminadas pela luz e todo o ambiente se ilumina.”

Marcos Arruda

Sumário

Prefácio

Prefaciar a obra *Ética e Democracia Econômica: Caminhos para a Socialização da Economia*, de Luís Miguel Luzio-dos-Santos, constitui motivo de alegria e, igualmente, de grande satisfação. Não há, porém, como se furtar da responsabilidade que o convite, por mais amigável que seja, impõe a quem recebe o desafio de tecer considerações a respeito da obra, que o leitor e a leitora, na sequência, serão agraciados tanto pelo conteúdo quanto pelo estilo da escrita.

O livro trata de um assunto nada fácil, que é o de equacionar ética, democracia e economia à luz do quadro empírico que fomenta as engrenagens da sociedade contemporânea. E, nesse sentido, o autor teve o cuidado de resgatar as fontes filosóficas que edificaram o discurso normativo – ético e moral – com o propósito de examinar a viabilidade de uma democracia econômica comprometida com princípios e valores.

Na Antiguidade grega encontra-se o berço originário, ao menos para a tradição ocidental, que tematizou a pauta dos problemas enfrentados neste livro. Na *Apologia de Sócrates*, por exemplo, Platão (1999, p. 57) confere a seu mestre a seguinte afirmação: "Digo-vos que dos haveres não provém a virtude para os homens, mas da virtude provêm os haveres e todos os outros bens particulares e públicos". É clara a alusão de que a virtude (ética) deve preceder a dinâmica dos bens materiais, sejam eles privados ou públicos.

Da Grécia antiga aos dias atuais ocorreram muitas mudanças que exigem o esforço de atualização dos pressupostos teóricos que pretendem certificar o quadro explicativo da presente conjuntura sócio-histórica. E este é um aspecto robustecido, ao longo do livro, por dados empíricos que cooperam para uma reflexão teórica vinculada à realidade. Reflexão destemida que colhe em diversas fontes teóricas aporte para um diagnóstico da realidade, sem se furtar de apontar prognósticos factíveis.

Valendo-se da companhia de importantes teóricos, o livro não deixa de enfrentar a possibilidade de a ética e a moral frutificarem em solo democrático, mesmo ciente da dinâmica sistêmica do mercado e do sistema financeiro que, amiúde, diminui o peso normativo das sociedades complexas e funcionalmente diferenciadas da contemporaneidade. A esse respeito, vale importante consideração do filósofo Jürgen Habermas ao ponderar que "em sociedades complexas, até os esforços mais sérios de auto-organização política fracassam perante obstáculos resultantes do sentido próprio do mercado e do poder administrativo. Antigamente, a democracia era imposta contra o despotismo encarnado no rei, em partes da nobreza e do alto clero. Atualmente, a autoridade política se despersonalizou; a democratização não se confronta mais com os obstáculos genuinamente políticos, mas com imperativos sistêmicos de um sistema administrativo e econômico diferenciado" (HABERMAS, 1997, p. 256). Desnuda-se que a democracia não é um acessório exclusivo a azeitar o liame entre Estado e sociedade, mas deve igualmente se ocupar de gerir condições mais altivas a lidar com os componentes funcionais e sistêmicos do capitalismo, incluindo aí, sem pestanejar, o *modus operandi* da economia e do sistema financeiro.

A ética, nessa quadra, fica alijada em razão dos imperativos sistêmico-funcionais, os quais impõem à sociedade preceitos pragmáticos destituídos da possibilidade de tematização dos fins almejados coletivamente. O caráter pragmático da ação faz a dinâmica sistêmica girar em falso, porém, com a aparência de valores éticos. Essa miopia normativa, tão bem retratada no livro, mostra que o tecido social deixa de ser fruto de relações normativas oriundas da ética, da moral e da política, e passa a ser justificado tão somente com base nas relações de produção. O emblemático para o quadro de uma teoria social, que empreende esforços de entender a sociedade hoje, é a constatação de que os mecanismos de integração social passam a ser de natureza não normativa.

Isso reflete, de certo modo, uma ordem social em que a estrutura normativa é, *pari passu*, substituída por mecanismos sistêmicos constituídos quase que exclusivamente por um processo de valorização do capital. Esse modo objetificador de ver e entender a sociedade faz restar apenas um processo de acumulação repetitivo, sem dar conta de assegurar qualquer viabilidade emancipatória, visto que a dinâmica do mercado e do sistema financeiro se assenta em uma base destituída de estabilizadores normativos provenientes do lastro social.

Nesse sentido, a democracia deve incorporar um diálogo mais profícuo com as esferas sistêmicas da sociedade, sob pena de ser por elas sucumbida. Não há como falar em Estado Democrático de Direito desconsiderando os aspectos funcionais e sistêmicos da sociedade, sobretudo o papel exercido pela economia e as suas consequências acentuadas na sociedade e no próprio Estado. Esse é um importante aspecto da pauta contemporânea sobre a qual o presente livro, além de chamar a atenção, partilha de estimulantes reflexões.

Considerando que a ética exige responsabilidade individual em relação a escolhas de ações do ponto de vista privado e, igualmente, responsabilidade social quanto às ações que impactam a sociedade, nada desabona que o mercado, na medida em que opera na sociedade, delibera e persegue fins, tenha atinente grau de responsabilidade tanto no âmbito negocial privado quanto social. Se a responsabilidade é inerente ao discurso ético, impossível desvincular a responsabilidade privada e social do mercado, sobretudo de suas consequências produzidas. Ao menos sob o quadrante do Estado Democrático de Direito é impossível abandonar a reinvindicação do discurso ético. Despedir-se da ética é, em boa medida, repudiar as instituições que balizam a legitimidade da ordem social. É negar a democracia e o próprio direito. É fazer valer exceções e não a regra que moldura o Estado constitucional. Como bem diz Habermas (1999, p. 31), "a filosofia não subtrai ninguém da sua responsabilidade prática", nem mesmo o mercado.

É fundamental que o mercado, e mais recentemente o próprio sistema financeiro, sejam levados a participar das estruturas democráticas do Estado de Direito. Fora desse quadrante resta a barbárie, tanto social como negocial. Projetar uma reflexão capaz de colocar o mercado, sob o ponto de vista normativo, no horizonte do Estado Democrático de Direito é tarefa árdua que o autor se impõe, conduzindo o seu leitor a permanentes questionamentos ao longo do livro. O empreendimento visa demonstrar que a ética e a moral – valores e princípios – servem como dispositivos de proteção às formas de vida socioculturais vulneráveis que, perpassadas pela ingerência de uma lógica sistêmica e instrumental, são ameaçadas em suas três vertentes de sustentabilidade: social, econômica e ambiental.

O livro que o leitor e a leitora ora dispõem é um alento teórico no âmbito das discussões na atual quadra da história. A densidade da reflexão e o cuidado teórico ao explorar os temas que conjugam a ética, a democracia e a economia demonstram que Luís Miguel Luzio-dos-Santos soube qualificar, a contento, o sentido pleno da pesquisa acadêmica aliado ao didatismo que lhe é peculiar no exercício do magistério superior, como professor na Universidade Estadual de Londrina.

Espero ter reunido nas poucas páginas que me couberam redigir neste "Prefácio" o destaque merecido da obra, construída com inovadora abordagem prática e sólida fundamentação teórica, e que certamente engrandecerá a literatura da área, possibilitando ampliar o *corpus* de pesquisa, leitura e exploração por parte da comunidade acadêmica e público em geral interessado na temática.

Clodomiro José Bannwart Júnior é professor de Ética e Filosofia Política na Universidade Estadual de Londrina, atua no Programa de Mestrado em Direito Negocial e é coordenador do curso de especialização em Filosofia Política e Jurídica.

Introdução

O presente livro tem como principal objetivo fazer uma discussão sobre ética e sua interface com a economia, expandindo os domínios tradicionais dessa ciência social e procurando entender o seu *deficit* histórico com a questão da democracia. A proposta é trabalhar numa visão multidisciplinar abrangendo questões ligadas à ciência política, à sociologia e à filosofia, de modo a contextualizar os temas apresentados e ultrapassar a mera exposição de conteúdos, compreendendo-os à luz das diversas áreas de conhecimento interagentes. Há um esforço em conjugar a economia aos ideais democráticos, geralmente reduzidos à esfera política e incipientes nas demais dimensões, nomeadamente na econômica e social.

A economia contemporânea revestiu-se de uma pretensa neutralidade, comum às ciências exatas, mas distante das ciências sociais, sua verdadeira gênese. Ao se afastar de sua essência, descolou-se do compromisso com a reflexão ética e política, numa perspectiva positivista que teima em naturalizar a realidade, por mais iníqua que esta se apresente. Há um distanciamento da economia em relação a temáticas como distribuição de renda, erradicação da pobreza e preservação ambiental. É bom lembrar que o conceito clássico de economia era entendido como economia política, o que obrigava a uma reflexão mais ampla de suas funções e modos de ação, algo que se perdeu na história.

Sem muito esforço percebe-se que a contemporaneidade é dominada por um descompasso entre democracia política e poder econômico cada vez mais concentrado. Se, por um lado, ampliaram-se os países com regimes políticos democráticos, a concentração econômica vem cooptando os possíveis avanços democráticos. Atualmente, as corporações privadas detêm poderes maiores que muitas nações, ditando regras, condutas e valores para o conjunto da sociedade, haja vista que das 100 maiores economias do planeta, 69 são corporações, enquanto apenas 31 são países (GLOBAL JUSTICE NOW, 2016). Ou se avança em direção a uma ampliação do conceito de democracia, incorporando a dimensão econômica e social, ou todo o constructo embasado na ideia de soberania popular não passará de mais uma forma de alienação a serviço dos mais poderosos.

Karl Polanyi (2000, p. 52-53) defendeu a tese de que "o liberalismo econômico interpretou mal a história da Revolução Industrial porque insistiu em julgar os acontecimentos sociais a partir de um ponto de vista meramente econômico". A economia criou tamanha autonomia que se descolou das questões sociais, numa pretensa autorregulação que dispensaria a necessidade de qualquer intervenção externa. A sociedade passou a ser vista como um simples acessório do mercado, em vez do inverso. Para o autor, com o advento da modernidade houve um afastamento entre as relações econômicas e as sociais, sobrepondo a perspectiva individualista alimentada pelo autointeresse à busca pela construção do bem comum.

É cada vez mais evidente e preocupante o descompasso que se dá entre o crescimento acelerado da riqueza mundial e o agravamento das questões sociais e ambientais em todo o mundo, e pior, o crescimento econômico descolou-se do compromisso com a distribuição da riqueza coletivamente produzida e com o equilíbrio ambiental. A compreensão da economia como um campo autônomo e superior às demais áreas que compreendem os saberes da vida em sociedade fez com que se naturalizassem as iniquidades e se transferisse para a esfera pessoal problemas socialmente produzidos, numa perversa individualização das responsabilidades.

Percebe-se, de forma cada vez mais contundente, a incompatibilidade entre o sistema capitalista, hoje não mais dominado pela atividade produtiva, mas pelo capital financeiro-rentista, e a democracia. O primeiro é centrado na maximização do lucro a qualquer custo e no menor espaço de tempo possível, já a segunda fundamenta-se na defesa da soberania popular, o que envolve compromisso com a distribuição de renda e de poder. Durante boa parte do século XX, a democracia, de alguma forma, regulava o capital, mas inverteu-se o jogo e o capital passou a regular a democracia forjando-a aos seus interesses.

Thomas Piketty, em seu livro *O Capital no Século XXI*, apresenta um minucioso estudo sobre a distribuição de renda ao longo do tempo. A conclusão é que o crescimento das economias não foi acompanhado por uma distribuição de renda equivalente, o que ameaça a própria democracia (PIKETTY, 2014). Dados da ONG britânica Oxfam (2016), baseados no relatório anual sobre a riqueza mundial divulgado pelo banco Credit Suisse, mostram claramente o processo de aceleração na concentração de renda em todo o mundo. Em 2010, para se ter uma riqueza equivalente à metade da população da Terra eram necessários 388 bilionários; em 2014, esse número caiu para apenas 85 indivíduos; em 2017, o cálculo apontou que 8 indivíduos concentravam riqueza equivalente à soma de cerca de 3,6 bilhões de pessoas. A realidade brasileira não é diferente e, segundo o mesmo estudo, 6 bilionários detêm uma fortuna equivalente à soma de 100 milhões de pessoas, ou seja, metade da população do país. Ocupamos a 9ª colocação entre as nações com maior desigualdade econômica de todo o mundo (GINI, 2018). Tamanho desequilíbrio é explicado, em boa parte, pela cooptação política por parte das elites econômicas que manipulam e criam regras a seu favor, reproduzindo e aumentando as assimetrias.

Os indicadores ambientais reforçam o estado dramático em que estamos imersos, e colocam em xeque a própria sobrevivência da vida humana na Terra. De acordo com a Oxfam (2016), o 1% mais rico da população mundial é responsável por emitir 175 vezes mais gases poluentes na atmosfera do que a metade mais pobre da população mundial. Durante as últimas décadas do século XX, foram consumidos 33% dos recursos naturais do planeta. Nos EUA, resta menos de 0,4% de toda sua floresta original e 40% dos cursos de água estão impróprios para o consumo. Em

2012, aproximadamente 12,6 milhões de pessoas morreram em todo o mundo em decorrência dos problemas ambientais. Outro dado alarmante aponta para a insustentabilidade do modelo de consumo atual: caso todos os habitantes do planeta consumissem na mesma proporção da população norte-americana, precisaríamos de quatro planetas Terra para atender a demanda (UNEP, 2016). Por todos os lados emergem dados que sinalizam para a necessidade de mudanças drásticas no rumo trilhado pelas sociedades contemporâneas, sob o risco de vermos o futuro ameaçado.

O presente texto procura estudar a economia vinculada ao compromisso social e ético, entender os impactos econômicos sobre o conjunto da sociedade com vistas ao bem comum, apoiando-se na ideia de expansão da democracia, indo além da dimensão política e partindo para a econômica e social. Aqui, entende-se por democracia a soberania popular, a proteção dos direitos humanos fundamentais, a liberdade de expressão, os direitos individuais e das minorias das diferentes culturas, religiões e a garantia de igualdade de oportunidades e equidade econômica a todos os cidadãos da Terra. A democracia econômica propõe-se a assegurar as necessidades materiais básicas para o conjunto da população a partir de descentralização dos mecanismos de poder e distribuição equitativa dos resultados do trabalho coletivo, em que a referência de desenvolvimento seja definida pela qualidade de vida dos membros mais fragilizados da sociedade.

A análise de qualquer projeto de desenvolvimento socioeconômico deverá levar em conta três questões fundamentais: quais os resultados almejados? Quem são os principais beneficiários? Quais os possíveis subprodutos ou custos desse processo? O conceito de desenvolvimento está condicionado ao local para o qual se dirige o olhar: se for para o topo da pirâmide, certamente a ideia de sucesso estará vinculada a símbolos de *status* e à riqueza ostentada pelo grupo hegemônico. De forma oposta, concentrando-se a atenção na qualidade de vida das populações que compõem a base da pirâmide social e econômica, a compreensão é outra e são evidenciadas as contradições, a exploração, as regras iníquas que regem a vida em sociedade e a insensibilidade diante do outro.

Uma teoria clássica sobre desenvolvimento apoia-se no princípio *trickle-down*, de acordo com o qual quanto maior a riqueza do topo da pirâmide social, melhor para todos, pois os recursos escorrem em forma de cascata de cima para baixo, o que beneficia o conjunto da sociedade. De acordo com essa tese, a prioridade de qualquer governo deveria ser estimular os do topo, que apresentam as melhores condições de prosperar, levando a reboque os demais. Uma segunda interpretação entende que os recursos do topo jamais atingirão a base de forma automática e natural, pois boa parte é desviada para atividades especulativas, impedindo que o fluxo atinja os estratos mais baixos da pirâmide social, e mesmo que isso viesse a ocorrer, seria residualmente: de um "bolo" imenso, sobrariam apenas migalhas. Dessa forma, apenas por meio da pressão da sociedade e da intervenção direta do Estado, definindo regras que impeçam a exploração, democratizando as oportunidades e garantindo distribuição equitativa da riqueza coletivamente produzida é que se poderá assegurar o mínimo de justiça social e econômica.

Democracia pressupõe equilíbrio de forças, não só na esfera política, mas em todas as dimensões que compõem a vida em sociedade. Não pode haver avanços consistentes se a democracia se desenvolver em enclaves; ou ela se expande de forma integral ou se tornará um simples rascunho do ideal acalentado pela sociedade moderna. Para se avançar e ampliar o universo democrático é imprescindível evidenciar e compreender as conexões e articulações que se estabelecem entre as diferentes dimensões que integram a vida em sociedade. O pensamento complexo apresenta-se dentro dessa perspectiva e propõe a religação dos saberes fragmentados, imprescindível para se avançar para uma sociedade verdadeiramente democrática, em que o equilíbrio de forças entre os indivíduos transcende a dimensão política e se expande para as dimensões econômica, social e cultural.

Morin (2013), ao propor o pensamento complexo, religando o que se encontra desconectado, contraria o pensamento convencional que simplifica, reduz, segmenta e mutila o que é inteiro. Acredita-se que o pensamento complexo pode dar sustento à metamorfose social, individual e antropológica emergente, compreendendo a realidade como dialética, mas também dialógica, contraditória e complementar. A ordem também implica em desordem. A ciência tanto esclarece, como também cega; a civilização também contém a barbárie; a razão e a paixão precisam uma da outra, e o *uno* comporta a multiplicidade.

O presente livro divide-se em seis capítulos interdependentes que procuram apresentar a economia dentro de uma perspectiva multidisciplinar, avançando para os domínios político, sociológico e filosófico. O primeiro capítulo aproxima a reflexão ética da economia, algo que fez parte de sua constituição inicial, mas que foi paulatinamente se perdendo durante boa parte do século XX, numa pretensa neutralidade e autonomia. Ao se descolar a economia do compromisso com a reflexão ética, as relações e as responsabilidades foram enfraquecidas, ocorrendo um descompromisso com projetos de transformação mais profundos, centrados na inclusão social e no bem comum.

Os capítulos seguintes tratam dos principais sistemas econômicos. Iniciamos pelo sistema liberal e seus desdobramentos, com destaque para o neoliberalismo, fortalecido nas últimas décadas. Em seguida, são apresentados o modelo socialista e sua experiência de economia centralmente planejada efetivada na extinta União Soviética, além de outros modelos de inspiração socialista sob diferentes configurações. Por último, são abordados o modelo de economia mista, de inspiração keynesiana, que tem nos modelos de Estado de bem-estar social suas principais experiências empíricas. Todos estes sistemas são confrontados com a respectiva visão de democracia que os caracteriza, considerando suas contribuições e contradições.

Os últimos dois capítulos, 5 e 6, trabalham o tema central que atravessa todas as discussões do livro, a democracia econômica. O capítulo 5 apresenta a democracia numa perspectiva mais abrangente, trazendo sua origem e desenvolvimento histórico, com destaque para seus elementos constituintes e diferentes constructos, algo imprescindível para se avançar com a ideia de democracia integrativa, na qual as diferentes dimensões são vistas como interdependentes e complementares. O capítulo 6 debruça-se sobre a democracia econômica, a qual é evidenciada como o nó górdio para se evoluir para uma democracia ampliada. A cooptação da esfera política pela econômica nas últimas décadas demonstra a necessidade de se reavaliar as estruturas de poder hegemônicas e a repensar o próprio ideal democrático, haja vista que se nada for feito, em breve retrocederemos para modelos oligárquicos ou plutocráticos que achávamos ter sepultado.

O último capítulo traz a discussão sobre democracia econômica na dimensão organizacional, considerando o seu porte superlativo e seus *designs* de propriedade cada vez mais concentrados num número reduzido de pessoas. Diante de um contexto mundial em que as empresas ocupam um espaço cada vez mais expressivo e superam a força de muitos Estados-nação, é imprescindível que a democracia invada essas instituições, sob a ameaça de ser dominada por interesses individuais centrados unicamente na maximização do lucro. Ao se assumir essa preocupação, são apresentados alguns modelos de democracia organizacional que emergem como experiências promissoras ao se comprometerem com a participação, promoção do bem comum, sustentabilidade, e com formas de sociabilidade e convivência enriquecidas.

Há um esforço em contextualizar os conteúdos a partir dos principais problemas contemporâneos, como a pobreza, a concentração de renda e a degradação ambiental. Dessa forma, elege-se a ética e a democracia como elementos fundamentais na construção de qualquer resposta consistente em termos econômicos, sociais e ambientais, diante dos desafios superlativos que se apresentam na contemporaneidade. Conforme as palavras de Sousa Santos (2003, p. 56): "Deve-se buscar garantir igualdade sempre que as diferenças nos discriminem e assegurar a diferença sempre que a igualdade nos descaracterize".

1. Ética, economia e sociedade

1.1 Correntes éticas

A ciência econômica é compreendida sob duas perspectivas distintas, a chamada visão preditiva e a normativa. A primeira, de tradição positivista, a entende como uma espécie de engenharia econômica, em que se faz uso de um conjunto de ferramentas técnicas para administrar recursos escassos com vistas a obter ganhos contínuos de produção e produtividade. A segunda, conhecida por economia normativa, envolve juízos de valor associados a questões ideológicas e a reflexões éticas, morais e valorativas, entendidas como indispensáveis numa ciência social aplicada, como é o caso da economia.

Conforme descreve Amartya Sen (1999), economista indiano laureado com o Nobel em 1998, a economia teve duas origens distintas, uma relacionada à "ética" e à busca do bem viver coletivo e a outra dominada por princípios instrumentais de pretensa exatidão, focada no objetivismo quantitativo e mecânico. Sen concentra boa parte dos seus esforços em aliar economia e ética a partir da crítica ao domínio, quase absoluto, da economia preditiva que, ao reduzir-se a indicadores de eficiência financeira, despreza a reflexão ética que lhe deveria servir de guia.

Ao longo do tempo, e particularmente nas últimas décadas, a economia passou a se curvar à racionalidade instrumental, alimentada por cálculos matemáticos que a revestiram de pretensa exatidão e a afastaram das humanidades. A fome no mundo, as epidemias e a falta de trabalho decente são entendidos como questões individuais, resultado de escolhas equivocadas de sujeitos pouco produtivos e incapazes de se organizar adequadamente, o que se traduz em assimetrias "naturais".

Historicamente, percebe-se que em vários momentos houve esforços em aliar a ética às questões da vida econômica. Aristóteles, na obra *Ética a Nicômaco*, associou economia a finalidades humanas, demonstrando preocupação com os destinos e os propósitos da riqueza, atribuindo à política a tarefa de legislar sobre o que se deve ou não fazer em proveito do bem da coletividade. Para Aristóteles, a ética está relacionada às virtudes, que para serem alcançadas precisam de reflexão racional, sabedoria e prudência. As virtudes nada mais são do que um meio termo entre dois vícios que se efetivam na temperança, sendo o vício o resultado da ignorância, enquanto a virtude decorre da sabedoria que se desenvolve através do hábito que conduz o homem ao bem, seja como indivíduo, sociedade ou espécie.

> Quanto à vida consagrada ao ganho, é uma vida forçada, e a riqueza não é evidentemente o bem que procuramos: é algo de útil, nada mais, e ambicionado no interesse de outra coisa. E assim, antes deveriam ser incluídos entre os fins os que mencionamos acima, porquanto são amados por si mesmos. Mas é evidente que nem mesmo esses são fins; e, contudo, muitos argumentos têm sido desperdiçados em favor deles. (ARISTÓTELES, 1991, p. 6)

Na visão aristotélica, o que move os indivíduos a determinadas normas de conduta não é a autoridade externa, mas um certo impulso natural de convivência e união comunitária (*philia*), uma forma de corresponsabilidade social e cumplicidade entre os cidadãos que se estabelece não por medo, mas pela verdadeira vivência da cidadania na *polis*. Não é a lei que suporta a *philia*, mas a *philia* que suporta a lei, sendo um sentimento que ocorre entre homens livres e racionais. Existe um direcionamento para a unidade e para o bem movido pelo exercício das virtudes alimentadas pela razão e desenvolvidas por meio do hábito. Para o autor, o fim maior de cada indivíduo é a busca da felicidade, que se sintoniza com a racionalidade e faz com que a adesão a uma vida virtuosa, o caminho para o bem viver e para uma existência plena levem as potencialidades humanas a se desenvolver em toda a sua plenitude.

Mais recentemente, a ética das virtudes tem sido revigorada por autores como Alasdair MacIntyre, que, no livro *Depois da Virtude*, usa o argumento de que vivemos numa época de desordem e complexidade em que princípios universais não são mais aceitáveis, ficando restritos ao nível local e a determinado tempo histórico. Valores éticos são relativos, construídos socialmente e não universalizáveis, pois encontram sua validade condicionada a um contexto estrito, em que cada um se submete às regras e virtudes aceitas pela comunidade. Essa perspectiva se adequa à versão política do comunitarismo que entende qualquer tentativa de universalismo de valores ou condutas como uma forma de colonização.

Ao longo da história outros modelos éticos ganharam espaço, muitas vezes se conflitando, em outras se complementando, o que ajudou a desenvolver constructos teóricos cada vez mais complexos e consistentes com os dilemas e desafios de cada época. Entre as diferentes proposições, duas tornaram-se particularmente frutíferas ao alimentar variadas reflexões e abrir espaço para novas discussões e teses acerca da questão ética. Destaca-se a corrente deontológica (centrada no dever) e a teleológica (focada nas finalidades ou consequências). As duas, cada uma à sua maneira, procuram desenvolver reflexões racionais consistentes para resolver a vasta gama de dilemas éticos com que somos confrontados cotidianamente.

O filósofo mais ambicioso em relação à formulação de um modelo capaz de abarcar uma moralidade universal foi, certamente, Immanuel Kant (1724-1804). Para ele, a moral pode e deve fundamentar-se na razão humana, considerando a sua autonomia moral que permite fazer escolhas conscientes e livres, sendo o indivíduo apenas desresponsabilizado por seus atos quando está sob domínio de forças externas, o que, nesse caso, tornaria sua ação desprovida de qualquer valor moral. Para Kant, a vontade humana é capaz de alcançar a moralidade, tendo em vista o dever como essência da ação. Tal preposição contraria a visão grega da busca pela felicidade como principal indutor da virtude e, da mesma forma, distancia-se da visão teleológica, que atribui valor ao efeito e à consequência em detrimento do dever em si que a razão impõe à vontade.

Para esse autor, a boa vontade é razão em ação liberta de influências sensíveis, pois só assim pode-se falar de uma vontade realmente livre e capaz de efetivar o que a razão estabelece como dever. Trabalha-se incessantemente diante de forças contrárias: por um lado, o que gostaríamos de realizar, paixões e vontades e, por outro, os imperativos impostos pela razão, diferentemente da ideia aristotélica que relaciona razão ao *ethos* e à felicidade. Para Kant, a moralidade não se traduz necessariamente em felicidade, nem se pode julgar moralmente o indivíduo pelas consequências de seus atos, pois ao serem motivados por dever, estes justificam-se por si mesmos; e uma vez que se movem pela busca das causas, a razão que leva à ação parte de um valor intrínseco, entendido como suficiente. A ação por dever é sempre moral, já a ação conforme o dever, ainda que correta, pode não ser entendida como moral, mas como legal.

Kant e a moral deontológica fixam-se no dever da ação que é despertado através da razão, que pressupõe o crivo da reflexão crítica do ser racional e consciente. Não há uma preocupação com o exercício das virtudes ou reflexão sobre o conceito de bem: essas nada mais são do que consequências das ações movidas pelo dever, orientado livremente pela vontade do agente. A norma encontra-se dentro da razão e não externa a ela, e, ao ser acessada racionalmente, leva a diagnósticos comuns e permite a definição de regras universais expressas através de imperativos categóricos que asseguram o exercício adequado do dever, como proposto por Kant em duas máximas complementares: "Age de tal modo que a máxima de tua ação possa sempre valer como princípio universal de conduta" e "Age sempre de tal modo que trates a humanidade, tanto na tua pessoa como na do outro, como fim e não apenas como meio". No *eu* estariam os critérios de validade da universalização da norma, ou seja, todos devem ser capazes de agir universalmente, inclusive *eu*.

Kant inspirou diversos autores ao longo da história, com destaque para os contemporâneos: Habermas, que se aproxima ao entender a moral numa perspectiva cognitivista, mas se afasta ao substituir a razão individual pela dialógica; por sua vez, John Rawls, também influenciado por Kant, se ocupou particularmente em responder à questão: "O que seria uma sociedade justa?".

Habermas (2012) foi responsável por acrescentar ao modelo kantiano a comunicação e a intersubjetividade, avançando ao defender que a universalidade de uma norma não se deve dar por monólogo ou ação reflexiva individual, mas através de argumentação dialógica entre seres racionais que, ao se comunicarem em igualdade de condições, são capazes de viabilizar consensos possíveis. A ação comunicativa de Habermas não se fundamenta na razão reflexiva, mas na razão comunicativa, sustenta-se no diálogo argumentativo num processo de negociação de comunicação/cultura, ultrapassando o domínio, quase absoluto, da razão instrumental que tudo reduz à lógica objetiva, produtivista e performática. Abre-se, assim, a prevalência de consensos coletivos encontrados a partir do grupo e não na reflexão isolada dos sujeitos. A subjetividade se transforma em intersubjetividade fundada na razão comunicativa resultante do discurso interpessoal, fruto de uma sociabilidade participativa, e que expande as tradicionais fronteiras democráticas. Dentro da ética do discurso está a dimensão da inclusão, da integração potencial de todos os que desejem participar da discussão e a inclusão de todos os pontos de vista.

A racionalidade comunicativa é orientada para o entendimento entre as partes envolvidas e não para a manipulação ou dominação, o que leva ao fim das assimetrias de poder, dinheiro ou posição social – o entendimento se dá via argumento entre iguais. A desejada condição de igualdade não ocorre naturalmente, e por isso deve ser perseguida como fundamento essencial para o desenvolvimento de uma moral comunicativa. De forma mais específica, Habermas parte de um grupo de pressuposições-idealizações basilares para que a ação comunicativa possa se desenvolver consistentemente:

1. Ser inteligível;
2. Ser suscetível de demonstrar a validade daquilo que se diz;
3. Buscar o acordo do interlocutor;
4. Postular que o interlocutor é racional;
5. Respeito recíproco;
6. Descentralização em relação à sua própria visão de mundo ou aos seus próprios interesses.

Além da corrente deontológica, uma segunda perspectiva ético-filosófica apoia-se na base teleológica, ou seja, coloca no lugar do dever a finalidade da ação. Essa corrente encontra eco nos utilitaristas Jeremy Bentham (1748-1832) e John Stuart Mill (1806-1873). A ética utilitarista parte da máxima "a melhor vida para uma pessoa consistirá na que consegue apresentar o melhor balanço entre prazer e dor". Para os utilitaristas, é impossível conhecer as motivações do ator, mas apenas as consequências de suas ações; os fins é que definem as morais teleológicas.

A corrente teleológica, ou utilitarista, entende a utilidade como constitutiva de uma fonte de sentimento moral quando não é considerada apenas em relação à própria pessoa, mas contribui para a felicidade da sociedade. A utilidade deve proporcionar a maior soma de bem-estar para a coletividade. Para esse fim, Bentham baseia-se no cálculo hedonista que contrapõe prazer e dor, em que o saldo deve proporcionar a maior vantagem para o maior número de pessoas, mesmo que traga prejuízo individual. O autor oferece ao legislador tanto um objetivo quanto um conjunto de conselhos para atingir esse objetivo. Em suma, o objetivo é o princípio utilitarista, ou princípio da máxima felicidade, sendo trabalho do legislador utilizar o seu conhecimento da natureza humana para criar leis que maximizem a felicidade de seu povo (BENTHAM, 2002).

Alguns opositores da corrente utilitarista argumentam que seguindo essa racionalidade a escravidão poderia ser aprovada, desde que os escravos fossem felizes. Bentham contra-argumenta ao afirmar que as escolhas livres dos indivíduos são a nossa melhor informação sobre o que se entende por felicidade e ao se considerar que ninguém escolhe voluntariamente a escravidão, conclui-se que essa jamais seria uma escolha para a felicidade. Quando Bentham usa a frase "a maior felicidade do maior número", quer dizer que o interesse de poucos poderosos não pode ter preferência sob o interesse de muitos; se um benefício não puder ser ofertado a todos, deve ser ofertado ao maior número possível de interessados.

Tanto Stuart Mill quanto Bentham são considerados hedonistas, ou seja, entendem a felicidade como o fim maior a ser perseguido por todo ser humano, o que, em síntese, consiste na maximização do prazer e na minimização da dor. Tudo o que desejamos ou é uma parte da felicidade, ou é um meio para alcançá-la.

Mill, embora compartilhe da visão de felicidade como objetivo maior, usa um cálculo diferente de Bentham para avaliar o valor moral. O critério de Mill não é a maior felicidade pessoal, mas a maior soma de felicidade geral, além de não restringir-se a elementos quantitativos, introduzindo apreciações qualitativas, com critérios diferentes para situações distintas, seja de dor e/ou prazer, o que ajuda a enriquecer a análise.

É importante ressaltar que tanto a perspectiva kantiana quanto a utilitarista são limitadas e apresentam problemas. A corrente deontológica, seguida por Kant e seus sucessores, é criticada por desconsiderar o contexto e certas particularidades em nome de deveres "cegos", incapazes de medir as consequências de seus atos. Ao se concentrarem no rigor do dever, desconsideram as singularidades de cada situação, o que pode induzir a erros graves: imagine um indivíduo perseguido por criminosos que se refugia em sua casa; esses criminosos batem à sua porta e lhe perguntam se ele está. O imperativo do dever obriga que se fale a verdade, contudo, isso condenará um inocente.

Por outro lado, o utilitarismo ou a ética teleológica também possui restrições e imperfeições ao se limitar a cálculos finalísticos, reduzindo a complexidade humana, a diversidade e as subjetividades. É fácil cair na tentação de, em nome de fins nobres, se aceitar "certa" corrupção de meios. Além do mais, essa corrente tende a desprezar os efeitos da ação sobre minorias, considerando que busca o bem em nome da maioria, desconsiderando os efeitos sobre as minorias. Todavia, o utilitarismo tem avançado em suas teses pela mão de autores contemporâneos como Peter Singer, que em vez da premissa clássica de avaliar a dor em contraposição ao prazer para o maior número de pessoas, propõe, em seu princípio da consideração da igualdade de interesse, que as pessoas devam dar a mesma importância a todos os afetados pela ação, mesmo quando se trata de minorias, como uma balança que pondera interesses imparcialmente e trata os diferentes de forma distinta.

Por meio desta breve explanação sobre as principais correntes éticas, reforça-se a tese de que nenhuma é completa e destituída de lacunas, críticas, limitações ou mesmo inconsistências, o que obriga a se avançar além das fronteiras tradicionais, incorporando concepções mais complexas e multiformes, ainda mais quando se tenta fazer a aproximação da ética a questões de natureza econômica. A pretensa autonomia da economia torna-se cada vez mais preocupante, pois despreza discussões normativas e se fecha sobre si mesma, limitando-se a interesses corporativos, individualistas e cada vez mais distantes da busca pelo bem comum e a incorporação da dimensão democrática em seus constructos estruturais. É inevitável ter que caminhar em trilhas ambíguas e imperfeitas, que exigem cuidados e atenção diante de conhecimentos precários, provisórios e imperfeitos. A abertura para o diálogo e para o confronto de ideias é fundamental, o que reforça a importância do aprofundamento da discussão e a articulação com outros saberes e perspectivas.

1.2 Ética e economia

Adam Smith (1723-1790), considerado o pai da economia moderna, buscou entender o funcionamento da sociedade por meio de "leis naturais", apoiado nos princípios newtonianos de *mundo-máquina*. Em sua obra *A Riqueza das Nações*, exalta as vantagens do livre mercado, do individualismo e da concorrência para o desenvolvimento da atividade econômica, opondo-se a interferências que obstaculizem a capacidade de autorregulação dos mercados. Conclui que o ser humano é essencialmente movido pelo autointeresse e que a melhor forma de assegurar eficiência à economia é através da livre disputa entre produtores e consumidores (SMITH, 2010).

Entre os autores da modernidade, Smith (1999) foi o primeiro a se ocupar da relação entre ética e economia. Na obra *Teoria dos Sentimentos Morais*, faz uma distinção entre a esfera social e a econômica, e imprime comportamentos morais diferentes para cada uma delas. O mundo econômico é regido pelo autointeresse e pela disputa, já as demais esferas da vida em sociedade são movidas pelo "autocontrole" alcançado por meio de um sistema moral centrado na simpatia/empatia.

Conforme destacado pelo autor, por mais egoísta que se possa conceber a natureza humana, esta não deixa de apresentar interesse pela sorte do outro, o que nada mais é do que um movimento no sentido da simpatia/empatia. Para Smith, o sistema ético deve responder a duas questões essenciais: 1) Em que consiste a virtude?; 2) De que forma um homem determina que uma ação seja virtuosa? Ambos questionamentos se sintonizam com o princípio moral da simpatia/empatia, que, em essência, é a capacidade de julgar nossas condutas a partir da posição dos outros e verificar se assim somos capazes de simpatizar conosco mesmos e aprovar nossa conduta.

Smith não acredita na existência de um sentimento moral inato. A convivência é que define as regras de moralidade, a exemplo da atividade comercial que, em outros tempos, era entendida como pecaminosa, um campo propício à exploração e à ganância, e hoje é enaltecida como sinônimo de prosperidade e iniciativa. Porém, em outro momento, o autor descreve a existência de uma lei moral constituída de valores de caráter inato e universal que asseguram a distinção entre bem e mal, posição esta que se confronta com a anterior e deixa dúvidas sobre o seu real parecer.

Todavia, Smith esclarece que o amor-próprio e o autointeresse são os principais motivadores humanos, mas são regulados pela "mão invisível" do mercado, quando diferentes forças se confrontam e tendem ao equilíbrio. Mas o amor-próprio está submetido à necessidade que cada um tem por aprovação e reconhecimento, o que gera uma preocupação constante com a avaliação dos outros. Essa situação conduz à perspectiva de "espectador imparcial", que se baseia no exercício de sair de si mesmo e, por meio da simpatia/empatia, colocar-se na posição do semelhante, o que alimenta o autocontrole e policia o egoísmo.

É comum encontrar críticas a Smith em virtude de um possível paradoxo ou mesmo inconsistência entre os valores do autocontrole, da benevolência e da simpatia, defendidos na obra *Teoria dos Sentimentos Morais*, e o autointeresse e amor-próprio exaltados no livro a *Riqueza das Nações*. Porém, esta possível dualidade é entendida pelos seus seguidores como formas complementares. Na esfera coletiva prevalecem o individualismo e o egoísmo, que são compensados na esfera pessoal, quando sobressai a preocupação com o outro, o que assegura certa harmonia social.

1.3 Além do autointeresse

É notório o descolamento da economia atual em relação a análises normativas mais acuradas. Prefere-se a relativização ou até mesmo a negação da pertinência de submeter a economia a qualquer discussão ética, entendendo-a como neutra e autônoma, destituída de juízos de valor. Todavia, enquanto essa posição é defendida por autores clássicos, como Petty, Quesnay e Walras, para outros, a relação entre ética e economia é visceral e indissociável, como é o caso de Smith, Mill, Marx e, mais recentemente, Sen e Rawls.

Amartya Sen (1999) entende tanto a perspectiva ética quanto a da engenharia econômica como reducionistas quando observadas isoladamente, demonstrando a necessidade de complementariedade. Só conjugadas poderão assegurar um certo equilíbrio, que se sobrepõe ao plano das boas intenções, mas sem lastro instrumental, ou, por outro lado, um tecnicismo apartado de deveres e consequências. Segundo o autor, é necessário aliar o compromisso entre a alocação apropriada de recursos escassos com justiça social, equidade de oportunidades e sustentabilidade sistêmica.

O autor concentra suas críticas na corrente hegemônica que entende tudo o que não for maximização do autointeresse como irracional. O agir movido exclusivamente pelo próprio interesse pode não trazer o máximo de satisfação se comparado a ações coletivas de cooperação, como foi atestado pela teoria dos jogos e o equilíbrio de Nash.[1] Sen é contrário à ideia de que o autointeresse é a única atitude racional em termos econômicos e defende que a motivação humana é muito mais complexa e exige um entendimento ampliado da realidade. A questão que deve balizar o debate concentra-se

---

1 John Nash (prêmio Nobel da economia em 1994) veio contrariar os argumentos de Adam Smith, defendendo a supremacia do princípio da cooperação sobre o do individualismo. Para ilustrar essa abordagem, recorre-se à analogia conhecida como "dilema dos prisioneiros", segundo a qual numa situação em que dois prisioneiros são suspeitos de um crime, mas não existem provas suficientes para a condenação de nenhum dos dois, são lhes propostas as seguintes condições: se um dos prisioneiros confessar a culpabilidade do outro e este permanecer em silêncio, o que confessou será solto e o denunciado condenado a dez anos de prisão. Caso os dois resolvam acusar-se mutuamente, cada um será condenado a cinco anos. Agora, se ambos resolverem cooperar e não se acusarem, só pegarão um ano cada. De acordo com esta situação, o melhor resultado para os dois será alcançado através da cooperação e não da competição.

no que de fato move o ser humano e até que ponto o autointeresse ocupa uma posição de supremacia na definição das ações de foro econômico, ou se outras motivações interagem e são da mesma forma importantes na definição das ações de cada indivíduo. Um exemplo trazido por Sen (1999) refere-se ao sucesso da economia japonesa, que, diferentemente dos modelos ocidentais clássicos, afastou-se em vários momentos do comportamento autointeressado dos indivíduos e acolheu o dever, a lealdade e a boa vontade em favor do bem comum, conseguindo aliar vigor econômico e elevados índices de bem-estar social, nomeadamente com alguns dos melhores indicadores de distribuição de renda do mundo. Essa análise demonstra o peso da cultura e dos laços sociais na construção de uma sociedade capaz de ultrapassar o monopólio do individualismo.

Para estimar o valor ético de uma ação econômica é necessário ir além da sua utilidade imediata e ampliar o espectro de análise para outras dimensões, só assim será possível captar os possíveis desdobramentos sobre o todo social. Sen rejeita a visão utilitarista clássica, entendendo-a como reducionista ao isolar as questões econômicas, desarticulando-as das demais esferas que compõem a vida em sociedade. O utilitarismo tradicional serve de base para a ortodoxia econômica, o que leva à compreensão dos fenômenos sociais como estritamente mecânicos, numa visão linear, estável e previsível.

Sen critica também as abordagens influenciadas pela filosofia pós-utilitarista expressas nos modelos tradicionais de economia do bem-estar, que procuram combinar o comportamento autointeressado e a avaliação normativa. O autor denuncia a precariedade dessa posição ao julgar o êxito ou fracasso de acordo com a soma total de utilidades criadas, desprezando-se a forma como estas são distribuídas.

> Para chegar a uma avaliação global do *status* ético de uma atividade é necessário não apenas considerar seu valor intrínseco (se ela o possuir), mas também seu papel instrumental e suas consequências sobre outras coisas, isto é, examinar as diversas consequências intrinsecamente valiosas ou desvaliosas que essa atividade pode ter. (SEN, 1999, p. 91)

Uma das mais importantes contribuições de Sen (2000) para a moderna economia e para a ética contemporânea está calcada no seu entendimento de pobreza como privação de capacidades e obstáculo ao desenvolvimento do potencial humano. Para o autor, o desenvolvimento de um país está relacionado à sua capacidade de expansão das liberdades, entendidas não como uma forma de *laissez-faire* que assegura a dominação dos mais fortes, mas como parâmetro para avaliar o processo de emancipação de uma população.

Só há verdadeira liberdade quando os indivíduos têm asseguradas as oportunidades para fazer escolhas e exercer sua cidadania plenamente, sem ter que se sujeitar a escolhas movidas pelo desespero e/ou pela ausência de alternativas. Não se pode falar em liberdade quando uma boa parte é condenada ao desemprego, ou ao trabalho em condições aviltantes, simplesmente por não ter escolha. Essa é uma realidade cada vez mais comum em empresas multinacionais, que usam do desespero das populações dos países do terceiro mundo para explorar sua mão de obra que, por não ter opção, se submete a qualquer condição de trabalho, por mais precária que seja. Ao privar grande parte da população mundial de condições básicas de dignidade e bem-estar, e à medida que a própria sobrevivência se encontra ameaçada, nega-se a liberdade mais elementar, a liberdade de escolha.

Em seus estudos, Sen enfatiza que a pobreza nem sempre é resultado da falta de produção de bens, mas de falhas na distribuição. Essa análise denuncia o divórcio da economia em relação à ética: ao deixar-se cegar pela racionalidade instrumental, a economia passa a entender o ser humano como objeto e não como sujeito, como meio e em vez de fim. A eleição do autointeresse e do individualismo como formas superiores, não restritas à racionalidade econômica, vem criando um mundo insustentável e pronto a implodir pela inconsistência de seus pressupostos.

Dentro dessa perspectiva, o livre mercado como é vivenciado na contemporaneidade está longe de ser realmente livre, já que liberdade pressupõe a oportunidade de realizar escolhas, privilégio restrito a um número muito reduzido de indivíduos. Predomina a controversa tese do "darwinismo social", segundo a qual se entende a realidade socioeconômica a partir da mesma racionalidade que embasa o processo da evolução das espécies, em que apenas os mais aptos sobrevivem. Contudo, ao propor a transposição da racionalidade da natureza para o mercado despreza-se o que nos faz humanos, a capacidade de desenvolver culturas, laços de afeto e a reflexão ética, que impõe deveres e consciência sobre as consequências de cada escolha.

John Rawls (2002), filósofo norte-americano, é outro autor que, embora não tenha se ocupado diretamente da relação entre economia e ética, trouxe importantes contribuições para o campo das ciências sociais aplicadas. Sua trajetória como filósofo foi dedicada a tentar responder à espinhosa questão: "O que é uma sociedade justa?". Para o autor, a justiça é a principal virtude das instituições sociais, assim como a verdade está para os sistemas de pensamento. Notabilizou-se particularmente pela obra *Uma Teoria da Justiça*, que segue a tradição deontológica, mas inova ao incluir reflexões e proposições que ampliam o entendimento da realidade, procurando aliar o princípio da liberdade com o da igualdade, geralmente entendidos como antitéticos.

Para sua reflexão sobre justiça, Rawls (2002) parte de duas premissas essenciais: a existência de escassez moderada de recursos, ou seja, a oferta de recursos é menor do que a demanda desejada pela população, o que impõe um esforço para que os bens disponíveis possam chegar a todos. A segunda premissa é o reconhecimento do pluralismo na sociedade. A visão de bem não é igual entre os indivíduos e não pode ser imposta uniformemente como defendiam os clássicos, que se apoiavam na ideia de bem supremo e da política como forma de efetivação desse ideal. Não sendo o bem consensual, isso obriga a incorporação da diversidade e do pluralismo.

De acordo com Rawls, uma sociedade para ser justa deve atender a três princípios fundamentais:

1. **Princípio da liberdade:** A máxima liberdade deve ser assegurada para cada indivíduo, mas esta deverá ser compatível com igual liberdade para os demais. Devem-se assegurar liberdades como: de expressão, de religião, de pensamento, de ideologia, entre outras, e estas não devem ser violadas em troca de vantagens econômicas ou de outra natureza.
2. **Princípio da oportunidade justa:** Deve haver condições de igualdade de oportunidades no acesso a funções ou posições

na sociedade. Qualquer tipo de desigualdade só deve ser aceita caso seja respeitado inicialmente o princípio da igualdade de oportunidades.

3. **Princípio da diferença:** Deve ser priorizada a distribuição equitativa da riqueza, exceto quando a desigualdade promover maior benefício para os menos favorecidos.

O autor parte do pressuposto de que a sociedade é composta por indivíduos racionais e razoáveis, capazes de formular um princípio de bem, escolher fins e dotar-se de meios adequados para a sua efetivação. O fato de cada um eleger os seus fins não pode eliminar os dos demais, contudo, não necessariamente os nossos fins são os melhores, o que obriga a se seguir o princípio da razoabilidade que, por sua vez, deságua na tese central de Rawls, de que não é possível encontrar os princípios fundamentais, a estrutura básica de uma sociedade, a não ser na posição original, quando somos submetidos às condições do "véu de ignorância". A concepção rawlsiana de justiça parte de uma nova forma de contrato social, não mais a partir do Estado de Natureza (pré-social), mas da posição original.

A justiça só se pode sustentar na imparcialidade, não pode ficar condicionada à posição que cada um ocupa no momento, naturalmente viciada, precisa de um certo afastamento. Dessa forma, Rawls propõe um descolamento sobre a posição de cada um (posição original), como se estivéssemos envoltos por um "véu de ignorância" que nos obriga a refletir sobre as múltiplas posições que poderíamos ocupar dentro do tecido social vigente, ou seja: pobre, rico, homem, mulher, negro, branco. Dessa forma, o filósofo nos leva a refletir sobre a arquitetura social mais justa e adequada para viver em sociedades em que independentemente do lugar e da posição social ocupados teríamos asseguradas condições de dignidade e igualdade de oportunidades que nos permitiriam desenvolver plenamente as nossas potencialidades.

O princípio da equidade proposto por Rawls (2002) é uma alternativa ao utilitarismo, considerando que o outro não pode ser utilizado como meio para atingir certos fins, o outro deve ser um fim em si mesmo. Não se justifica o sacrifício de alguns em nome da maioria, cada um deve ter o seu direito inviolável, sendo possuidor de um valor intrínseco, a partir de três fundamentos essenciais:

1. Igual liberdade para todos;
2. As desigualdades econômicas e sociais devem ser distribuídas de forma que garantam os maiores benefícios possíveis para os menos favorecidos;
3. Considerando que há um certo número de recursos a distribuir, estes serão melhor distribuídos quando garantirem mais para cada um, mas prioritariamente favorecendo quem estiver na pior posição.

O "véu de ignorância" proposto por Rawls obriga-nos a perceber que a posição que ocupamos na sociedade é, em grande parte, determinada por fatores aleatórios definidos ao nascer e que passam longe de talento, esforço ou mérito individual, como muitos querem fazer ver. O que nos livrou de nascermos numa favela, numa família desestruturada ou num país sem oportunidades de ascensão social? Certamente não foram aptidões especiais ou mesmo o esforço individual, mas fatores distantes do nosso controle. Assim, quem nasceu numa situação privilegiada deveria refletir sobre a dívida social para com aqueles que não tiveram a mesma sorte, considerando que os piores lugares poderiam ser ocupados por qualquer um, inclusive por ele mesmo. Dessa forma, em nome da justiça, deveríamos defender a mudança das estruturas viciadas que fazem com que uma grande parte da sociedade se torne refém dessas iniquidades.

Sociedades justas dependem de igualdade de oportunidades, algo que só poderá se efetivar caso todos se beneficiem das mesmas condições formais de educação, saúde e alimentação, dentre outros bens primários; e possíveis benefícios ou privilégios devem ser repassados preferencialmente para os membros menos afortunados, a fim de corrigir erros passados. A tese de Rawls tem servido de alicerce para a elaboração de políticas públicas de inclusão, como cotas sociais e raciais, renda mínima e políticas compensatórias adotadas em vários países e regiões do mundo. São exemplos alguns estados norte-americanos que facilitam, a grupos discriminados, o acesso a empregos públicos e a universidades, ou ainda a lei das cotas sociais e raciais nas universidades públicas brasileiras.

Certas assimetrias e privilégios são aceitos em situações específicas, desde que sejam aprovados democraticamente pela sociedade e que essa pontual desigualdade conduza ao melhor resultado geral. Um exemplo é quando, visando atrair médicos para cidades do interior, pagam-se salários acima da média; essa vantagem justifica-se por produzir benefícios para toda a comunidade. Todavia, essa tese é muitas vezes combatida por possibilitar a abertura de brechas para o crescimento das desigualdades e fazer com que vantagens pontuais se tornem cumulativas e passem a interferir nas "regras do jogo", reproduzindo e acentuando as desigualdades.

Outra importante proposição do autor diz respeito à atribuição de vantagens para as funções mais desprestigiadas dentro da sociedade. Quem se submete a desempenhar atividades rejeitadas pelos demais membros da coletividade deverá ter compensações que justifiquem a baixa atratividade da função. Rawls (2002) vai além, e alerta que essas atividades "menos nobres" não podem ser impeditivas para que os filhos destes trabalhadores consigam ter acesso às mesmas oportunidades de desenvolvimento dos filhos dos profissionais de maior *status* social, ou seja, a atividade dos pais não poderá ser determinante da posição dos seus descendentes.

Na posição original as pessoas não escolheriam a máxima utilidade, nem a mínima, mas o que este chama de *maximin (maximum minemorum)*, o máximo do mínimo seria a escolha geral. O conceito de *maximin* parte da ordenação das alternativas a partir das piores e dentro de uma reflexão sobre as respectivas consequências de cada uma; assim, devemos procurar a alternativa em que a pior consequência seja superior a cada uma das piores consequências encontradas nas demais opções. A atenção deve repousar sobre os possíveis resultados menos favoráveis, reduzindo-se ao máximo os potenciais prejuízos ou, de outra forma, buscando-se maximizar o bem-estar da pessoa em pior situação. Este princípio dá base para os modernos Estados de bem-estar social, que se propõem a maximizar a qualidade de vida dos indivíduos em piores condições dentro do tecido social.

Sob a perspectiva de justiça proposta por Rawls, dois pesquisadores norte-americanos, Dan Ariely, da Duke Universty, e Mike Norton, da Harvard Business School, realizaram um interessante estudo no início da década de 2010. Os pesquisadores solicitaram a um grupo de pessoas de diferentes classes sociais dos EUA que definissem como percebiam a distribuição de renda no país. O resultado foi totalmente desvinculado da realidade, já que a maioria acreditava que havia maior equilíbrio entre estratos sociais do que na realidade ocorre, considerando que os 40% da população norte-americana que compõem a base da pirâmide social, contam com apenas 0,3% da riqueza total, enquanto os 20% do topo detêm 84%. Após esse primeiro levantamento, foi proposto aos mesmos entrevistados que definissem como seria uma sociedade justa, na qual se sentissem confiantes diante da aplicação do "véu de ignorância" de Rawls. Do total de entrevistados, 94% apontou como ideal de sociedade aquele em que a estrutura social se assemelha à vivida nos países escandinavos, em que 20% dos que se encontram no topo da pirâmide não ultrapassam 32% da riqueza total. Contudo, o que mais surpreendeu os pesquisadores é que o modelo escandinavo se apoia em forte intervenção estatal e na priorização da equidade e do bem comum, algo rechaçado pela cultura tradicional americana que sempre enalteceu a liberdade individual e a redução do papel do Estado como o melhor mecanismo para a construção da sociedade desejada.

1.4 Ética, economia e complexidade

A ética em economia exige uma reflexão profunda e capaz de fugir de interpretações apressadas e maniqueístas que tentam reduzir a realidade entre bem e mal, certo e errado. Há que se considerar que tanto o egoísmo quanto o altruísmo fazem parte da natureza humana e, como tal, convivem dentro de cada indivíduo. Assim, quando se tenta negar a dimensão altruísta, cooperativa e solidária em nome da hegemonia do egoísmo e do individualismo, como ocorre na atualidade, acaba-se empobrecendo o humano. Também, quando se limita a racionalidade econômica ao autointeresse, incorre-se em distorção, pois se reduz a ação econômica à busca pela maximização da produção e produtividade, numa pseudoneutralidade técnica, que desconsidera a necessidade de incorporação dos deveres éticos, que envolvem escolhas, prioridades e invadem o plano social, cultural, ambiental e político.

A fragilidade da ética econômica vivenciada na atualidade é, em última análise, o resultado da visão segmentada, seccionada e hiperespecializada que norteia o conhecimento da nossa realidade, um mundo sem laços nem responsabilidade pelo que não é imediato e possa se converter em vantagens individuais. Tudo o que não nos impacta diretamente é entendido como externalidade e varrido para debaixo do tapete junto com as consciências adormecidas, criando uma "terra de ninguém". Como nos diz Dowbor (2008), "substitui-se a perversidade pela ignorância" numa lógica escapista e irresponsável, como a de quem afirma: "*só fabrico cigarros, ninguém é obrigado a consumi-los*", ou "*só fabrico armas, não sou eu que aperto o gatilho*".

O paradigma econômico dominante entende o resultado de cada um como fruto do esforço individual e, desde que as regras legais sejam cumpridas, o resultado é visto como justo. A racionalidade econômica tradicional tende a manipular a ética e adaptá-la a seus interesses, levando um determinado código de valores apresentado como inquestionável, apolítico e universal a transformar-se em mecanismo de poder e dominação a serviço da preservação do *status quo.* As regras passam a ser definidas pelo mesmo grupo que delas se beneficia (CATTANI, 2009, p. 206-207).

Ainda que os esforços individuais sejam importantes e devam ser incentivados como mecanismos de desenvolvimento moral, a ética não pode ficar reduzida ao comportamento dos indivíduos ou das empresas, considerando que estes estão sujeitos a uma macroestrutura, no caso, o próprio sistema econômico que os condiciona e domina. A ética econômica não pode se restringir ao domínio econômico, pois a mudança para ocorrer necessita da intervenção política, o que nos traz de volta à economia clássica, que nasceu como economia política, reconhecendo que o sistema econômico é um subsistema no interior da sociedade (SUNG, 1995).

De acordo com Sung (2002), as discussões éticas contemporâneas estão centradas no sujeito e desprezam ou reduzem a importância da reflexão em torno do sistema socioeconômico vigente, aceitando-o como natural e imutável, mesmo diante de iniquidades cada vez mais evidentes. A discussão ética não pode se resumir às decisões individuais, mas também às estruturas que excluem, exploram e dominam os mais fragilizados. Em nome da liberdade individual, parece que tudo se justifica, mesmo sabendo que quando esta avança de forma indiscriminada, converte-se em poder e não em mais satisfação ou bem-estar.

Estudos no campo da economia e da psicologia social comprovam que a partir de certo nível de renda qualquer soma adicional não se repercute em níveis superiores de satisfação pessoal ou felicidade. Nessa situação, o acúmulo de riqueza deixa de se converter em qualidade de vida e se transforma em poder, que invade corrosivamente o campo da democracia política, cooptando-a e interferindo nas relações de equilíbrio que lhe deveriam dar sustentação. A liberdade de alguns não pode servir de pretexto para a dominação dos demais, já que liberdade sem igualdade de oportunidades não é liberdade, mas tirania.

As regras que balizam o jogo econômico terão de partir de uma reflexão ética sobre o que, a quem e quais impactos cada ação irá produzir. Não se pode esquecer de que a grande maioria da população do mundo é pobre ou miserável e que só haverá democracia, de fato, caso estes se tornem participantes ativos na definição das estruturas socioeconômicas mais apropriadas para o resgate da sua dignidade e bem-estar. Além do mais, a economia só se tornará verdadeiramente ética quando for capaz de incluir a todos, se responsabilizar pelas consequências de seus atos, respeitar as diferenças individuais e culturais e cuidar para que os ecossistemas possam ser preservados em toda a sua integridade.

As multicrises que se alastram por todo o mundo se traduzem no embate entre homem e natureza e entre o homem e o seu próximo, o que demonstra o impasse civilizacional em que nos encontramos, exigindo urgentes mudanças. De acordo com Morin (2005), a solução passa necessariamente pelo autoconhecimento, que é a base para o desenvolvimento ético necessário. Morin é conhecido pela sua abordagem transdisciplinar (pensamento complexo), um enfoque multifacetado que procura entender a realidade a partir da religação das partes com o todo e o todo com as partes, aliando os diferentes conhecimentos e saberes, seccionados e isolados na modernidade.

A ética é assim entendida como o exercício permanente de religação entre as partes e o todo, levando o ser humano a se encontrar consigo mesmo, com sua comunidade e com a sua espécie, o que impõe responsabilidade e solidariedade. Outro sentimento levantado é a empatia, termo oriundo do grego *empatheia*, "paixão, estado de emoção", sendo uma palavra etimologicamente formada por en-, "em", mais *pathos*, "emoção, sentimento" e *aideia*, que é estar "dentro", ou seja, é estar dentro do sentimento alheio, é sentir a dor do outro.

Contrariamente à perspectiva kantiana, Morin não reduz a ética ao dever ou à simples intenção, por isso, a insuficiência de uma moral ignora o problema dos efeitos e consequências de cada ato. Contudo, também a visão utilitarista/consequencialista é limitada ao reduzir-se ao cálculo entre bem e mal e ser incapaz de antever as consequências de cada ato desdobrado de forma imprevisível ao longo da cadeia de interações, a chamada ecologia da ação.

Morin defende a necessidade de complementaridade na perspectiva ética, algo presente no modelo de Max Weber, quando este apresenta a ética da convicção e a ética da responsabilidade. Enquanto a ética da convicção se concentra nas ações individuais independentemente dos resultados daí advindos, a ética da responsabilidade refere-se ao grupo e às decisões que impactam o bem-estar geral, mesmo que contrariem individualidades. Para Morin, responsabilidade desprovida de convicção seria oportunismo irresponsável e, por outro lado, uma convicção sem responsabilidade conduz à impotência. Não se consegue antecipadamente saber se o princípio da responsabilidade degradará a convicção ou a convicção degradará a responsabilidade; por isso a importância de incluir as duas dimensões num plano complementar e não excludente e substitutivo.

O discorrer histórico e a evolução científica permitiram uma maior emancipação humana, que passou a ter maior domínio sobre o seu destino e tornou-se menos propensa a imposições externas tais como religiosas, culturais e ideológicas. Mas, segundo Morin, é exatamente nesse ambiente que emerge a necessidade da autoética para direcionar nossas condutas, considerando que ela se fundamenta na reflexão, na introspecção, na autoanálise e na autocrítica, dentro de autonomia da consciência e sentido de responsabilidade.

Todavia, a autoética deve ser acompanhada pela socioética ou ética cívica, que incorpora elementos sociológicos, políticos e culturais e requer solidariedade e responsabilidade para se efetivar. O civismo torna-se a virtude sociopolítica da ética; se esse se enfraquece, a democracia e toda a convivência comunitária que dá base à vida em sociedade padecem. O civismo diz respeito às atitudes e comportamentos que caracterizam a vida em sociedade, definida por valores e deveres fundamentais ao exercício da vida coletiva e respeito às instituições democraticamente constituídas; são atitudes e comportamentos que se colocam a serviço da melhoria do bem--estar geral e do desenvolvimento progressivo da cultura política.

Por fim, o autor aborda a necessidade da antropoética, a qual se propõe a fazer a ligação entre a ética do universal com a do singular: é reconhecer o ser humano com suas diferenças e semelhanças. A antropoética vem se opor às éticas comunitárias específicas que tendem a se fechar sobre si mesmas, incorporando verdades vistas como superiores, o que Pedro Demo denomina de "síndrome do povo eleito". Por sua vez, a antropoética baseia-se na unidade na diversidade e diversidade na unidade e incorpora a ambivalência que nos é intrínseca, pois simultaneamente somos *homo sapiens/demens*, egoístas/altruístas; o bem pode conter o mal e vice-versa. Cada um vive para si e para o outro de maneira dialógica – complementar e antagônica – como potências latentes.

Para Morin (2005), a ética possui um aspecto individual, outro social e outro genético/espécie. Nenhuma ação deverá ter lugar sem que haja uma reflexão preliminar, ao que se propõe a autoética, que envolve a autonomia e as responsabilidades pessoais. Mas esta não é suficiente; deve vir acompanhada da socioética, que envolve a participação social, a relação com os outros, a capacidade de diálogo franco e aberto capaz de incluir diferentes pontos de vista e produzir consensos mínimos essenciais à vida em sociedades plurais. A antropoética, por sua vez, depende da cultura e da natureza humana e envolve um ambiente democrático que permite a relação indivíduo-sociedade, em que o cidadão deve se sentir responsável e solidário por todas as relações em que está imbricado direta ou indiretamente.

Complementarmente à tríade autoética, socioética e antropoética, defende-se a inclusão de uma quarta dimensão: a ecoética, que expande os domínios da ética para a dimensão ambiental. Ecoética é a ética que envolve um compromisso e um cuidado com todos os ecossistemas interagentes, o que inclui o conjunto de espécies que compõe nossa biodiversidade e faz com que o humano saia do centro do universo e passe a ser compreendido numa teia complexa de vida, sem hierarquia nem dominação, mas de coexistência, compartilhamento e colaboração, com relações simbióticas e comensais que remetem à ideia de casa comum.

A ética complexa pressupõe, acima de tudo, religação, como no caso da ética com a ciência e com a política. É religar-se aos nossos, aos outros e à Terra-Pátria, o que se pode resumir em dois mandamentos: disciplinar o egocentrismo e desenvolver o altruísmo. Isso impõe uma mudança de mentalidade apoiada na visão de interligação e interdependência, assegurando a existência de sociedades plurais e sustentáveis. Entretanto, não se pode conceber uma reforma externa sem uma profunda transformação na maneira de pensar, algo que só encontra consistência através da educação; não de qualquer forma de educação, mas a que prioriza a convivência e a coexistência e dá significado ao saber (CARVALHO, 2001).

Trata-se de um processo circular, em que não existe reforma de vida nem da ética sem reforma das condições econômicas, sociais e do modo de viver e, por outro lado, não há reforma social sem reforma de vida e sem reforma ética. É bom lembrar que a responsabilidade e a solidariedade são as fontes de toda a ética e que a sua regeneração não pode ser apartada da regeneração do civismo, que por sua vez depende da regeneração democrática. *Solidariedade*, *religação* e *responsabilidade* fazem parte de um processo de *autorretroalimentação*; não é um ou o outro, é um e o outro (MORIN, 2003).

A razão apartada da sensibilidade e de seus elementos subjacentes, como o cuidado, a alteridade e o exercício da empatia, é incapaz de nos impulsionar para níveis superiores de convivência social. Não é razão ou sensibilidade, mas razão e sensibilidade. Desenvolvimento com envolvimento, partes inseparáveis do mesmo corpo. Ao assumir-se essa aliança, inevitavelmente a dor dos mais fragilizados tem que nos tocar, as suas lutas têm que se tornar nossas e a sua inclusão no convívio fraterno do banquete comum, verdadeira obsessão. É necessário um jogo dialético entre razão e emoção, considerando que razão pura não existe e o sentimento deve-se submeter a um controle racional para não se cegar. O economista, quando se reduz ao cálculo, algo cada vez mais frequente, além de se distanciar das ciências sociais, sua origem, transforma-se numa máquina cega ao sentimento humano, o que explica em grande parte as multicrises produzidas por esta área de conhecimento.

Vemos apenas pedaços da realidade, geralmente aqueles que nos interessam, numa profunda crise de percepção. O que se encontra separado só poderá voltar a ser religado através da solidariedade, e esta depende de uma educação imbuída de sensibilidade social que se traduza em responsabilidade. Precisamos da razão comunicativa proposta por Habermas para nos abrirmos ao outro e considerar o seu ponto de vista, mas também da razão cordial proposta pela filósofa espanhola Adela Cortina que nos induz ao desenvolvimento emocional e desperta para a sensibilidade.

Há, no viver em comum, uma dimensão no nível dos sentimentos que ultrapassa em muito a argumentação meramente racional do cumprimento de direitos e deveres. Adela Cortina (2007) fala de uma cidadania fundada na razão cordial – em que a virtude da prudência é substituída pela virtude da *cordura* (termo espanhol para o qual parece não haver uma boa tradução em português) – que integra "inteligência, sentimento e coragem", ou seja, no viver com os outros é importante a capacidade de argumentar segundo regras, de reconhecermos uns aos outros como interlocutores válidos, mas também a capacidade de estimar valores, de entrar em sintonia, de compadecer-se e de se envolver. Quem não tem a capacidade da compaixão é incapaz de descobrir as injustiças e de se comover com a dor alheia. Precisamos, assim, aliar razão e sensibilidade, efetividade e afetividade.

1.5 Ética e economia em contexto

Economia, em sua origem semântica grega, significa "governo do lar" e representa o cuidado com a gestão das necessidades familiares, da cidade ou do país, mantendo um forte vínculo com questões éticas, o que perdurou até por volta do século XVII. Mais recentemente, a economia foi se afastando do seu compromisso com a dimensão normativa, da responsabilidade e do dever para com o bem comum, priorizando a perspectiva positivista, reduzida à geração de riqueza e otimização de recursos. A expansão da riqueza, por si só, transformou-se num fim em si mesma, alimentando interesses individualistas e a sede de poder. Explora-se, depreda-se e alteram-se as regras do jogo para perpetuar os tradicionais ganhadores.

A racionalidade moderna apoiou-se na crença de que o crescimento e o desenvolvimento das forças produtivas conduziriam a uma situação de bem-estar e qualidade de vida para todos. Acreditava-se que o domínio da natureza pelo homem, através do aprimoramento da ciência e da técnica, poderia libertá-lo de todas as agruras da pré-modernidade como a miséria, a guerra e a ignorância. Porém, o que se assistiu de fato foi o domínio das contradições e disjunções; a ciência deslocou-se da ética e a economia do seu compromisso social. Sob o formato de "engenharia econômica", a economia sobrepujou a política, enfraqueceu a democracia e, na atualidade, ameaça a sustentabilidade nas suas diferentes dimensões. Assim, se de um lado a riqueza e a acumulação de capital atingiram patamares sem precedentes, por outro, e em maior proporção, a miséria e a polarização entre ricos e pobres também atingiram níveis ficcionais.

A lógica capitalista, reforçada pelos pressupostos neoliberais que passaram a dominar o mundo a partir do final da década de 1970, sustenta a ideia de progresso linear conforme a sequência: mais ciência, mais tecnologia, mais riqueza, logo, mais bem-estar, numa visão reducionista que considera tudo o que virá como melhor do que o que já passou. Essa perspectiva é incapaz de compreender as ambivalências de um modelo de desenvolvimento unidimensional que, ao reduzir-se ao crescimento econômico provoca degradação e iniquidades sistêmicas, em que se enfraquecem os mecanismos de cooperação e solidariedade, empobrece-se a sociabilidade e destrói-se a diversidade ambiental e cultural. Para Morin (2007), precisamos urgentemente de uma cosmovisão que consiga religar definitivamente a cultura científica e a cultura das humanidades.

A última grande crise econômica mundial evidenciou a existência de problemas que vão muito além da simples técnica, pois são fundamentalmente éticos. A falta de critérios na concessão de empréstimos imobiliários nos Estados Unidos na primeira década dos anos 2000, um dos estopins da crise econômica mundial, tem como principal explicação a ganância desmedida dos mercados. A insaciabilidade dos investidores e dos executivos fez com que se corressem riscos sem limite, manipulassem balanços e se empurrasse o problema até não poder mais. Imóveis em Nova Iorque tiveram os preços multiplicados por 12 entre 2000 e 2008. Havia fundos alavancados em 48 vezes – como se para cada US$ 48 emprestados, eles tivessem apenas US$ 1 em caixa, e as agências de *rating* que avaliam o risco do mercado em dado momento continuavam a sinalizar estabilidade e segurança.

A crise global veio evidenciar o descolamento entre a economia e a ética, o que se traduziu na irresponsabilidade de indivíduos obcecados por ganhos ilimitados e que tudo fazem para verem seus lucros multiplicados, num processo compulsivo em que nenhuma soma é suficiente, algo que transcende o plano racional e passa ao patológico.

Uma pesquisa desenvolvida por Sam Pizzigati, integrante do Institute for Policy Studies, levantou alguns importantes números das inconsistências em vigor e da insaciabilidade dos líderes atuais. Em 1975, Reginald Jones era o CEO da General Electric. Apontado como um dos mais brilhantes executivos da sua época, recebia uma remuneração que equivalia a 36 vezes a renda de uma família de classe média americana. Em 2000, Jack Welch, CEO da mesma empresa, recebeu 144,5 milhões de dólares, ou seja, 3.500 vezes a renda de uma família média dos EUA. Certamente, as disparidades do nosso tempo não podem ser explicadas pelo talento, mérito ou qualquer outro fator que antes buscava justificar as assimetrias de ganhos, mas antes por estruturas viciadas e que se descolaram da realidade e, principalmente, da reflexão ética.

Dados recentes comprovam que a crise de 2008-2009 trouxe como consequência um aumento desastroso no número de famintos no mundo. Segundo a FAO, Organização das Nações Unidas para a Agricultura e Alimentação, de 860 milhões de desnutridos, o mundo saltou, depois da crise, para 1,2 bilhão. É bom lembrar que este cenário se dá num planeta com o fantástico PIB de mais de US$ 70 trilhões, o que representa uma renda *per capita* mundial de cerca de US$ 10.000, bem diferente dos US$ 1200 do início do séc. XX. Porém, as contradições só têm se expandido: 20% da população concentra 83% dos recursos; os 20% mais pobres ficam com apenas

1,4% do total de riqueza; mais da metade da humanidade sobrevive com menos de US$ 2,00 por dia; e 14 milhões de crianças morrem anualmente antes de completar cinco dias de vida por subnutrição ou doenças evitáveis e, segundo a UNESCO, o planeta soma mais de 800 milhões de analfabetos.

A história nos ensina que, sempre que a política se enfraquece, as forças do mercado se fortalecem, e, sempre que o mercado se fortalece, os mais fortes aumentam o seu poder e enfraquece-se a democracia. O poder político tornou-se refém do poder econômico e abandonou o seu compromisso com o bem comum. O resultado do trabalho coletivo é apropriado por um pequeno grupo, que acumula poder a ponto de conseguir alterar as estruturas socioeconômicas vigentes, moldando-as aos seus interesses, perpetuando privilégios. Caso a economia se descole da ética – entendida como dimensão de responsabilidade e do dever em relação ao outro – será impossível encontrar uma solução minimamente justa e equilibrada a ponto de assegurar a sustentabilidade da vida na Terra.

2. Liberalismos

Os capítulos que se seguem traçam um panorama dos principais sistemas socioeconômicos contemporâneos, com exemplos da trajetória histórica de cada um e dos seus desdobramentos. Mesmo diante de diferentes perspectivas, uma questão-chave serviu de guia para o desenvolvimento das temáticas aqui apresentadas: que modelo de sociedade desejamos? A resposta não é simples e não é objeto deste estudo explorar exaustivamente uma infinidade de proposições, mas procuramos apresentar os fundamentos que caracterizam as principais correntes ideológicas, sua sustentação teórica e experiências práticas.

Neste e nos próximos dois capítulos são expostos os três principais modelos socioeconômicos contemporâneos: o liberalismo econômico, o socialismo e a economia centralmente planificada, e, por fim, o modelo de Estado de bem-estar social. Porém, é importante deixar claro que se tratam de simplificações, quase tipos ideais weberianos, o que nos ajuda a definir os fundamentos de cada modelo, mesmo sabendo que a realidade é muito mais complexa e multifacetada, com diferentes aderências a cada uma das correntes socioeconômicas aqui expostas e por isso priorizou-se o uso dos termos no plural: liberalismos, socialismos e economias mistas.

2.1 Liberalismo econômico

O liberalismo econômico remonta a períodos perdidos na história, mas teve a sua sistematização e corpo teórico formalizados a partir das revoluções burguesas que se deram na Europa nos séculos XVII e XVIII, principalmente a Revolução Industrial, a Revolução Francesa e a luta pela independência dos Estados Unidos. A influência dos ideais iluministas e a ascensão da burguesia foram fatores decisivos para a queda dos regimes aristocráticos de então e a propagação do modelo de economia liberal que pouco a pouco se espalhou pelo Ocidente.

Adam Smith consagrou-se como o pai da doutrina econômica liberal, explorada em sua mais importante obra, *A Riqueza das Nações: Investigação sobre sua Natureza e suas Causas*, publicada em 1776. Nela, o autor reforça a vantagem do individualismo e do liberalismo para estimular e expandir a atividade econômica, em que as ações movidas pelo autointeresse, sem interferência estatal, seriam a forma mais eficiente de produzir riqueza e impulsionar o progresso. O autor defende a capacidade de autorregulação dos mercados, conduzidos por um tipo de "mão invisível" em que a disputa entre ofertantes e a livre escolha dos consumidores produziria o melhor resultado coletivo. Preocupado com a possibilidade de assimetria de forças entre os agentes econômicos, Smith defendeu a proibição de monopólios ou qualquer restrição à concorrência entre empresas.

O autor abraçou a tese de que a economia é regida por leis naturais, universais e atemporais, sustentadas pelo princípio do *laissez-faire*, que se pode traduzir pela crença na autorregulação do mercado, sendo particularmente eficiente na alocação de recursos escassos através do mecanismo de preços, desde que seja assegurada a liberdade individual dentro de um ambiente concorrencial adequado. O Estado, para Smith (2010), deveria se limitar a proteger a sociedade contra ataques externos, estabelecer justiça, manter obras e instituições necessárias à sociedade, emitir papel-moeda, controlar a taxa de juros e, quando necessário, proteger a indústria nacional.

Adam Smith (2010) entendia o trabalho (tempo necessário para a produção) como a principal fonte de riqueza, e não o comércio ou a agricultura, como acreditavam seus antecessores mercantilistas e fisiocratas, respectivamente. Outra importante contribuição do autor refere-se à defesa da divisão do trabalho como fator essencial para o aumento dos índices de produtividade, resultando em menores custos, redução de preços e consequente aumento de consumo, produção, trabalho e renda, com benefícios estendidos a toda a sociedade. A principal fonte de riqueza das nações, a produtividade do trabalho, estaria condicionada ao grau de especialização das tarefas, o que resultaria em maior destreza, economia de tempo e capacidade de invenção de instrumentos específicos para cada função, com ganhos progressivos de eficiência. Essa ideia ficou consagrada por meio do exemplo da fábrica de alfinetes apresentado por Smith:

> Tomemos um exemplo de uma manufatura insignificante, mas na qual a divisão do trabalho tem sido frequentemente notada, o fabrico de alfinetes; (...) Um homem puxa o arame, outro endireita-o, um terceiro corta-o, um quarto aguça-o, um quinto afia-lhe o topo para receber a cabeça; o fabrico da cabeça requer duas ou três operações distintas; a sua colocação é um trabalho especializado como o é também o polimento do alfinete; até mesmo a disposição dos alfinetes no papel é uma arte independente; e a importante atividade de produzir um alfinete é, deste modo, dividida em cerca de dezoito operações distintas, as quais, nalgumas fábricas, são todas executadas por operários diferentes, embora noutras um mesmo homem realize, por vezes duas ou três dentre elas. (...) O grande aumento da quantidade de trabalho que, em consequência da divisão do trabalho, o mesmo número de pessoas é capaz de executar deve-se a três circunstâncias: primeira, o aumento da destreza de cada um dos trabalhadores; segunda, a possibilidade de poupar o tempo que habitualmente se perdia ao passar de uma tarefa a outra; e, finalmente, a invenção de um grande número de máquinas que facilitam e reduzem o trabalho, e tornam um só homem capaz de realizar o trabalho de muitos. (SMITH, 2010, p. 79)

A escola clássica da economia, iniciada por Smith, tinha como principal preocupação o crescimento econômico a longo prazo, o que se viabilizaria através da acumulação de capital (poupança), que por sua vez financiaria o investimento, alavancando toda a atividade econômica. De acordo com Smith, mesmo movidos por interesses individuais egoístas, os capitalistas são os únicos que usam o excedente econômico para reinvestir e proporcionar expansão das atividades produtivas, garantindo benefícios para toda a sociedade: "Vícios privados, benefícios públicos".

A doutrina liberal aproxima-se de um raciocínio próprio das ciências da natureza ao pressupor a existência de leis naturais imutáveis às quais estamos condicionados, cabendo ao economista a tarefa de entender o seu funcionamento e adaptar-se à sua lógica. Assim, é rechaçada qualquer forma de intervenção externa, nomeadamente do Estado, uma vez que isso interferiria negativamente no livre mercado, visto como autorregulável através do mecanismo de preços. Quando a demanda é maior que a oferta, os preços sobem, quando a oferta é maior que a demanda, os preços caem, num processo de equilíbrio automático proporcionado pelo pressuposto da concorrência perfeita. De acordo com essa lógica, nenhum participante tem tamanho ou poder suficiente para controlar o mercado e definir preços. Com o mercado atomizado e dominado por um grande número de ofertantes e demandantes, a disputa entre eles produzirá o melhor resultado coletivo e eliminará possíveis abusos.

As principais diretrizes que fundamentam o liberalismo econômico podem ser resumidas nos seguintes pontos:

1. Exaltação à liberdade individual;
2. Defesa da democracia representativa com independência entre os poderes executivo, legislativo e judiciário;
3. Garantia do direito à propriedade;
4. Incentivo à livre iniciativa e à concorrência;
5. Estímulo ao investimento.

A ótica que percebe o mercado do tipo *laissez-faire* como o mais virtuoso, entende a liberdade entre consumidores e concorrentes como a melhor forma de alocar recursos escassos, numa perspectiva de mercado autorregulável. Contudo, n'*A Riqueza das Nações*, Smith alertou para o fato de que embora o capitalismo conseguisse proporcionar aumento de renda aos mais pobres, o faria numa proporção menor do que o crescimento da renda dos mais ricos, produzindo inevitáveis desigualdades. Este fato foi denunciado por outro liberal, John Stuart Mill, que defendeu a necessidade de reformas institucionais para corrigir as distorções produzidas pelo liberalismo, incapaz de redistribuir adequadamente a riqueza coletivamente gerada.

Outro importante autor da escola clássica foi Jean Baptiste Say, que se consagrou pela famosa Lei de Say, de acordo com a qual a oferta cria a própria demanda. Quando produzimos um determinado bem, estamos simultaneamente criando renda para adquiri-lo, sendo a produção (oferta) também geradora da renda que garantirá o consumo (demanda). Essa tese perdurou praticamente absoluta até a grande crise de 1929, quando foram demonstradas suas inconsistências e abriu-se espaço para uma nova interpretação do funcionamento da economia, segundo a qual a demanda é que determina a oferta, ideia que será aprofundada no quarto capítulo quando discutiremos as economias mistas.

2.2 Neoclássicos

Após a ampla difusão das ideias de Adam Smith e de seus seguidores, começou a desenhar-se uma nova configuração socioeconômica, mais complexa e com novos desafios, o que fez com que algumas das posições do autor fossem revistas, originando-se a Escola Neoclássica, ou Marginalista, que perdurou de 1870 até a grande crise de 1929. Entre os autores que se notabilizaram no período, destacam-se: Carl Menger, William Jevons e Léon Walras e, posteriormente, Alfred Marshall, Vilfredo Pareto e Irving Fisher.

O final do século XIX e início do XX foi um período marcado por profundas transformações. O mercado atomizado, dominado por empresas de pequeno e médio porte, deu lugar a grandes conglomerados que progressivamente se espalharam pelo mundo, dominando mercados e concentrando poder. Contudo, mesmo diante de tamanhas transformações, a corrente neoclássica continuou a se apoiar na ideia de concorrência perfeita, ou seja, a disputa entre empresas numa economia de livre mercado se dá de forma equilibrada e sem vantagens maiores para nenhum dos concorrentes, entendendo-se as distorções e assimetrias como exceções sem consequências maiores para o desenvolvimento econômico e social (BRUE, 2006; GASTALDI, 2006; HUNT, 2005).

Os neoclássicos distinguem-se dos clássicos, entre outros pontos, pela negação à teoria do valor-trabalho, substituindo-a pelo princípio da utilidade marginal, segundo a qual o valor de um bem é avaliado a partir da sua utilidade, ou seja, a capacidade que este tem de satisfazer necessidades dentro de uma perspectiva subjetiva inerente a cada indivíduo. Defendem como melhor forma de promover a eficiência o princípio da concorrência, em que o equilíbrio econômico se dá através da interação entre a busca pela maximização do lucro por parte dos produtores e a busca pela maximização da utilidade por parte dos consumidores.

O pensamento neoclássico deslocou-se de uma perspectiva mais ampla de economia, como havia sido concebida pelos clássicos, para se focar no comportamento dos indivíduos e das firmas, numa abordagem microeconômica estrita. Diferentemente de Adam Smith, os neoclássicos entendem o mercado como um fim em si mesmo, autossuficiente e autorregulável, sendo desnecessária e inconveniente qualquer forma de compensação baseada no senso moral de simpatia/empatia ou intervenção do Estado. A economia é entendida numa ideia de supremacia sobre todos os demais campos do conhecimento e da vida social, numa perspectiva positivista, fundamentada no cálculo matemático, distanciando-se progressivamente de qualquer tipo de reflexão normativa.

Os neoclássicos se afastaram dos questionamentos éticos tradicionais aos clássicos, entendendo a economia como um campo técnico neutro, que deve se apartar de qualquer juízo de valor. Para os neoclássicos, o fundamental é maximizar a utilidade e aferir esse desempenho através de indicadores cada vez mais precisos, tornando-se este o principal compromisso da economia com a sociedade. Há um distanciamento ainda maior do pensamento de Adam Smith, que entendia como progresso o avanço ampliado das forças produtivas, embora condicionado à perspectiva de construção do bem comum, o que denotava a sua preocupação com questões ético-normativas. Os neoclássicos foram guiados por um pensamento comum às ciências naturais e exatas, balizadas numa visão determinista sobre a sociedade e o próprio comportamento humano.

Num ambiente de livre mercado, as diferenças sociais e a pobreza são explicadas como resultado de talento e esforço desigual entre os indivíduos. Aqueles que têm mais capacidade e disposição para o trabalho tendem a prosperar, enquanto os preguiçosos e incompetentes são punidos pelo próprio descaso. Essa tese teve no filósofo Herbert Spencer um de seus principais arautos, o qual cunhou a ideia de "darwinismo social", valendo-se da teoria da evolução das espécies de Charles Darwin, adaptada à realidade social. As desigualdades de poder e riqueza são entendidas como resultado de um confronto natural e inevitável entre indivíduos com talentos e capacidades distintas, em que a supremacia dos mais aptos é que impulsiona a evolução humana e social, e qualquer intervenção no sentido de tentar corrigir assimetrias é vista como antinatural e rechaçada como obstáculo ao progresso civilizacional.

A partir do século XX muitos dos pressupostos liberais clássicos começaram a ser questionados. O desequilíbrio entre as forças econômicas deixou de ser exceção e os principais mercados tornaram-se monopólios e/ou oligopólios, o que colidia frontalmente com a ideia de mercado autorregulado pela livre concorrência e escolha dos consumidores. Concomitante a esse fato, a concentração de renda e poder se agigantou e o atrito social foi se intensificando, o que culminou na Revolução Russa de 1917 e contribuiu com a maior crise do capitalismo em 1929.

As razões da grande depressão econômica que marcou os anos 1930 são complexas, mas podem, em parte, ser explicadas por meio do encadeamento de acontecimentos que se iniciaram com a Primeira Guerra Mundial. A Europa, devastada, passou a demandar todo tipo de produto para abastecer sua população e reconstruir sua infraestrutura. Os EUA eram o país com melhores condições de suprir tamanhas necessidades, o que levou a produção americana, alimentada por avanços tecnológicos em ritmo acelerado que contribuíram para o aumento exponencial da oferta, a crescer vertiginosamente em toda a década de 1920. Contudo, a Europa se reergueu e diminuiu a demanda por produtos americanos, o que levou as empresas estadunidenses a se confrontarem com uma situação de superprodução sem demanda equivalente, algo que contrariava os fundamentos da Lei de Say, dogma vigente até então, segundo o qual a oferta criaria a própria demanda (BRUE, 2006; GASTALDI, 2006; HUNT, 2005).

Os resultados da Grande Depressão americana foram devastadores, o país viu seu PIB recuar 25% e o desemprego atingiu a marca de 30%, além de trazer consequências desastrosas que se espalharam por todo o mundo. O fenômeno vivenciado na época abalou fortemente a doutrina liberal, que se demonstrou incapaz de prever o desastre e muito menos de possuir arsenal apropriado para solucionar a crise. Ficou-se diante de um vazio teórico-empírico que só viria a ser superado com as propostas do economista inglês John Maynard Keynes, que a partir da década de 1930 viu seus postulados se transformarem em novo receituário para o desenvolvimento econômico mundial, assunto este que será particularmente explorado no capítulo IV sobre economia mista.

2.3 Neoliberalismo

Com o colapso econômico que perdurou por boa parte da década de 1930, os fundamentos liberais entraram em crise e deram lugar ao intervencionismo estatal como resposta ao desastroso *laissez-faire*. O doutrinário keynesiano tornou-se hegemônico no socorro às economias em crise, dando destaque à figura do Estado como regulador e impulsionador da atividade produtiva. O domínio das políticas keynesianas, que deram destaque à figura do Estado na regulação e indução da atividade econômica, perduraram até meados dos anos 1970, quando a piora acentuada nos principais indicadores de desempenho econômico, como desequilíbrio fiscal, estagnação do PIB e inflação crescente, fez surgir uma nova onda liberalizante.

O neoliberalismo se impôs e trouxe consigo severa disciplina orçamentária, contenção dos gastos sociais e desmonte do modelo de Estado-providência, transferindo para as leis de mercado a responsabilidade sobre os rumos da economia e da sociedade, tudo isso potencializado por um mercado globalizado e sem fronteiras. É importante ressaltar que além da justificativa orçamentária e dos elevados *deficits* públicos, outra explicação para o desmonte do modelo de Estado de bem-estar social está relacionada à crise do socialismo soviético, que com o seu declínio deixou de representar ameaça às nações ocidentais, o que se traduziu no recuo das políticas sociais, que, de certa forma, tinham o intuito de bloquear a expansão socialista. Diante da falta de alternativas, o sistema capitalista de corte neoliberal avançou como nunca, reduzindo paulatinamente os aparatos de proteção social (HOBSBAWM, 1996).

Dessa feita, na segunda metade do século XX, o liberalismo clássico se renovou e ressurgiu como neoliberalismo, doutrina político-econômica que reescreveu os postulados liberais à luz das mudanças contemporâneas, apresentando-se como resposta à crise fiscal da década de 1970, à queda do regime soviético e à expansão dos mercados em nível global. Para Sousa Santos (1998), há uma diferença fundamental entre o modelo neoliberal, que passou a dominar as economias modernas no final do século XX e início do XXI, e o liberalismo clássico do século XIX e início do XX. Os liberais do século XIX estavam dispostos a fazer concessões à classe operária, diferenciando-se dos socialistas pelo grau de suas concessões: os primeiros queriam apenas concessões mínimas, enquanto os segundos desejavam que estas fossem máximas. No entanto, o capitalismo em sua versão globalizada deixou de fazer concessões e passou a reduzir as já alcançadas, descolando-se do compromisso de distribuir riqueza. Outra diferença é que os liberais defendiam os interesses nacionais, ao passo que os neoliberais não se identificam com apelos nacionalistas, são movidos apenas por interesses individuais. Destacam-se como seus principais teóricos Ludwig von Mises, Friedrich Hayek, Milton Friedman e Robert Nozick.

Os neoliberais, a exemplo dos liberais clássicos, entendem a economia dentro de uma ordem natural estabelecida a partir da livre interação entre oferta e demanda mediada pelo mecanismo de preços, ou seja, sempre que a demanda aumenta mais do que a oferta, os preços sobem, e, de forma contrária, quando a demanda diminui em relação à oferta os preços caem e o equilíbrio se estabelece num novo patamar. Nessa perspectiva, o governo deve transferir toda a atividade produtiva de bens e serviços para o setor privado, visto como muito mais eficiente e autorregulado por meio dos mecanismos de mercado. O neoliberalismo defende o afastamento do Estado da economia e a concentração de suas energias para romper o poder sindical e todos os obstáculos à acumulação capitalista e à expansão econômica, devendo limitar-se a controlar a oferta de moeda – política monetária. Defendem, ainda, uma rígida disciplina orçamentária com enxugamento dos gastos públicos, nomeadamente por meio de privatizações em massa e a redução das atribuições do Estado sobre a sociedade. Essas políticas seduzem os eleitores pela promessa de redução de impostos, o que contribuiria com a expansão da atividade produtiva beneficiando toda a população. Abandonam a busca do pleno emprego, defendida por Keynes, entendendo-a como inflacionária, por elevar salários e preços, o que afetaria a acumulação capitalista e o nível de investimento.

A lógica neoliberal fundamenta-se na ideia de que a acumulação individual é resultado de um jogo em que todos competem livremente e a utilidade superior do trabalho de alguns é que determina as desigualdades sociais, num processo de livre relação de compra e venda de atividades. A corrente liberal, e, de forma particular, a neoliberal, entende que o aumento da riqueza total, independentemente da forma como é distribuída, leva à melhoria de vida de toda a população, seguindo o princípio conhecido por *trickle-down* (gotejamento), ou seja, quando o "banquete" é farto, todos acabam sendo beneficiados num processo em cascata que garante a distribuição da riqueza do topo para a base. Para ilustrar essa tese é usada a metáfora do cavalo e do pardal, segundo a qual se for dada aveia em abundância para o cavalo, uma parte desta cairá no chão e alimentará também os pardais que circulam no entorno, sendo bom para todos.

Ludwig von Mises, um dos principais teóricos da corrente neoliberal, opôs-se a qualquer tipo de intervenção estatal, entendendo-a como limitadora da expansão econômica, assim como os direitos trabalhistas, que deveriam ficar sujeitos às leis de mercado e serem livremente negociados entre patrões e empregados. O governo deveria se limitar a assegurar a propriedade privada e a proteger os indivíduos contra a violência interna e externa. Ainda que alguns desequilíbrios pudessem ocorrer em alguns momentos, estes seriam corrigidos pelos próprios mecanismos de mercado. Mises (2013), contrariando os liberais clássicos, opôs-se ao nacionalismo ou qualquer outra forma de proteção, intervenção ou regulação do Estado na economia. Propôs um novo abolicionismo, em que o governo como o conhecemos – que reduz as liberdades individuais através de mecanismos de coerção, impondo obediência e pagamento de tributos – seja abolido.

Para Mises, a visão anticapitalista fundamenta-se na "inveja, no conservadorismo e na ignorância", o que o fez contestar as bases que fundamentavam as economias socialistas, pois entendia como impossível uma organização econômica racional conseguir adequar oferta e demanda, considerando a complexidade de cálculos econômicos necessários para resolver um problema de tamanha envergadura. Para o autor, só o livre mercado, por meio do mecanismo de preços, pode assegurar uma alocação racional de recursos escassos, pois ao se traduzir a produção em unidades monetárias, consegue-se estabelecer um processo de auto-organização através da livre interação entre oferta e demanda. Colocou-se radicalmente contra as ideias de Marx, que definia o valor dos produtos pelas horas trabalhadas, desconsiderando a escassez das diversas matérias-primas e a diferença na qualidade do trabalho. Só os preços poderiam incorporar esse conjunto de informações e direcionar os investimentos de forma apropriada.

O autor defendeu ainda que a igualdade de oportunidades é impossível de ser efetivada, ou teríamos que alterar toda a estrutura humana do planeta. Segundo sua lógica, haveria de se considerar que as pessoas não nascem em condições de igualdade, são diferentes entre si, tanto em características físicas como em potencialidades específicas, algumas são mais inteligentes, dinâmicas e comunicativas, o que faz grande diferença no seu desempenho e nos resultados alcançados. Ainda que duas crianças nasçam com a mesma inteligência e preparo, o ambiente de convivência seria suficiente para diferenciá-las. Dessa feita, qualquer interferência nessa condição natural, genética ou familiar só seria corrigida à força, interferindo artificialmente em suas vidas, o que inevitavelmente geraria distorções e atentaria contra a liberdade individual. Pessoas feias não podem ser modelos; deficientes físicos não podem ser astros de futebol; quem tem retardo mental não pode ser cientista (MISES, 2013).

Friedrich Hayek, seguidor do pensamento de Mises e um dos mais influentes teóricos do neoliberalismo, corrobora a tese de que os governos não devem ter poderes para regular a economia e exercerem o papel de promotores do bem-estar social. O melhor que os governos podem fazer pelos seus cidadãos é criar leis neutras, que tratem todos em pé de igualdade, que garantam o máximo de liberdade e o mínimo de coerção, inclusive opondo-se à atuação dos sindicatos que interferem no desenvolvimento dos mercados. O autor fez duras críticas ao sistema de economia centralmente planejada, considerando-a incapaz de replicar o risco que os empresários assumem perante incertezas inevitáveis. O determinismo e a inflexibilidade são contrários à imprevisibilidade inerente à realidade humana. Só a lógica de mercado permite ajustes e adequações permanentes, tornando as decisões mais assertivas, algo imprescindível para aprimorar a qualidade dos investimentos. A economia centralmente planejada é assim entendida como a extinção da economia racional (HAYEK, 1990).

Para esse autor, o livre mercado é o que melhor responde às necessidades individuais, considerando que o planejamento central não consegue atender as mudanças de necessidades e desejos de cada indivíduo, levando inevitavelmente à coerção, à restrição de liberdades e a governos totalitários. Os preços dentro da livre disputa entre oferta e demanda são o melhor guia para a economia, algo que não consegue ser definido de forma centralmente planejada dada a infinidade de informações interagentes. O papel dos governos deveria se restringir em manter o Estado de Direito com o mínimo de intervenção na vida das pessoas. Ele seria uma associação civil onde cada indivíduo poderia seguir seus próprios projetos. Não dá para falar em controle econômico e liberdade política.

Em um de seus principais livros, *O Caminho da Servidão*, Hayek explora a tese de que o mercado não deve ser visto como justo nem injusto, e qualquer forma de redistribuição de renda, como o aumento de impostos visando o bem-estar social, torna-se uma ameaça às liberdades individuais, quase comparada à imposição de um trabalho forçado, obrigando cidadãos a pagarem pelo que não necessariamente concordam. Para amenizar as mazelas sociais, o economista austríaco defende a criação de uma rede de segurança básica para atender aos mais necessitados.

Também Milton Friedman (1983) é influenciado pelo trabalho de Mises, embora o considerasse demasiado inflexível. Friedman se apoiou na defesa do livre mercado e das liberdades individuais, opondo-se à intervenção do Estado na economia e na vida dos cidadãos. Foi conselheiro do ex-presidente americano Ronald Reagan e do governo chileno do general Pinochet, algo contraditório se levarmos em conta sua tese de conciliação da democracia política com o liberalismo econômico.

Friedman desenvolveu uma política macroeconômica que passou a ser conhecida como escola monetarista, a qual se baseia na não intervenção estatal na economia, com exceção da política monetária. As variações da atividade econômica não se explicam pelas variações do investimento, mas pelas variações da oferta de moeda. Defendeu a redução do Estado por meio de privatizações, diminuição de impostos, câmbio flutuante e desregulamentação da economia para favorecer o setor privado. Entendia a necessidade de uma certa taxa de desemprego, pois uma taxa muito baixa geraria inflação. Seguindo o ideal liberal, defendeu o alistamento voluntário, a abolição da licença médica e demais proteções sociais que poderiam ser compensadas com a introdução de um imposto de renda negativo. Sugeriu um sistema de imposto progressivo em que os pobres receberiam um salário básico do governo, considerando possíveis lapsos do mercado em garantir o atendimento das necessidades básicas para toda a população.

Como forma de fundamentar a importância de um Estado reduzido, Friedman (1983; 1984) aponta quatro maneiras de se gastar dinheiro. A primeira é quando uma pessoa gasta o seu dinheiro consigo mesma. Há aqui um claro incentivo para buscar qualidade e garantir eficiência nos gastos, sendo o caso do setor privado. A segunda hipótese é gastar o seu dinheiro com outra pessoa, quando se adquire algo para o benefício de outrem. Nesse caso, há uma preocupação com a quantidade despendida, mas pouca preocupação com a qualidade. A terceira maneira é quando se gasta o dinheiro de outra pessoa consigo mesmo – como quando se almoça às custas da empresa onde se trabalha. Nessa situação há um baixo incentivo para ser parcimonioso nos gastos, mas a atenção se volta para a qualidade do prato. A quarta alternativa definida pelo autor é quando você gasta o dinheiro que não é seu com outra pessoa. Nesse caso, tende a não haver preocupação com o custo nem com a qualidade dos gastos. Essa é a forma com que geralmente o governo gasta o dinheiro dos impostos, ou seja, a pior das situações.

Numa linha semelhante, o filósofo americano Robert Nozick (2011) entende como função do Estado assegurar o direito à liberdade individual, a qual deve ter o peso de um imperativo categórico, considerando que cada um é único e, como tal, deve poder se autogovernar e ser o senhor de si mesmo. Para o autor, o Estado deve proteger os direitos dos cidadãos contra o uso da força, fraude e roubo, tendo controle sobre a polícia, exércitos e tribunais. Qualquer função além destas, trata-se de violação aos direitos individuais, partindo do pressuposto de que a sociedade não é maior do que a soma de suas partes.

Na visão de Nozick, os indivíduos deveriam enfrentar suas necessidades pagando por elas. Bem diferente de cobrar impostos de alguns para assistir ou beneficiar outros, sendo a liberdade individual mais importante do que a chamada justiça social. Nenhuma consideração utilitária deve atropelar os direitos individuais – independentemente do tamanho das desigualdades criadas. Caso os pobres necessitem de assistência, que esta seja feita pela benevolência e não pela imposição ou coerção do Estado. Para o autor, a taxação redistributiva não passa de trabalho forçado, em que alguns são onerados compulsoriamente em favor de outros, sem direito a escolha. Assim, o Estado racionalmente aceitável seria o estado mínimo, apenas com poderes de proteção e defesa, uma forma atualizada do contrato social de Locke.

Em resumo, pode-se afirmar que os adeptos do neoliberalismo defendem a meritocracia como melhor forma de fazer justiça, considerando que o esforço e empenho são desiguais e, assim, devem ser recompensados. Apoiam-se na defesa incondicional da liberdade individual e de concorrência, entendendo qualquer interferência externa como obstáculo à iniciativa, ao esforço e ao mérito, o que compromete o crescimento das forças produtivas. Tendem a naturalizar as diferenças sociais, entendendo-as como resultado de talentos desiguais, portanto, não devendo ser corrigidas por políticas compensatórias sob o risco de alimentar-se o ócio, a acomodação e a ineficiência, uma forma descabida de punir os mais capazes. Entendem qualquer mecanismo de transferência de renda, como tributação progressiva ou programas compensatórios, como um roubo aos mais ricos e talentosos em favor dos mais negligentes. Defendem o Estado mínimo, que deve se afastar da economia por meio de privatizações em massa e de transferência de grande parte dos serviços públicos para a iniciativa privada, vista como mais eficiente na alocação de recursos.

Milton Friedman (1983; 1984) sintetizou o doutrinário neoliberal a partir dos seguintes preceitos:

1. A liberdade individual deverá ser a finalidade das organizações sociais;
2. O mercado deverá ser o único agente regulador, que tenderá ao equilíbrio automático;
3. Deve-se evitar os monopólios e trustes que limitam o desenvolvimento sadio do mercado;
4. Deve-se acabar com os programas de seguridade social e habitação, deixando-os para a iniciativa privada;
5. Não deverá haver controle sobre aluguéis e salários (eliminando o salário-mínimo que deve ser definido pelo mercado);
6. Os governos deverão sair da atividade econômica via privatizações em massa;
7. Com Estados diminutos, os impostos poderão e deverão ser reduzidos, estimulando o consumo e a produção.
8. Deve-se acabar com os subsídios e restringir ao máximo a atuação dos sindicatos que pressionam os salários e alimentam a inflação e a livre negociação entre capital e trabalho.

Cronologicamente, o Chile de Augusto Pinochet implantou a primeira experiência neoliberal em vigor no mundo. Após o golpe militar em 1970, que derrubou o presidente Allende, foram introduzidas medidas liberalizantes, como: desregulamentação dos mercados, privatização de bens públicos, repressão sindical e redistribuição de renda em favor dos mais ricos como estratégia para o crescimento econômico. Tudo isso quase um decênio antes da ascensão de Margaret Thatcher na Inglaterra e Ronald Reagan nos Estados Unidos.

A aproximação dos ideais neoliberais da ditadura militar chilena foi efetivada com a ajuda direta de um grupo de economistas da Universidade de Chicago capitaneados por Milton Friedman. Hayek chegou a afirmar que o neoliberalismo podia vir a tornar-se incompatível com a democracia, caso a maioria decidisse interferir nos direitos de cada agente atuar livremente na economia, limitando o seu potencial de expansão, o que deveria ser veementemente rechaçado (ANDERSON, 1999).

No governo Thatcher, na década de 1980, houve um amplo programa de privatizações, começando pela habitação pública e setores estratégicos como aço, eletricidade, petróleo, gás e água, além da elevação das taxas de juros, redução drástica de impostos sobre os rendimentos mais elevados e abolição dos controles sobre movimentações financeiras. Foi emblemática a extinção dos movimentos grevistas e imposição de uma nova legislação antissindical, além da redução acentuada dos gastos sociais. O pacote de medidas introduzido na Inglaterra foi o mais sistemático e ambicioso de todos os experimentos neoliberais já implementados em países de capitalismo avançado.

Os Estados Unidos foram outro dos países mais alinhados às ideias neoliberais, nomeadamente com a redução da intervenção do Estado na economia e a desoneração dos mais ricos. O presidente Reagan priorizou a corrida armamentista e empenhou-se em acelerar a quebra da economia soviética. O Consenso de Washington, em 1990, fez com que a doutrina neoliberal passasse a ser adotada como um verdadeiro dogma, um guia para o novo capitalismo transnacional que se espalhou pelo mundo e dominou quase absoluto a América Latina, entre o final dos anos de 1980 e de 1990, com a eleição de Salinas no México (1988), Menen na Argentina (1989), Carlos Andrés Pérez na Venezuela (1989), Fujimori no Peru (1990) e Collor no Brasil (1990).

Com a ascensão do neoliberalismo, assistiu-se à priorização do *agrobusiness* de exportação em detrimento dos pequenos produtores rurais, flexibilização das leis trabalhistas, enxugamento dos postos de trabalho, crescimento da informalidade e transferência massiva de plantas industriais para países de mão de obra barata. As corporações transnacionais atingiram dimensões superiores a muitos Estados-nação que passaram a servi-las; o poder econômico privado tornou-se de tal forma concentrado que tornou-se autor das próprias regras, com os Estados curvados a seus interesses. O domínio da dimensão econômica privada sobre o poder político vem criando uma forma de fundamentalismo de mercado que ameaça os avanços democráticos da modernidade e traz o temor de um retrocesso em direção a uma forma de plutocracia (governo dos mais ricos).

2.4 Democracia e neoliberalismo

Talvez uma das maiores controvérsias em relação aos ideais neoliberais defendidos por Mises, Hayek, Friedman e Nozik seja a sua visão reticente, ou mesmo negativa, em relação à pertinência da democracia. Ainda que na maioria dos casos estes autores defendam a democracia como melhor forma de governo, percebe-se em alguns momentos uma aderência relativizada. Entendem que há uma indesejável tendência dos países democráticos em se aproximar das classes populares e ceder a suas pressões e reivindicações, sujeitando-se à massa da população, o que ameaça levar a uma aproximação de políticas de corte socialista, produtoras de estagnação, burocracia, corrupção, opressão, ineficiência e, principalmente, restrição de liberdades individuais, acúmulo de capital e livre iniciativa. Nada mais indesejável.

A democracia se baseia na vontade da maioria, como se esta fosse mais assertiva. Ao perceber a força do seu voto, a maioria vai querer impor regras que se traduzem em distribuir a riqueza alheia, o que provocará uma situação de parasitismo e desmotivação dos empresários em investir e promover a expansão econômica. Essa perspectiva entende que a democracia produz uma população infantilizada, afeita ao paternalismo estatal, que a induz à irresponsabilidade diante dos desafios que se impõem. A democracia significa aceitar ser governado pelo Estado e pressionar continuamente para que este faça cada vez mais, num processo de transferência das responsabilidades individuais, induzindo a uma dependência crônica e progressiva da população, o que reduz o desenvolvimento das potencialidades humanas.

Hayek foi um dos mais céticos em relação à conveniência do sistema democrático. Chegou a elogiar o governo de Augusto Pinochet no Chile, que introduziu o primeiro modelo econômico de corte neoliberal a partir de um governo autoritário que baniu duramente todos os que se opunham ao seu projeto de país. Para o autor, a função do Estado deve se restringir a proteger a propriedade privada, para que as ações dos indivíduos não sejam prejudicadas e a dinâmica do mercado possibilite à sociedade as condições necessárias para que cada um faça suas escolhas livremente, fortalecendo-se o empreendedorismo, o dinamismo econômico e a autonomia individual.

O pensamento neoliberal denuncia como principais problemas do sistema democrático os seguintes pontos:

> a) A burocracia – Inevitável em qualquer sistema de poder e que se torna mais expressiva quanto maior e mais concentrada é a estrutura de governo dominante. Além do mais, as burocracias se fecham sobre si mesmas e se autorreproduzem, obstaculizando a inovação e o desenvolvimento institucional, haja vista que os burocratas do serviço público têm estabilidade em suas atividades, o que engessa qualquer processo de mudança. Além do mais, o empreendedorismo, uma das principais forças do dinamismo econômico, é desestimulado por entraves legais, tributação e inflexibilidade da legislação trabalhista que dificulta a contratação de mão de obra, pois interfere na livre negociação entre patrões e empregados.
>
> b) Proteção do Estado – Impede a expansão da concorrência, o que cria ineficiência, parasitismo e dependência em relação ao Estado devido a mecanismos como reservas de mercado, subsídios e acordos privilegiados com empresas determinadas, o que invariavelmente se transforma em relações promíscuas que conduzem à corrupção endêmica. Além disso, concedem-se benesses a organizações sociais como sindicatos, movimentos sociais e organizações assistenciais que oneram o Estado e impactam o conjunto da sociedade, mesmo os que se opõem a essas políticas.
>
> c) Impulsos econômicos do Estado – Os investimentos públicos em grandes obras de infraestrutura ou de outra natureza habitualmente resultam em custos superlativos que recaem sobre grupos sociais que não se beneficiam diretamente dessas ações.
>
> d) Assistencialismo – O Estado assistencial é responsável pela maior parte do recolhimento de impostos da sociedade. A irresponsabilidade e ineficiência de parte dos indivíduos em cuidar de si mesmos acaba por ser arcada compulsoriamente pelos demais, o que induz a comportamentos irresponsáveis, acomodação e imobilismo de quem sabe que sempre terá a proteção de um Estado paternalista. Premia-se a ineficiência e a mediocridade e pune-se o mérito e o esforço individual.
>
> e) Distribuição da riqueza – Nas democracias, há uma forte pressão para que a riqueza seja redistribuída, tirando dos mais ricos para dar aos pobres. Essa conduta pune o sucesso e a competência, desestimula o progresso e premia a ineficiência e a mediocridade.
>
> f) Imediatismo – A democracia tende a priorizar o imediatismo para atender aos anseios das massas, o que invariavelmente compromete

soluções estruturais que precisam de mais tempo para se afirmar, levando ao abandono de ações estratégicas de longo prazo para se priorizar o populismo irresponsável. É quase impossível conseguir a adesão voluntária da maioria da população em favor de sacrifícios cujos frutos demandam tempo para serem colhidos.

g) O cuidado de quem é dono – Só a propriedade privada consegue garantir o zelo apropriado à preservação e expansão do que se possui. O que é público não é de ninguém e, como tal, é desprezado ou, no mínimo, pouco cuidado, pois ninguém se sente verdadeiramente responsável pelo que é de todos. Só a propriedade individual garante responsabilidade e cuidado com o que se possui.

Para os neoliberais, os governos democráticos, invariavelmente, gastam mais dinheiro do que recebem em virtude das demandas superlativas da população. Este problema é resolvido através do aumento sistemático de impostos ou elevação da dívida pública, o que desregula toda a economia e cria instabilidade generalizada. A democracia é assim entendida por muitos dos defensores da doutrina neoliberal como oposta à liberdade, pois impõe a vontade da maioria, sendo esta, boa parte das vezes, desqualificada, punindo os mais responsáveis e eficientes que acabam levando os demais nas costas.

Tanto liberais quanto neoliberais assemelham-se na defesa do princípio absoluto e superior da liberdade, que deve ter precedência sobre o princípio da igualdade, ou seja, os indivíduos não têm de ser iguais, mas livres para agir e fazer escolhas e se beneficiar do resultado destas. Distintamente, os socialistas afirmam que, para serem livres, os indivíduos têm de ser iguais, ou então não se pode falar em liberdade de fato, mas em tirania. Os mais fortes usam suas vantagens para explorar e interferir nas regras do jogo, o que lhes assegura cada vez mais vantagens num processo cumulativo e viciado.

O neoliberalismo foi particularmente fortalecido pelo processo de globalização da economia. Ao se derrubarem as fronteiras nacionais, redesenha-se o mapa geopolítico mundial, facilitando o trânsito de mercadorias, informações, conhecimentos e ideologias, o que acelerou o dinamismo econômico, mas reduziu o poder político dos Estados nacionais. A facilitação da transferência de plantas industriais de um país para outro enfraqueceu o poder dos sindicatos e, por consequência, os avanços das demandas dos trabalhadores, que se tornaram impotentes diante dos fluxos globais. A luta por avanços sociais foi reduzida à preservação dos postos de trabalho. Em suma, a liberalização das forças econômicas mundiais, ao não ser acompanhada por regulamentações de alcance global, alimentou as assimetrias em boa parte do mundo, provocando um enfraquecimento das instâncias democráticas.

Com o fortalecimento e difusão do neoliberalismo como modelo padrão para a quase totalidade dos países do mundo, as elites econômicas se sentem cada vez mais independentes do Estado e não aceitam mais suas deliberações, nem estão dispostas a fazer concessões em favor dos estratos mais pobres. Criação de riqueza, coesão social e liberdade política costumavam reforçar-se mutuamente, mas atualmente são metas somente atingidas às custas umas das outras. As consequências da incapacidade de se estabelecer um mínimo de coesão social levam ao crescimento de pobreza, corrupção, marginalidade, violência, imigrações em massa e guerras (DRACHE, 1999).

2.5 Neoliberalismo em contexto

Conforme debatido anteriormente, o neoliberalismo acredita numa certa ordem natural que rege a economia a partir da liberdade dos mercados, que têm sua regulação e equilíbrio assegurados através do mecanismo de preços. A intervenção do Estado reduz-se à política monetária e a um rígido controle fiscal, com redução do gasto público e privatização da maioria dos serviços públicos prestados à população. A defesa do livre mercado e da concorrência não se limita mais à esfera nacional, mas é ampliada à escala global, o que torna a economia mais imprevisível e as crises sistêmicas.

A história tem reforçado a tese de que o liberalismo econômico é pródigo na produção de riqueza, na capacidade de expandir os mercados, em estimular a inovação e aumentar os níveis de produtividade. Contudo, é notória a sua incapacidade ou ineficiência em distribuir equitativamente a riqueza coletivamente gerada. Cria-se um ciclo vicioso de concentração de renda sem precedentes, com impactos especialmente negativos às populações mais pobres.

A partir da década de 1980 até quase o final do ano 2008, a economia mundial passou por um período de crescimento, com o PIB global atingindo cerca de US$ 75 trilhões; contudo, aprofundaram-se as contradições e as inconsistências: o mesmo modelo econômico que impulsionou a riqueza do mundo criou um verdadeiro genocídio nas regiões mais pobres. Hoje em dia, existem cerca de 1 bilhão de pessoas vivendo abaixo da linha da pobreza, ou seja, que tentam sobreviver com menos de US$ 1,25 por dia, e quando a linha de corte passa para US$ 2,00 por dia, esse número sobe para 3 bilhões de pessoas. Os 20% mais ricos concentram 86% do total da renda mundial e a fortuna de 8 bilionários é equivalente à soma dos rendimentos de 3,6 bilhões de pessoas. Como comparativo do agravamento das questões socioeconômicas em todo o mundo, a diferença entre os 20% mais ricos e os 20% mais pobres em 1913 era de 11 vezes; em 1960 de 30 vezes; e no ano 2000 já passava de 75 vezes. Parece que a regra de ouro passou a ser "os vencedores levam tudo" (OXFAM, 2018).

Além da questão social, os problemas ambientais vêm se acelerando de forma preocupante. De 1970 a 2010 foram extintos 30% dos recursos da Terra, o aquecimento global não para de crescer e já se prevê uma elevação próxima a 3°C na temperatura média do planeta até o final deste século, o suficiente para que o nível dos oceanos suba quase um metro, fato que por si só pode provocar uma tragédia sem precedentes, com inundações de países inteiros, desertificação de macrorregiões e endemias com consequências imprevisíveis no mundo todo.

Também a economia dá sinais de insustentabilidade sistêmica. As crises são cada vez mais próximas e profundas e se espalham pelo mundo instantaneamente, com impactos especialmente dramáticos sobre as populações mais pobres. Além disso, a economia vem se descolando da atividade produtiva, privilegiando a especulativa: estima-se que 40% do PIB americano seja fruto da jogatina financeira, uma verdadeira lógica de cassino. A economia tornou-se um jogo com regras definidas pelos ganhadores, em que as pessoas comuns viram subproduto da ganância de alguns poucos. É emblemática a situação ocorrida na crise de 2008-2009 em que, para evitar o colapso financeiro, os governos precisaram injetar mais de US$ 10 trilhões na economia mundial, dinheiro que recaiu sobre os contribuintes de forma generalizada.

De acordo com o economista Ronaldo Herrlein Jr., as razões do crescimento acelerado das desigualdades de renda e riqueza se devem a vários fatores. Ao se globalizar, a economia permitiu a expansão assimétrica dos mais estruturados, impulsionando seus ganhos geometricamente num mercado sem fronteiras. A expansão dos mercados gerou uma remuneração desproporcional do capital – lucros, juros e rendas de propriedade que se tornaram muito superiores às taxas médias de crescimento da economia produtiva. O sistema fiscal é outro causador do crescimento das iniquidades, pois se concentra em impostos indiretos e na redução das alíquotas sobre os rendimentos dos mais ricos, que invariavelmente se servem de paraísos fiscais para não serem tributados. Todos esses desequilíbrios reduzem o potencial de arrecadação dos governos e comprometem as políticas de bem-estar social e as oportunidades das populações mais pobres. É importante ter clareza que tamanhas assimetrias, a médio e longo prazo, tendem a intensificar os confrontos sociais e a corroer a democracia em todo o mundo.

Os governos que tinham como finalidade regular as atividades mercantis para garantir maior equilíbrio e promover o bem-coletivo hoje têm como função socorrer empresas, opondo-se aos fundamentos do livre mercado que sempre se apoiou na ideia de autorregulação. A lógica vigente inverte os fundamentos: "para os pobres, o livre mercado (Estado mínimo), para os ricos, o Estado protetor". O mesmo grupo que condena a intervenção estatal na economia é o primeiro a apelar por socorro público diante da crise produzida pela iniciativa privada, mas é absolvido pela mídia tradicional que, aliada ao grande capital, não para de anunciar que os desequilíbrios das contas públicas são resultado da incapacidade e irresponsabilidade dos governos, sugerindo sistemáticos cortes nos benefícios sociais e privatizações em massa. "O mesmo indivíduo que quebra a vidraça, apresenta-se como o vidraceiro salvador."

A ideia de mercados autorreguláveis poderia até ser compreensível nos tempos de Adam Smith, em que a concorrência era atomizada, sem grandes vantagens individuais, mas a atualidade demonstra-se bem diferente. Os conglomerados globais sob a forma de oligopólios, monopólios ou cartéis definem as próprias regras num jogo de cartas marcadas com vencedores pré-definidos. O atual mercado não pode ser entendido como verdadeiramente livre, já que liberdade pressupõe condições de fazer escolhas, algo distante da grande maioria da população. Quando a força entre os atores envolvidos é muito desigual, a liberdade só interessa aos mais fortes, pois perpetua o seu poder. Para se falar em liberdade de fato, cada indivíduo deveria ter asseguradas condições de escolha equitativas, do contrário, a liberdade de alguns se transforma em dominação dos demais, pois liberdade sem igualdade de oportunidades não é liberdade, mas tirania (LUZIO-DOS-SANTOS, 2015).

Eric Hobsbawm (1996) afirma que a história evidenciou a insustentabilidade, a longo prazo, de soluções apoiadas na liberalização irrestrita dos mercados e na minimização da atuação dos governos na economia. Quando ausentes de qualquer controle, os mercados tendem a oscilar entre um desequilíbrio e outro, com impactos particularmente dramáticos sobre os mais pobres. Reforçando essa constatação, é notório que o capitalismo só conseguiu manter o pleno emprego e estabilidade nos chamados "trinta anos dourados", período após a Segunda Guerra Mundial quando o Estado assumiu a tarefa de equalizador econômico e guardião do bem-estar social.

3. Socialismos

Quando se analisam os grandes sistemas econômicos e os principais constructos para o seu funcionamento, emergem dois grandes modelos que se posicionam de forma oposta: o liberalismo econômico visto no capítulo anterior, que tem origem vinculada à ascensão da burguesia e à revolução industrial, e o socialismo, que surgiu como resposta aos avanços e contradições do capitalismo emergente, desdobrado em diferentes correntes, com destaque para a experiência soviética, que se tornaria a iniciativa mais expressiva de economia planificada, ainda que distinta de muitos outros desenhos de corte socialista.

Há um notório distanciamento entre as propostas teóricas tanto do chamado modelo liberal quanto do socialista em relação a suas experiências empíricas. *É importante reforçar que não se pode falar num único modelo de socialismo ou de capitalismo, as ramificações e capilaridades são inúmeras e difíceis de captar em sua integralidade.* Trata-se de referências plurais, com conflitos entre si, mesmo quando partem do mesmo espectro ideológico. É cada vez mais frequente assistir a arranjos mistos que congregam planificação econômica com livre mercado, público e privado, afastando-se dos modelos clássicos, produzindo arranjos multifacetados de difícil captura a partir das configurações tradicionais.

3.1 Primórdios e fundamentos do socialismo

As primeiras formas do que se pode entender por socialismo, ainda que rudimentares, remontam às sociedades primitivas em que predominava a vida comunitária, com produção coletiva e repartição do resultado de forma igualitária entre todos ou conforme as necessidades de cada um. A autoridade era geralmente exercida pelos membros mais velhos, que garantiam a coesão do clã e a organização necessária ao atendimento das necessidades do grupo. Com o decorrer do tempo e a elevação progressiva dos índices de produtividade, foi possível a formação de excedentes que passaram a ser controlados por alguns líderes dos grupos que se apropriaram da riqueza gerada coletivamente. Iniciou-se o cercamento das propriedades, a troca de mercadorias entre clãs e a progressiva concentração de recursos e de poder. Essa é a pré-história da formação das classes sociais e do que hoje se entende por propriedade privada. Daí surgiram as estratificações que passaram a hierarquizar os grupos sociais, a estabelecer privilégios e a produzir mecanismos de dominação.

São muitas as experiências, tanto teóricas quanto práticas, que idealizaram modelos de sociedade de matriz socialista. Platão, em sua obra *A República* (429 – 384 a. C.), foi um dos primeiros autores a descrever um projeto do que seria uma sociedade ideal, apoiada em princípios coletivistas e de bem comum. Também as primeiras comunidades cristãs se fundamentaram em princípios coletivistas e colaborativos, algo evidenciado no próprio texto bíblico: "E todos que tinham fé viviam unidos, tendo todos os bens em comum. Vendiam as propriedades e os bens e dividiam com todos, segundo a necessidade de cada um" (Atos 2: 44-45). Thomas Morus (1480 – 1534), em sua mais famosa obra, *Utopia*, tornou-se referência no esforço em projetar o que seria um modelo ideal de sociedade, fundamentada na posse coletiva e na vida comunitária.

Posteriormente, outros autores como Campanella, Morelley e Malby, Saint Simon, Fourier e Robert Owen buscaram desenvolver iniciativas de base coletivista, ficando conhecidos como "Socialistas Utópicos" (1820 – 1850). Ainda que distintos em suas propostas, estes autores aproximaram-se ao criar desenhos comunitaristas de sociabilidade, em que o interesse coletivo se sobrepunha ao individual. Robert Owen foi o primeiro a usar a palavra socialismo e talvez o mais destacado entre eles.

Numa época em que a maioria dos trabalhadores ingleses ganhava salários miseráveis e vivia em condições subumanas, Owen introduziu mudanças pioneiras como a participação dos funcionários nos lucros das suas empresas, a redução da jornada de trabalho para 10,5 horas por dia (enquanto a média era de 13 a 14 horas/dia), a proibição da contratação de menores de 10 anos, fundação de escolas para os filhos dos empregados e a construção de casas para suas famílias. Patrocinou a formação de cooperativas de operários como estratégia de socialização da produção e embrião de uma nova sociedade de iguais, e lutou por uma sociedade cooperativa, o que lhe custaria a antipatia da elite britânica. Tornou-se ainda um dos mais importantes líderes no início do movimento sindical (SINGER, 2002).

Entre todos os modelos de base socialista, o marxismo viria a se tornar o movimento mais robusto e ambicioso, tanto na análise social como nas proposições defendidas. Este surgiu como resposta ao inconformismo diante das injustiças provenientes do sistema capitalista, confrontando-o com uma proposta revolucionária concebida a partir da análise histórica das forças produtivas e de seus embates. Segundo Marx (1983), as abissais contradições do sistema capitalista o conduziriam à inevitável derrocada, dando lugar ao socialismo – início da verdadeira história da humanidade. O autor partiu de uma acurada análise sobre a construção e desenvolvimento das forças produtivas com especial atenção para a formação do capitalismo, que se fundamentava na naturalização das desigualdades econômicas e sociais, entendidas como resultado do talento ou esforço superior de alguns indivíduos, desprezando o impacto das estruturas socioeconômicas sobre a realidade (HOBSBAWM, 2011).

Marx sofreu forte influência do idealismo alemão de Hegel e de sua concepção dialética, segundo a qual a realidade é construída a partir de contradições, em que uma determinada tese se confronta com sua antítese e no embate entre as duas se produz uma síntese que, por sua vez, se consolida como uma nova tese. Mas, contrariamente ao idealismo de Hegel, Marx defende que não é a consciência e as ideias que criam a vida real, mas o contrário, a vida material é que determina como os homens pensam, definem seus valores e desenvolvem suas consciências – formando o materialismo dialético. Nessa perspectiva, as ideias predominantes são apenas a expressão ideal das relações materiais hegemônicas.

A infraestrutura – modo como tratava a base econômica da sociedade – é que determina a superestrutura – dividida em ideológica (ideias políticas, religiosas, morais, filosóficas) e política (Estado, polícia, exército, leis, tribunais). Portanto, a visão que temos do mundo é reflexo da base econômica a que somos submetidos. A infraestrutura é que contempla as relações de produção e define as demais esferas da vida em sociedade, como valores, crenças, relações de poder e códigos de conduta.

Marx distingue-se tanto de Durkheim como de Weber. O primeiro, de tradição positivista, buscou entender as leis que regulam a sociedade como algo estável e objetivo, o indivíduo era percebido como uma célula comandada pelo corpo social do qual era parte integrante. O movimento se dá do fato empírico para a formulação da ciência. Por sua vez, Weber apoiou-se na razão (neokantismo), que compreende e interpreta o empírico (formação de conceitos e teorias) a partir dos indivíduos como elementos de formação do social.

No pensamento marxista, a evolução histórica se dá pelo antagonismo irreconciliável entre as classes sociais. As forças produtivas só podem se desenvolver até certo ponto, pois ao atingirem um estágio avançado entram em contradição e inevitável colisão. Foi assim na sociedade escravista (senhores vs. escravos), na feudal (senhores feudais vs. servos) e na capitalista (burguesia vs. proletariado). Em determinado momento, interesses opostos se chocam e fazem emergir uma nova relação de forças, o que se dá num processo contínuo que pode ser entendido como o motor da história, movimento progressivo e ascendente que se desenrola de um nível inferior para outro superior (MARX, 1996).

O pensamento liberal de Adam Smith e David Ricardo foi duramente rechaçado por Marx, que discordou da concepção de leis econômicas deterministas, que desprezam a construção histórica, seus embates e contradições. Em seu lugar, partiu da análise de como as forças produtivas se organizavam e se desenvolviam dentro da relação de trabalho (modo de produção) e como determinavam a estrutura social e a distribuição da riqueza.

O trabalho assumiu diferentes formas ao longo da história, partiu de uma base artesanal individual, passou para a manufatura, até ganhar a forma atual de grande indústria. O valor de uso foi substituído pelo valor de troca, as mercadorias deixaram de representar o resultado do trabalho humano para seus ganhos serem apropriados pelo capitalista. O objeto produzido passou a incorporar uma identidade própria apartada do sujeito que o elaborou – reificação da mercadoria –; os bens passam a ter uma espécie de autonomia, uma alma própria, e o seu valor não está mais vinculado ao custo de produção, mas integra o valor "desejo", que transcende a necessidade objetiva e passa a controlar a vida humana; "somos o que consumimos".

O autor foi particularmente pródigo em apontar iniquidades no sistema capitalista. Entre seu amplo espectro de denúncias, destacam-se aqui três em particular: 1) A exploração da classe trabalhadora pelos capitalistas; 2) A alienação da força de trabalho que não se reconhece naquilo que produz; 3) A acumulação progressiva de capital pelos proprietários das empresas.

Segundo Marx, o valor de cada mercadoria é proporcional à quantidade de trabalho social médio nela contido, sendo esta a chamada teoria do valor-trabalho. Porém, o fruto do trabalho de um operário excede o valor do seu salário, sendo esse excedente acumulado pelo capitalista em forma de mais capital, o que constitui o princípio da mais-valia, ou seja, o salário não pago, base da exploração capitalista. A mais-valia pode se dar de duas formas distintas: mais-valia absoluta, que é o aumento da taxa de exploração via aumento das horas de trabalho sem remuneração equivalente à riqueza gerada; e a mais-valia relativa, que decorre da substituição de trabalho humano por novas tecnologias. Para aprofundar essa discussão, Marx usa o conceito de composição orgânica do capital, que nada mais é do que a relação desproporcional entre o emprego de mão de obra (capital variável) e o emprego de máquinas e matéria-prima (capital constante), relação esta cada vez mais favorável ao capital constante com duras consequências para os trabalhadores.

Além da exploração do capital sobre o trabalho e da acumulação progressiva de recursos e de poder por parte do capitalista, o autor alertou para a alienação decorrente da divisão do trabalho. Ao se fragmentarem as atividades de produção em nome de ganhos progressivos de eficiência e produtividade, ocorre a perda de identificação das partes com o todo, o que se traduz em alienação e reduz o ser humano à condição de mero instrumento passivo num processo que lhe é estranho, minimizando suas potencialidades, sua criatividade e sua autorrealização. Quem passa a comandar o processo produtivo é a máquina, esta é que determina o ritmo da produção e reduz o homem a um mero elemento da sua engrenagem.

O livre mercado é naturalmente concentrador de riqueza e produz um número muito menor de ganhadores do que de perdedores. De acordo com a visão marxista, numa economia de livre mercado os ganhadores do processo de acumulação têm todo o interesse em defender as regras que os beneficiam, gerando um ciclo vicioso. Quanto maior for a quantidade de capital nas mãos de um dos "jogadores", maiores os seus ganhos potenciais, logo, maiores as dificuldades para os demais se desenvolverem, haja vista que a concorrência passa a se estabelecer entre poderes assimétricos. O capitalista não vende o resultado do seu trabalho, mas os serviços do seu capital acumulado num processo sem fim via exploração dos trabalhadores. Além do mais, é interessante para o capitalismo a existência de um contingente expressivo de desempregados – exército industrial de reserva – para que sejam bloqueadas possíveis pressões por aumentos salariais.

Conforme a interpretação de Marx, as contradições são inerentes ao sistema capitalista e o conduzirão inevitavelmente ao colapso. Como exemplos mais expressivos dessas contradições, destacam-se as três a seguir:

1. O aumento contínuo na representatividade de capital constante (máquinas e matéria-prima) sobre a variável (salários) tende a aumentar o nível de exploração e a aumentar a precariedade dos trabalhadores.
2. A impossibilidade de avanços contínuos nas taxas de produtividade e a concorrência selvagem dos empresários resultaria na queda progressiva das margens de lucro, levando a um colapso sistêmico.
3. O lucro auferido pelo capitalista e o salário pago à mão de obra proveem do valor adicionado pelos trabalhadores no processo produtivo, sendo do interesse dos capitalistas reduzir

> a necessidade progressiva de mão de obra e restringir o aumento de salários para maximizar seus lucros. Contudo, ao reduzirem o número de trabalhadores e o seu poder de compra, a economia como um todo passa a ser afetada, algo insustentável a médio e longo prazo.

Com o desenvolvimento do capitalismo, Marx (1983) previa que as classes intermediárias da sociedade desapareceriam, o que resultaria na polarização entre as classes e o crescimento da miséria. Diante desse quadro sombrio e com o auxílio dos partidos operários, o proletariado iria tomando consciência da sua condição de explorado e da sua existência como classe, o que pavimentaria o caminho para a revolução, momento em que a classe trabalhadora assumiria o poder e socializaria os meios de produção. Empresas, fábricas, minas e terras passariam para o controle popular, a propriedade privada seria extinta e a lógica de mercado daria lugar a um modelo de economia planificada, em que o Estado passaria a coordenar a alocação e distribuição dos recursos. Em vez do mecanismo de mercado como definidor de preços, o valor dos produtos seria estipulado pela soma das horas trabalhadas (o cálculo desconsiderava questões qualitativas inerentes à atividade de cada um).

Com a queda do capitalismo e a implantação e desenvolvimento do socialismo, Marx acreditava que se criariam as condições necessárias para que progressivamente se avançasse para uma sociedade sem classes e sem a necessidade de Estado, uma sociedade na qual a população decidiria autonomamente o seu próprio destino, avançando-se do socialismo para o comunismo. No lugar do exército, o povo armado; no lugar da burocracia, funcionários eleitos; no lugar de deputados, conselhos municipais; a Igreja separada do Estado e destituída de posses; os juízes ficariam sujeitos a mandatos revogáveis e todos passariam a ter salários de operários.

3.2 A economia planificada

A União das Repúblicas Socialistas Soviéticas – URSS teve origem com a revolução bolchevique de 1917 que depôs o czar Nicolau II e estabeleceu um Estado socialista em território russo. Liderada por Vladimir

Lenin, a revolução anexou outras repúblicas do leste europeu e colocou em prática um modelo econômico planificado. Contrariamente às ideias originais que deram sustentação à Revolução Russa, apoiadas na soberania popular, progressivamente foi imposto um regime autoritário distanciado de suas bases populares. Consolidou-se um projeto de poder capitaneado por uma elite de burocratas, e em meados da década de 1920, com a chegada de Stalin ao poder, assumiu formas dramáticas de truculência.

O sistema de economia centralmente planejada tornou-se a base econômica da principal experiência de inspiração socialista-marxista. A planificação econômica veio abolir a propriedade privada, num processo de socialização dos meios de produção que passaram a ser controlados pelo Estado, que se tornou planejador e executor das políticas econômicas em substituição aos mecanismos de mercado. Cabia a ele estabelecer o nível de investimento e de consumo, fixar metas de produção sustentadas por planos plurianuais capazes de definir o que produzir, quanto produzir, como produzir e a quem se destinaria a produção, com o objetivo de alinhar demanda e oferta e atender as necessidades da população. Nesse modelo econômico as empresas deveriam cumprir metas pré-estabelecidas pelo governo, com foco não no lucro, mas no progresso de todo o sistema, condicionando a eficiência à geração de trabalho e outros benefícios sociais (HUNT, 2005).

Dada a condição eminentemente agrária da economia russa do início do século XX, priorizou-se o uso do excedente do setor agrícola para subsidiar e alavancar a indústria, concentrando-se em setores de base, como energia, aço e produção de maquinário. O modelo industrial soviético baseava-se num complexo encadeamento produtivo, com as indústrias de base servindo de carro-chefe para todo o processo de desenvolvimento industrial. Houve, no entanto, um desprezo pelos bens de consumo, vistos como redutores dos potenciais investimentos na indústria de base, o que levou à escassez de bens essenciais à população, descaso com a qualidade e a inovação.

Para que se pudesse efetivar um planejamento de alcance nacional era necessário o domínio de um vasto repertório de informações capazes de definir a quantidade adequada de cada produto ou insumo utilizado, visando assegurar o funcionamento preciso de toda a cadeia produtiva. Ao abrir mão da lógica de mercado, sustentada na lei da oferta e da procura, não se podia contar com informações essenciais para a definição de preços, eliminando a possibilidade de auto-organização da economia. Os preços eram fixados pelo governo central baseando-se nos custos de produção, na quantidade produzida, na produtividade e nas necessidades da população. A enorme complexidade imposta por este modelo facilmente esbarrava em incoerências que desregulavam todo o sistema e que comprometeram o abastecimento de bens essenciais. Além disso, as remunerações salariais definidas pelo governo eram frequentemente contestadas e se refletiam em desestímulo para os trabalhadores.

As razões da derrocada do sistema de economia centralmente planificada experimentado na União Soviética são variadas, mas parece haver um consenso em relação aos problemas decorrentes da elevada burocracia do Estado responsável por manter toda a megaestrutura de produção, distribuição e consumo em funcionamento. A ausência de uma adequada política de incentivos sobre ganhos de produtividade e inovação gerou um comportamento apático e descompromissado com a eficiência, pesquisa e desenvolvimento e com a modernização dos processos produtivos, além de comprometer a qualidade de vida da população.

A economia centralmente planejada baseou-se num modelo mecanicista, que em nome da objetividade e da previsibilidade desprezou a subjetividade humana, distanciando-se progressivamente dos anseios e desejos da população, reduzindo-se a um projeto de poder que, pouco a pouco, tornou-se um fim em si mesmo. Os controles estatais chegaram ao ponto de restringir a mobilidade da mão de obra, de punir severamente atrasos ou o não cumprimento de metas pré-estabelecidas (HOBSBAWM, 2011; HARVEY, 2013).

Diante da queda progressiva na produção e a incapacidade em atender as demandas básicas da população, o modelo de planificação econômica soviético tornou-se insustentável. Mikhail Gorbachev, que chegou ao poder máximo em meados de 1980, ainda tentou corrigir o curso do bloco através de um audacioso processo de mudanças estruturais. Seu plano concentrava-se em dois eixos complementares: a *Perestroika* e a *Glasnost* (respectivamente, *reestruturação* e *abertura*, em russo). A primeira propunha-se a reduzir a interferência do

Estado na economia, enxugando e descentralizando suas atribuições. Passaram a ser permitidos negócios privados e investimentos estrangeiros em empresas soviéticas. A *Glasnost*, por sua vez, consistia em dar maior liberdade aos cidadãos soviéticos, à imprensa, além de libertar presos políticos e determinar a realização de eleições para o Legislativo com multipartidarismo.

Os novos ares liberalizantes fizeram com que emergissem pressões por todos os lados, desde os que queriam voltar à velha centralização econômica e de poder, até os mais progressistas que demandavam medidas mais ousadas no processo de abertura da economia. Esse mal-estar generalizado levou grande parte das repúblicas soviéticas a exigirem autonomia, o que culminou na debandada em massa, e em 21 de dezembro de 1991 pôs fim à URSS.

3.3 Diferentes socialismos

A construção do socialismo foi arquitetada ao longo de todo o século XIX, com convergências e divergências que levaram a cisões e à construção de projetos distintos. Em 1864, teve início em Londres a Associação Internacional de Trabalhadores, conhecida como a Primeira Internacional Socialista. O debate ideológico confrontou os adeptos de Karl Marx e os partidários de Joseph Proudhon. Enquanto o primeiro defendia a tomada do poder e a coletivização dos meios de produção, o segundo negava a ação política da classe operária e propunha mudanças a partir da criação de uma rede de cooperativas de produção geridas pelos próprios trabalhadores, sistema que se propunha a eliminar a necessidade do próprio Estado.

A Segunda Internacional Socialista ocorreu em 1889 e foi pautada pelas discussões em torno das estratégias que deveriam dar sustento ao projeto socialista. De um lado ficaram os partidários do revisionismo, que defendiam reformas sociais progressivas, com destaque para Eduard Bernstein e Karl Kautsky; do lado oposto ficaram Lenin e Rosa Luxemburgo, apologistas da revolução e da ditadura do proletariado. A dimensão das divergências acabou por produzir uma cisão no movimento, fazendo com que os revisionistas fossem paulatinamente se afastando do pensamento marxista, ao menos em sua integralidade, e passassem a militar em partidos de orientação social-democrata, socialista-democrática ou trabalhista.

O marxismo-leninismo serviu de base para a experiência soviética, que chegou a abarcar 1/3 do mundo na primeira metade do século XX, apoiada em ideais revolucionários, como partido único e ditadura do proletariado. Esse projeto dividiu-se em duas correntes que entraram em confronto: a primeira, denominada de Movimento de Estado Operário Burocrático, foi seguida pela União Soviética e se fundamentava na união entre Estado e partido, numa rígida estrutura burocrática comandada por uma elite política que suprimiu a livre manifestação popular e de imprensa e se caracterizou por autoritarismo e centralidade do poder. A segunda corrente, chamada Movimento da Democracia Operária, liderada por Leon Trotsky, tinha como proposta assegurar o protagonismo dos trabalhadores no processo de mudança, com eleições diretas para todos os cargos e restrição à reeleição. Havia uma separação entre Estado e partido, era assegurada a liberdade de expressão e havia defesa da Revolução Socialista permanente, o que contrastava com seus opositores que a viam num só país. O modelo de Trotsky serviu de base para a Comuna de Paris de 1871 e para a Revolução Espanhola, porém foi sufocado pelas forças leninistas e nunca chegou a se efetivar (HARRINGTON, 2011; HUNT, 2005).

A social-democracia tornou-se a principal opositora ao projeto marxista-leninista, adotando uma linha reformista e mecanismos democráticos para alcançar o socialismo. Desenvolveu-se especialmente na Europa Ocidental e teve entre seus principais interlocutores Eduard Bernstein, que rejeitava a ideia de materialismo histórico (centralidade da economia diante dos demais fenômenos sociais) e discordava da perspectiva dialética que, segundo o autor, reduzia a complexidade da vida social. Opunha-se também à economia centralmente planejada e ao determinismo marxista que previa um empobrecimento contínuo do proletariado. Bernstein defendeu a articulação e a mobilização dos trabalhadores como protagonistas na transformação e no avanço dos direitos sociais num processo democrático, sem a necessidade de revoluções (STENGER, 1997).

Bernstein acreditava na melhoria gradual das condições de vida dos trabalhadores, que poderiam vir a ascender à classe média. Discordava da visão marxista-leninista que pressupunha a necessidade da nacionalização de todos os meios de produção como única forma de socialização da riqueza. Substituiu a ideia de economia centralmente planejada pelo Estado pela de cooperativismo de trabalhadores. No plano político, defendeu a expansão da democracia, a representação proporcional de mulheres e homens no Legislativo, referendos para eleições diretas, inclusive dos juízes, liberdade de imprensa, separação entre Igreja e Estado e a passagem da política externa para a responsabilidade do Legislativo. Defendeu educação e saúde gratuitas, pensões para idosos e pleno emprego. Todo esse arsenal de benefícios sociais seria financiado por meio de tributação progressiva sobre a renda, propriedade e herança, enquanto o consumo deveria ser desonerado.

Outros modelos de influência socialista desenvolveram-se em várias partes do mundo, alguns revisionistas em relação ao modelo soviético, outros, seus opositores diretos. Um exemplo de revisionismo foi conduzido por Oskar Lange (1938) e Abba Lerner (1957), que propuseram um socialismo de mercado como forma de superar as limitações do planejamento econômico centralizado experimentado na União Soviética. A ideia de Lange e Lerner era a de que diferentes empresas estatais deveriam maximizar seus lucros seguindo preços fixados pelo Estado, objetivando dinamismo e avanços na eficiência produtiva. Contudo, os autores não avançaram na questão da definição dos preços, que continuavam a ser definidos de forma centralizada.

Como oposição ao modelo soviético, e não mais no plano das ideias, mas focando nas experiências práticas, destacou-se o modelo socialista implantado por Josip Broz Tito na Iugoslávia, entre 1945 e 1980. Foi conhecido por socialismo autogestionário em virtude de buscar conciliar justiça social com um certo grau de democracia, o chamado *comunismo de conselhos*. Havia um esforço em garantir maior participação da população através de mecanismos de descentralização da tomada de decisão e incentivo a cooperativas autogestionárias controladas democraticamente pelos próprios trabalhadores. Eram permitidas empresas privadas, desde que não ultrapassassem mais de seis integrantes, algo comum a unidades familiares. A lógica privada também era aplicada a fazendas que não ultrapassassem dez hectares, as demais funcionavam como cooperativas ou empresas estatais. Era garantido um salário-mínimo para todos os trabalhadores, com variações pontuais conforme o desempenho e a tarefa executada. Após o pagamento dos custos de produção, manutenção da organização, impostos e reserva para investimento, possíveis sobras poderiam ser transformadas em bônus distribuídos entre os trabalhadores.

Uma das particularidades do modelo socialista iugoslavo era a adesão à lógica de mercado, os preços eram definidos pela lei da oferta e da procura e não pela administração central, como ocorria no modelo soviético. Havia o estimulo à importação de vários produtos, o que despertava a competição interna e evitava abusos, assim como uma preocupação com o aumento da produtividade e a melhoria da qualidade dos produtos ofertados. O Estado ficava concentrado na definição dos investimentos agregados e nas políticas macroeconômicas, estabelecendo metas de crescimento e condições apropriadas para esse fim. O modelo iuguslavo também se distinguiu do soviético ao permitir a liberdade de expressão, a manifestação religiosa e por acolher diferentes culturas e etnias, sob o princípio da "fraternidade e unidade", chegando a introduzir políticas de cotas para que todas as etnias fossem representadas nas escolas e em cargos públicos.

Todavia, assim como na União Soviética, o investimento concentrou-se na economia de base em detrimento de bens de consumo, o que comprometeu o bem-estar da população, além de produzir inflação. Após a derrocada da União das Repúblicas Socialistas Soviéticas, no início da década de 1990, também a Iugoslávia enfrentou sérios problemas de sustentabilidade econômica e política, a ponto de ver o seu território se fragmentar numa sangrenta guerra entre províncias que acabariam por se tornar independentes (HOBSBAWM, 1996; 2011).

Na atualidade, a China se autodefine como uma forma de socialismo de mercado, conjugando o liberalismo econômico com forte participação do Estado em segmentos estratégicos da economia. A atuação da iniciativa privada foi liberada e foram incentivados os investimentos externos, principalmente em segmentos com maior vocação exportadora. Pode-se dizer que o modelo chinês trabalha com "ilhas liberais" num contexto rigidamente controlado pelo Estado. Foram definidas áreas geográficas e setores prioritários para acolher os novos empreendimentos que recebem fluxos migratórios regulados pelo Estado.

O governo chinês vem progressivamente reduzindo a interferência nas empresas privadas e nas cooperativas nacionais por meio de políticas de desregulamentação. O investimento internacional tem sido atraído pela mão de obra abundante e de baixo custo, além dos benefícios dos investimentos em infraestrutura que garantem progressivos aumentos de produtividade. Atualmente, há um direcionamento para reduzir a dependência das exportações e ampliar o mercado de consumo interno, que apresenta um imenso potencial, ainda subutilizado em virtude da baixa renda da maioria da população. É importante ressaltar que a abertura chinesa se limita ao plano econômico, pois politicamente continua a imperar um modelo autoritário, que se recusa à abertura democrática e impede a livre expressão da população. A informação é duramente controlada pelo Estado, o que restringe o papel da imprensa.

Entre as muitas releituras do socialismo, o Socialismo Democrático apresenta-se como contraponto ao chamado "socialismo real" estabelecido na União Soviética e na China. O Socialismo Democrático procura diferenciar-se dos anteriores ao privilegiar a via evolucionária à revolucionária, além de defender eleições livres, multipartidarismo, e a criação de uma economia descentralizada, concebida de baixo para cima através dos movimentos populares, aderência aos instrumentos de autogestão e, ainda que aceite algum tipo de mercado, defende instituições reguladoras fortes como contraponto às imperfeições dos mercados. Os socialistas democráticos discordam do caminho trilhado pelas sociais-democracias contemporâneas, consideradas subservientes ao grande capital, tendo abandonado a ideia de superá-lo, limitando-se a ajustes pontuais. Entre a multiplicidade de nomenclaturas, o socialismo democrático é visto por alguns como uma forma de socialismo de mercado, no qual os meios de produção são de propriedade pública ou coletiva, mas a alocação de recursos segue as leis de mercado.

3.4 Socialismo e democracia

É importante ter em mente que não se pode falar em socialismo, mas em socialismos, no plural. A vertente leninista-stalinista, que de todas foi a que apresentou maior visibilidade, ficou marcada pelo desprezo em relação à democracia, identificada com os ideais burgueses, com a participação popular como mera ficção. Para se entender a relação entre socialismo e democracia é fundamental compreender a ligação entre o Estado e a sociedade (HOBSBAWM, 2011; HARVEY, 2013).

O distanciamento entre marxismo e democracia é, grande parte das vezes, atribuído à pretensa cientificidade do pensamento de Marx, que aponta para uma visão determinista de futuro. Essa perspectiva linear acaba por reduzir o princípio da liberdade, limitando-se a aderir às leis imanentes do mundo, com certezas pré-definidas e incontestáveis. A centralidade economicista do pensamento marxista é uma prova desse determinismo e reduz o campo da política ao poder do Estado. Ao se pretender cientificar a política, defende-se uma visão unilateral, "a única verdadeira", o que impede a manifestação de pensamentos contrários, entendidos como não científicos e, por isso, falsos.

Com a Revolução Russa e a implantação do chamado socialismo real, ocorreu uma separação entre o princípio da ditadura do proletariado e o da soberania popular. Em Marx, o poder revolucionário e a ditadura do proletariado não aparecem como explicitamente contraditórios ao princípio da soberania popular. A ideia da ditadura do proletariado, ainda que apresente variações, como no caso do Estado-Comuna ou do Estado centralizado, apoia-se na ideia de universalidade do proletariado, classe vista como homogênea e fundamentada em interesses convergentes.

Ao defender um ideal determinístico da história, o marxismo, principalmente de corte leninista e mais ainda o stalinista, fechou-se à possibilidade de incorporar a existência de individualidades entre os integrantes do proletariado e da sociedade como um todo. Dessa feita, empobreceu-se o terreno da formação da autonomia individual, no qual são desenvolvidos os valores emancipatórios e a humanização dos sujeitos, sendo esta última substituída por aparatos institucionais que acorrentaram os sujeitos dentro de uma pretensa ideia de "verdade" consensual.

Essa perspectiva foi superada posteriormente por Antonio Gramsci (1999) em *Cadernos do Cárcere*, que rompe com o determinismo histórico e torna possível a relação entre marxismo e democracia. A visão antideterminista e o conceito de hegemonia em Gramsci apropriam-se de um desenvolvimento ético-moral, fundamentado a partir dos conflitos de interesse no capitalismo, fazendo emergir uma ética universalista e uma moralidade substantiva da democracia. A sociedade civil tem papel preponderante ao expandir seu *ethos* democrático, ampliando as perspectivas de controle social e de cidadania ativa, muito além da teoria elitista da representação.

Diferentemente de Marx, que percebia as classes como decorrentes da natureza da produção capitalista que gerava uma falsa consciência da realidade incorporada pela classe operária, Gramsci entendeu a sociedade civil como o domínio da *superestrutura* cultural e ideológica imposta pelas organizações privadas, em que prevalece a ideologia e os valores burgueses introjetados pelo Estado que legitima essa condição de hegemonia. O Estado capitalista se impõe não pela coerção e violência, mas por persuasão, por meio de instituições da sociedade civil como: igrejas, escolas, partidos, imprensa. Uma classe é hegemônica quando consegue elaborar sua própria visão de mundo, conquistando a adesão da classe dominada.

O arcabouço conceitual de Gramsci traz uma perspectiva de história aberta, não planejável e, muito menos, previsível (ainda que não totalmente indeterminada ou casuística). O autor entende que é na dimensão política e cultural que se ergue a potencial mudança histórica. Há uma *descientificação* da compreensão do marxismo, substituída por uma filosofia da práxis transformadora, que abarca a pluralidade no exercício do poder. O caminho da emancipação torna-se tão importante quanto o ponto de chegada, pois acontece uma relação dialética entre fins e meios e entre indivíduos e sociedade, sem que se possa negligenciar um em favor do outro. Gramsci defende uma ideia de liberdade individual e coletiva, numa dinâmica emancipadora entre meios e fins, permeada por valores e racionalidade anticapitalista.

A emancipação humana não pode prescindir de pluralidade de caminhos e deve estar aberta para a realização de escolhas, ou se impedirá o exercício democrático: é só no confronto entre ideias conflitantes que se aprimoram as posições de cada um. Mesmo que se consiga estabelecer um projeto de sociabilidade pautado pela igualdade, capaz de superar a coerção e a opressão, essa perspectiva fica comprometida se for imposta como única opção, sem a existência do contraditório. Dessa forma, o projeto universal preconizado pelo marxismo só pode ser legitimado a partir do princípio da soberania popular, num ambiente pluralista em que se podem confrontar distintos projetos de sociedade, sendo nenhum deles revestido de uma supremacia determinista capaz de anular ou desqualificar a disputa com os demais. Essa ressalva implica em que o marxismo seja inserido dentro do republicanismo, alimentando-o com toda a sua potência crítica anticapitalista.

O filósofo Ruy Fausto (2007) entende que Marx foi reducionista quando se referiu à questão do Estado e da democracia. O marxismo toma o Estado como um mero instrumento de classe e a democracia como um mecanismo que coloca uma classe contra outra. A crítica liberal que entende como incompatível a aliança entre marxismo e democracia apoia-se essencialmente no determinismo histórico adotado por algumas correntes socialistas, o que inviabiliza a adesão aos princípios democráticos que envolvem contradição e disputa, inclusive dentro da própria classe proletária.

É clara a insuficiência dos direitos políticos de tradição liberal como forma de garantir a emancipação do sujeito, uma vez que esta só será possível quando se conseguirem superar os constrangimentos econômicos que lhe oprimem e alimentam a sua subserviência. O processo democrático não se pode restringir a uma única esfera, mas deve avançar em diferentes dimensões, que na realidade se complementam. Todavia, reforça-se mais uma vez que a socialização econômica, central no pensamento marxista, não é acompanhada por um cuidado de mesma intensidade na esfera política, haja vista sua defesa da ditadura do proletariado como forma de alcançar o socialismo.

A contemporaneidade impõe novos desafios ao projeto socialista e novas demandas democráticas. Há um esforço em se acolher as minorias, grupos historicamente negligenciados e excluídos, o que fortalece o multiculturalismo, os movimentos raciais, feministas, ambientais e LGBTs, entre outros. Em síntese, trata-se de um socialismo que se propõe a desenvolver o universalismo antimercantil, a autonomia, o republicanismo, o acolhimento à pluralidade, à diferença e aberto ao diálogo franco e livre entre todos os envolvidos (BAUMAN, 2013).

Sousa Santos (2016) afirma que o socialismo do século XXI é a radicalização da democracia, a qual impõe obrigatoriamente uma preocupação com a descentralização dos mecanismos de poder, maior participação local, simetria de forças e o envolvimento da sociedade civil organizada com a coisa pública. Há um movimento de avanço da simples democracia política para um sistema mais amplo, capaz de integrar as demais esferas que compõem a vida em sociedade. A democracia ampliada necessita incorporar as relações sociais, familiares e, em particular, a dimensão econômica e o universo empresarial, considerando-se que o poder econômico vem se sobrepondo desproporcionalmente ao político, enfraquecendo-o ou mesmo substituindo-o.

3.5 Socialismo em contexto

As contradições parecem demonstrar a inviabilidade de modelos polarizados, que desconsideram a complexidade humana, afeita tanto à cooperação e solidariedade quanto à competição e ao autointeresse que clamam por liberdade, mas também por igualdade. Diante da crise de paradigmas que assola o nosso momento histórico, as experiências passadas poderão se transformar em poderosos ensinamentos para novos projetos socioeconômicos, mais justos, sustentáveis e consistentes com a própria condição humana.

A experiência socialista soviética foi particularmente dramática e influenciou todo o debate posterior. As controversas teses da ditadura do proletariado e de partido único, que garantiriam o domínio político pela classe trabalhadora, nunca se efetivaram, e ainda foram usadas por uma elite política para impor seu projeto de poder. Implantou-se um modelo superlativo de Estado, alimentado por um gigantesco aparato tecnoburocrático, sustentado por mecanismos autoritários que invadiram todos os espaços da vida social.

A defesa do materialismo histórico superestimou a esfera econômica, condicionando as demais dimensões sociais a ela. Imperou o objetivismo material em detrimento das subjetividades humanas, nomeadamente proibindo manifestações religiosas, interferindo na vida cultural, cerceando liberdades individuais, atentando contra os direitos humanos, impedindo a autonomia da imprensa e qualquer manifestação contrária ao discurso oficial. O Estado invadiu boa parte dos espaços da vida privada e sequestrou subjetividades e individualidades. Além do mais, como afirma Singer (1998), um dos grandes problemas do insucesso de grande parte das experiências socialistas se deve ao fato de terem partido de hipóteses ingênuas sobre a natureza humana, um ser humano simplificado e maniqueísta, o bem contra o mal, desprezando a multiplicidade de vontades e desejos, muitas vezes contraditórios e ambíguos. Os socialismos experimentados no mundo, invariavelmente carregaram uma visão excessivamente otimista e até ingênua sobre o ser humano, compreendendo-o como justo, fraterno e solidário, o que se afasta da complexidade inerente ao humano, imprescindível para não se cair em visões românticas afastadas da realidade (MORIN, 2011).

O centralismo estatal e a planificação econômica obrigaram a criar um projeto faraônico de engenharia econômica, capaz de articular todos os segmentos de atividade e alinhar as necessidades da população com a capacidade de oferta. Esse constructo surreal pressupunha conhecer, planejar e controlar todos os fatores de produção, numa ideia de economia mecanicista, estável e previsível. Como os preços não eram definidos pelo mercado, o modelo soviético precisava de uma infinidade de informações para assegurar a tomada de decisão sobre a oferta e o preço dos bens, algo impossível de ser executado com eficiência. Além do mais, as subjetividades individuais foram desprezadas, e negligenciado o dinamismo dos ambientes interagentes que impunham um grau de flexibilidade que se contrapunha ao centralismo da tomada de decisões.

Acreditava-se ser possível conceber a economia como uma máquina programada com precisão para atender às demandas emergentes. Contudo, ficou explícita a incapacidade em prever a escassez das diversas matérias-primas empregadas na produção e em regular convenientemente as oscilações de valor daí decorrentes. Os desequilíbrios entre demanda e oferta tornaram-se crônicos, além da baixa capacidade de inovação e reduzidos índices de produtividade, o que comprometeu o abastecimento e o atendimento às necessidades básicas da população.

A ideia de revolução política se sobrepôs e ofuscou a da revolução social. A noção de que a revolução socialista teria que passar inevitavelmente pela conquista do poder estatal sendo exercida de cima para baixo impediu a mobilização autônoma dos trabalhadores, corrompendo o próprio sentido da revolução.

A visão linear da história, em que o capitalismo, em razão de suas contradições insuperáveis, daria lugar ao socialismo que, por sua vez, levaria ao comunismo, foi desacreditada com o tempo. Muita coisa mudou desde as primeiras concepções socialistas, o que obriga a reinterpretação da realidade à luz do contexto histórico e da complexidade humana. O mundo globalizou-se e se integrou dentro de uma lógica de interdependência, o setor industrial perdeu lugar para o de serviços, em muitos países os operários ascenderam socialmente e "viraram" classe média e, talvez ainda mais importante, alguns profissionais liberais concentram mais poder e renda do que muitos proprietários de empresas, o que faz com que a tradicional divisão da sociedade em duas classes opostas – burguesia e proletariado – perca espaço para concepções mais plurais e multifacetadas.

Ao rever o pensamento marxista, Habermas (2012), filósofo contemporâneo, revisionista da Teoria Crítica de influência marxista, opõe-se à ideia de revolução como saída para abolição das relações sociais capitalistas pela ação consciente do proletariado como classe. Para o autor, Marx não responde mais ao mundo capitalista tardio, pois não pressupõe em sua tese uma democracia de massa nem o *welfare state*. Em seu lugar, o autor acredita e valoriza os potenciais emancipatórios presentes nos mecanismos de participação próprios do Estado Democrático de Direito e da esfera pública ampliada, que passa a incorporar a sociedade civil como ator privilegiado na nova arquitetura social.

Considerando o exposto, a realidade precisa ser entendida de forma mais complexa, uma vez que as bandeiras se multiplicaram e as grandes narrativas se enfraqueceram; temos cada vez menos certezas e clareza de posições. As novas concepções são menos românticas e sedutoras, mas deverão aproveitar o aprendizado histórico para se tornarem mais consistentes e coerentes com a condição humana. Para que qualquer resultado possa ser verdadeiramente emancipatório, terá de partir de baixo para cima, emergindo dos grupos oprimidos e excluídos. Por isso, é necessário separar o conceito de metamorfose social de revolução política, estando a primeira ainda por se realizar.

Ignacy Sachs (2010), respeitado economista de origem polonesa, vivenciou a experiência do socialismo "real" em sua terra natal e, por ter morado e pesquisado diferentes modelos econômicos ao redor do mundo, conseguiu apresentar uma interessante análise dos distintos sistemas econômicos. O autor faz críticas tanto à ideia de planejamento centralizado da economia quanto ao liberalismo desenfreado e sem limites dos mercados. Ele acredita em uma economia mista, na qual o Estado assume três funções essenciais:

> a) Articulação de espaços de desenvolvimento (com o fortalecimento dos níveis locais);
>
> b) Promoção de parcerias entre todos os atores interessados;
>
> c) Harmonização de metas sociais, ambientais e econômicas – buscando o equilíbrio entre cinco níveis de eficiência:
>
> 1. A eficiência de alocação de recursos;
> 2. A eficiência de inovação;
> 3. A eficiência keynesiana de pleno emprego;
> 4. A eficiência social de erradicação da pobreza e de equidade de rendimentos;
> 5. A ecoeficiência, que se apoia na produção limpa e capaz de criar projetos industriais autossustentáveis numa visão cíclica em que tudo possa ser reaproveitado.

O autor concentra-se numa visão de desenvolvimento induzido pelo emprego e pelo fortalecimento do espaço local. Defende mecanismos de governança participativa e políticas públicas de intervenção com vistas a promover justiça social, como compras públicas que privilegiem produtos da economia solidária e de pequenas empresas locais.

Os ideais socialistas continuam vivos dentro de cada um que acredita num mundo mais justo, equitativo e solidário, com emancipação social e humana, aliada à expansão democrática e à sustentabilidade ambiental. O socialismo do século XXI ainda tem que ser escrito, deve aprender com a história e ir além, sem dogmatismos paralisantes. São necessários avanços capazes de reinterpretar a contemporaneidade com a plasticidade e complexidade que ela impõe, o que certamente obriga a menos dogmatismos, menos ambições e mais pragmatismo diante das contradições e injustiças de um mundo dividido por abundância sem precedentes e miséria epidêmica.

Ainda que a realidade presente seja bastante perversa e as alternativas nebulosas, alguns movimentos começam a se manifestar e a arriscar novos ideais de sociabilidade. Esses movimentos contra-hegemônicos são protagonizados principalmente pela sociedade civil, cada vez mais informada e proativa, que se expressa em novos espaços, como no Fórum Social Mundial, no qual se tenta congregar a multiplicidade de demandas e propostas centradas na esperança de um outro mundo possível. Esses movimentos plurais têm em comum a busca por alianças e a criação de redes com o intuito de lutar contra a exclusão social, o desemprego e a violência, e atuar na defesa e avanço dos direitos humanos, sociais e do meio ambiente. Convergem ao lutar por estruturas mais democráticas e participativas que consigam ultrapassar o despotismo econômico atual e apontem para novos padrões de sociabilidade, mais justos, solidários e sustentáveis.

4. Economias mistas

A história repetidamente apresenta-nos experiências desastrosas ao lidar com a liberdade ou com a igualdade. Já se viu no capítulo anterior que o projeto socialista de corte soviético sequestrou a liberdade em nome de uma "pseudoigualdade", em que um Estado todo poderoso via-se no direito de dominar e manipular vidas humanas, desconsiderando as vontades e desejos individuais. Por outro lado, o modelo neoliberal que invadiu o mundo a partir do final da década de 1970 elegeu a liberdade irrestrita dos mercados como o melhor mecanismo de funcionamento da economia e da sociedade, e opôs-se a qualquer forma de intervenção ou regulação externa, entendida como obstáculo ao crescimento das forças produtivas. Esse direcionamento resultou em algumas das mais extremas desigualdades econômicas da história, com a eliminação em massa de pequenos negócios, culturas regionais e recursos naturais, além de fazer com que a concentração de poder e renda atingissem níveis desproporcionais, com ameaças à soberania dos Estados nacionais e às conquistas democráticas (OFFE, 1995).

O projeto conhecido por *economia mista*, com suas diferentes ramificações, embora defenda o livre mercado como melhor forma de alocar recursos escassos através da dinâmica de preços, opõe-se à sua desregulamentação absoluta, pois entende os mercados como imperfeitos pela sua instabilidade e tendência à concentração de renda e poder. A economia mista pressupõe a aliança entre princípios de mercado com regulação estatal, nomeadamente com empresas públicas em áreas estratégicas, além de proteção social generalizada que visa assegurar o bem-estar ao conjunto da sociedade.

A exclusão social é interpretada como um problema estrutural e não individual, resultado do processo de construção histórica que cria mecanismos de exploração que marginalizam parte da sociedade. A acumulação de renda é percebida como um jogo de interesses em que os ganhadores definem as próprias regras que lhes asseguram privilégios contínuos. As vantagens recaem sobre quem possui mais capital, o que se traduz num processo de acumulação de riqueza progressiva. Aquilo que é vendido no mercado não pode ser visto como resultado do esforço do trabalho individual, mas dos serviços do capital que se acumulam desproporcionalmente em razão da remuneração desproporcional entre capital e trabalho, o que faz com que a busca de um maior equilíbrio entre eles seja uma das principais bandeiras da economia mista. Dessa feita, há um esforço em produzir regras que proporcionem uma realidade mais equilibrada, em que sejam asseguradas as necessidades básicas para todos os cidadãos, sem, contudo, abrir mão das liberdades individuais. É, no mínimo, uma visão mais coletivista, que preza pelo bem-estar social generalizado.

A economia mista e seu braço político conhecido por social-democracia, trabalhismo ou mesmo socialismo democrático entende como paradoxal por um lado defender a democracia, que tem como base o equilíbrio de forças e a promoção do bem coletivo e, ao mesmo tempo, deixar o mercado desregulado e entregue à própria sorte, o que produz inevitáveis assimetrias e iniquidades. Liberdade sem igualdade é campo propício para a dominação e a tirania dos mais fortes. A social-democracia procura se distanciar de modelos puros e extremados, abandona a ideia de polarização entre igualdade e liberdade, buscando conjugá-los num arranjo consistente que alia liberdade individual e bem-estar coletivo com equidade de rendimentos, ainda que a tensão seja inevitável.

Considerando os erros provocados pela radicalização dos sistemas econômicos, socialista e liberal, surgiu em alguns países europeus o que passou a ser conhecido por Estados Sociais, dentro da ideia de que a democracia e o capitalismo só poderiam ser compatíveis por meio de forte intervenção do Estado, via regulações, nacionalização de setores estratégicos e tributação progressiva, o que obrigava a existência de sindicatos fortes, como ocorreu na Alemanha Ocidental e alguns países nórdicos em que a participação dos trabalhadores na gestão das empresas tornou-se prática comum. O avanço nos direitos trabalhistas e a oferta universal de educação, saúde e segurança social pelo Estado permitiram um pacto razoavelmente consistente entre capital e trabalho (SOUSA SANTOS, 2016).

Como forma de compreender os pressupostos do modelo de economia mista e da social-democracia, em que pesem propostas distintas e desdobramentos variados, é importante iniciar-se pelas ideias do economista John Maynard Keynes, que se notabilizou ao propor uma alternativa econômica que aliou mecanismos de mercado com forte intervenção estatal.

4.1 Keynesianismo

John Maynard Keynes foi um economista inglês que na década de 1930 ajudou a resgatar a economia mundial do abismo. Contrariamente ao pensamento clássico, para Keynes (1985) não existe equilíbrio automático, os mercados não são autorreguláveis, mas imperfeitos e instáveis e, por isso, necessitam de intervenção do Estado para corrigi-los e proporcionarem bem-estar para o conjunto da sociedade. O autor consagrou-se e fez escola ao conseguir superar a maior crise do capitalismo mundial e conduzir a economia para um dos seus períodos mais prósperos, com crescimento econômico, pleno emprego, distribuição de renda e expansão do bem-estar social, os famosos "trinta anos dourados", entre os anos 1940 até meados dos anos 1970 (PREBISCH, 1991).

Keynes foi responsável pela desconstrução da famosa Lei de Say, teoria idealizada pelo economista francês Jean Baptiste Say e que vigorava como dogma até então, de acordo com a qual a oferta era criadora da própria demanda e, em épocas de crise econômica, a solução era aumentar a produção para gerar mais trabalho, renda e consumo, num ciclo virtuoso. Porém, essa teoria foi desconstruída com a crise de 1929, quando a oferta de bens e serviços das empresas americanas não foi acompanhada por uma demanda equivalente, provocando uma crise de superprodução com reflexos no mundo inteiro. Keynes (1985) desconstruiu a ideia de que os mercados seriam autorreguláveis e defendeu a necessidade de intervenção direta do Estado na economia como forma de corrigir suas anomalias.

De acordo com a lógica tradicional, sempre que existe uma crise de demanda, o empresário tende a reduzir custos, o que invariavelmente impacta nos salários e pode levar à demissão de funcionários e redução da demanda, num ciclo vicioso que, no extremo, provoca recessão ou depressão econômica. Diante dessa situação-problema, a proposta de Keynes (1985) foi para que o Estado assumisse maior protagonismo na economia através de aumento do investimento público, garantia de pleno emprego e estímulo ao consumo. Substituiu os fundamentos da Lei de Say que afirmavam que a poupança é que determinava o investimento, pelo princípio da demanda efetiva, segundo a qual o aumento do investimento é que leva ao aumento do consumo que, por sua vez, se reflete no aumento da poupança. Enquanto Say acreditava que investimento e poupança se igualavam, Keynes defendeu que quando a poupança excede o investimento, reduz-se a atividade econômica e gera-se recessão, já o contrário, quando o investimento ultrapassa a poupança, produz-se expansão.

Para Keynes (1985), as expectativas de lucro do empresário é que impulsionam o investimento privado, sendo função do Estado estimular esse investimento. Para o autor, o emprego está condicionado à demanda agregada, a qual é composta pelo consumo e pelo investimento que, para se efetivar, depende da taxa de juros e da taxa de retorno esperada sobre os novos investimentos. Em suma, o que leva o empresário a arriscar e a investir num novo empreendimento é o custo (juro) desse capital e a expectativa de retorno. Diferentemente dos autores liberais clássicos, Keynes não acreditava que a política monetária fosse suficiente para alavancar a atividade econômica em momentos de crise, e por essa razão defendeu uma intervenção política fiscal com forte investimento público, que induziria toda a atividade econômica.

Todo o gasto de alguém é a renda de outra pessoa, se um para de gastar, o outro para de receber e a cadeia produção-consumo é freada, gerando desemprego e crise sistêmica. Considerando que o Estado é o principal consumidor individual, cabe a ele contrariar as expectativas desfavoráveis que paralisam os investimentos privados e ampliar seus gastos e investimentos, estimulando toda a atividade econômica. Em momentos extremos, a política keynesiana defende a produção de *deficits* públicos que serão compensados quando a economia voltar a crescer e aumentar a arrecadação de impostos. É importante salientar que Keynes, embora tenha defendido o aumento do gasto público e até possíveis *deficits* em épocas de crise como forma de estimular a atividade econômica, nunca apoiou o carregamento desses *deficits* em longo prazo, e muito menos a manutenção de orçamentos deficitários na fase expansiva da economia, momento adequado para recuperar as perdas e reequilibrar as contas.

Como parte das suas proposições para o fortalecimento da economia, Keynes defendeu uma distribuição de renda mais igualitária e o desestímulo à especulação financeira, já que os estratos mais ricos tendem a não converter grande parte das suas rendas em consumo, direcionando-as para atividades especulativas, o que desvia recursos do ciclo econômico e compromete o seu desenvolvimento. Defendeu também aumentos progressivos dos salários como mecanismo dinamizador da demanda, contrariando a tese dominante, que via nos salários baixos a possibilidade de maior lucro, investimento e aumento do nível de emprego.

O economista inglês defendeu empresas públicas em áreas estratégicas ou pouco atrativas à iniciativa privada, pois, distintamente da lógica que rege as empresas convencionais, é justificável que, em certos casos, empresas públicas trabalhem no vermelho ou com lucros reduzidos para subsidiar atividades essenciais à população e proporcionar ganhos sistêmicos para a economia. As empresas estatais são também importantes na competição com o setor privado, evitando possíveis abusos do mercado (KEYNES, 1985).

Para o autor, é vital a articulação estatal dos diversos agentes produtivos, laborais, educacionais, de pesquisa e de financiamento, de forma a garantir um mercado interno forte e a melhoria da qualidade de vida da população. Algo bem diferente de um mercado entregue à própria sorte, com concorrência desproporcional, dominada por oligopólios e monopólios que impõem suas regras de acordo com seus interesses, invariavelmente opostos aos da grande maioria de indivíduos que compõem a sociedade. Para o autor, o principal desafio da contemporaneidade seria conseguir conciliar três questões básicas: eficiência econômica, justiça social e liberdade individual.

4.2 Estado de bem-estar social

A nova arquitetura econômica desenhada por Keynes e seus seguidores daria base para a criação dos Estados Sociais Europeus. Os avanços só foram possíveis devido a um movimento sindical bem organizado, aliando ganhos de produtividade e distribuição de renda, o que aproximou a relação entre capital e trabalho. Ocorreram ganhos progressivos na renda dos trabalhadores e forte aparato de políticas sociais, o que resultou no período de maior prosperidade e avanços sociais do século XX.

Para entender a formação dos Estados Sociais e, mais especificamente, o modelo de Estado de bem-estar social europeu, é necessário resgatar a origem e desenvolvimento dos partidos social-democratas. É bom lembrar que a social-democracia tem origem nos ideais socialistas, mais especificamente, nos socialistas reformistas ou evolucionários que se contrapunham aos que defendiam a revolução como estratégia para alcançar o poder. Os principais autores dessa corrente foram Eduard Bernstein e Karl Kautsky, que propuseram uma mudança da sociedade a partir de bases democráticas, com reformas progressivas na estrutura social vigente, com a finalidade de implantar o socialismo. O caminho era o aprofundamento da democracia e não a insurreição proletária.

O início da corrente social-democrata ocorreu na Alemanha, e, para se justificar, não se fundamentou num aparato científico, mas moral: apoiava-se na superioridade moral sobre o capitalismo, entendendo os seres humanos como indivíduos éticos, interligados uns aos outros por vínculos de solidariedade e compaixão. Bernstein opôs-se a Marx em vários pontos, entre eles, rejeitou o materialismo histórico, entendendo-o como falho, haja vista que as previsões descritas por Marx não haviam se materializado. O capitalismo não acentuou a polarização entre as classes sociais e nem alimentou o empobrecimento progressivo dos operários.

As ideias da social-democracia, ou dos socialistas reformistas, como eram inicialmente conhecidos, encontrou no terceiro decênio do século XX sustentação econômica nas teses apresentadas por Keynes. As políticas keynesianas e pós-keynesianas forneceram as bases para a criação de modelos mistos, com Estados fortes interagindo com economias de mercado, e fundamentaram o modelo de Estado de bem-estar social (*Welfare State*) dominante nos países europeus do pós-guerra. Foram particularmente importantes as contribuições de A. C. Pigou, autor de *The Economics of Welfare*, John Strachey e do sueco Gunnar Myrdal. Esse modelo adotou a livre empresa e a economia de mercado, mas difere do liberalismo clássico pela forte intervenção do Estado na economia, nomeadamente por meio de empresas estatais em setores estratégicos, além da implementação de poderosas proteções e benefícios sociais para toda a população em áreas como saúde, educação, previdência social, seguro-desemprego e moradia, tudo sustentado por uma política fiscal progressiva.

A força dos sindicatos foi decisiva, pois possibilitou uma maior equalização das forças sociais, com avanços expressivos para a classe trabalhadora, com destaque para a intensificação do processo de participação dos trabalhadores nas decisões, tanto nas empresas quanto nos governos. A política deslocou-se da esfera estatal e foi incorporada pela população em todos os espaços, da empresa ao convívio comunitário cotidiano, com destaque para a mobilização da sociedade civil organizada. O Estado de bem-estar social fortaleceu-se quando foi integrado ao conceito de cidadania, com base na concepção de que alguns direitos são inerentes à própria condição humana e devem ser assegurados incondicionalmente. Entende-se que todo indivíduo deve ter direito a um conjunto de bens e serviços assegurados diretamente pelo Estado ou indiretamente por regulação pública. A ideia que dá base ao modelo pode ser confundida com a de assistência aos menos favorecidos (sob o estigma de política para os pobres), mas na realidade propõe-se a oferta de serviços para toda a população, em que tanto ricos quanto pobres podem beneficiar-se igualmente de saúde, educação, seguro-desemprego, garantia de renda mínima, recursos adicionais para a criação dos filhos, entre outros (KERSTENETZKY, 2012).

A opção por estender os benefícios a toda a população garante vantagens por não criar estigmas que confrontariam financiadores e beneficiários. A ideia sempre foi assegurar a universalidade dos serviços públicos de forma que todas as classes se sentissem beneficiadas, ou seja, as contribuições, ainda que compulsórias, atendem a todos, em um pacto de bem-estar universal.

Após a Grande Depressão da década de 1930, a Suécia foi um dos primeiros países a adotar a ideia de intervenção do Estado na economia e na promoção da qualidade de vida de toda a sua população. Apoiaram-se na premissa de que gastos com políticas sociais não deveriam ser entendidos como custos, mas como investimentos, pois ao serem alocados apropriadamente, impulsionariam também o desenvolvimento econômico. A experiência sueca fundamentou-se em garantir igualdade de oportunidades para todos os cidadãos, o que justificou a adoção de mecanismos de discriminação positiva, com esforços redobrados sobre os grupos mais necessitados. Esse projeto só foi possível através de um compromisso histórico entre trabalhadores e capitalistas, num pacto social com o objetivo de assegurar crescimento econômico e pleno emprego, a fim de reduzir as desigualdades, fortalecer o consumo e a atividade produtiva.

O Estado de Bem-Estar escandinavo só foi viabilizado por meio dos esforços concentrados no desenvolvimento de uma educação pública universal e de qualidade. O modelo educacional primou por incluir conteúdos ligados à cidadania, vida comunitária, cooperativismo e preocupação com a coletividade, o que alimentou uma cultura diferente da maioria dos países do mundo. A reforma educacional foi iniciada em meados do século XX e garantiu igualdade de oportunidades para todas as crianças. Entre as políticas empreendidas, destacou-se a adoção de frequência obrigatória por nove anos, esforços redobrados nos ciclos iniciais, universalização das pré-escolas e tudo com um padrão de qualidade extremamente elevado, a ponto de atrair os filhos dos mais ricos para as escolas públicas. O esforço em universalizar e alinhar a educação em patamares de excelência foi vital para colocar na mesma escola o filho do operário e o do empresário, algo essencial para o desenvolvimento da sociedade de bem-estar social.

As políticas sociais universais (*catching up*) dos países escandinavos, com proteções generalizadas contra riscos econômicos e sociais, apoiadas por políticas de tributação progressiva, foram e ainda são a principal estratégia de dinamização da economia e de coesão social que, por sua vez, alimentam os fundos de pensão financiadores de grande parte dos investimentos públicos. Todo esse processo é fortalecido por uma sólida cultura participativa, num ciclo virtuoso em que valores como equidade e justiça social tornam-se essenciais para a viabilização do modelo escandinavo, que, por sua vez, reforça a cultura participativa e de elevado civismo. Pode-se afirmar que o Estado de bem-estar social pressupõe quatro objetivos simultâneos (KERSTENETZKY, 2012):

1. Pleno emprego, que se propõe a assegurar taxas de desemprego inferiores a 3%;
2. Equidade entre salários e distribuição funcional da renda, ou seja, participação equitativa entre o fator trabalho e o capital na composição da renda nacional;
3. Estabilidade de preços, assegurando previsibilidade da economia e manutenção do poder de compra;
4. Crescimento econômico movido pelo mercado concorrencial e por aumentos progressivos nos níveis de produtividade.

Esping-Andersen (1991; 1999; 2009) é um dos autores contemporâneos que mais tem se empenhado no estudo dos modelos de bem-estar social. Em seus estudos fica claro que esses modelos não se tratam de um padrão aplicado em todos os países, mas, mesmo convergentes em muitos pontos, ainda apresentam singularidades e, em alguns casos, expressivas distinções. Para auxiliar a compreensão desse complexo campo de investigação, o autor fez um esforço para sistematizar os diferentes posicionamentos assumidos pelo Estado em relação à questão social, os quais são apresentados a seguir:

a) Modelo liberal – evidencia-se por priorizar o mercado como melhor alocador de recursos e o responsável por garantir o suprimento das necessidades da população. Essa posição pode ser assumida através do *welfare* ocupacional (aposentadorias e planos de saúde fornecidos por meio do emprego), ou do *welfare* fiscal (deduções tributárias para quem adere a planos privados de pensão e/ou de saúde). A função do Estado no campo social é principalmente dar apoio ao mercado para que este possa funcionar na sua plenitude (concedendo isenções tributárias a empresas ou a consumidores), e apenas em casos excepcionais atende os grupos mais vulneráveis e impossibilitados de contratar os serviços privados. Este sistema caracteriza-se por baixas taxas de mobilidade ocupacional e social, e predomina em países de forte tradição liberal, com reduzida participação do Estado na economia e na vida da sociedade. Os Estados Unidos são o exemplo mais expressivo.

b) Modelo corporativista – baseia-se no princípio da subsidiariedade, ou seja, as garantias sociais estão vinculadas a seguros-desemprego, financiados por trabalhadores e patrões. Apoia-se em generosas políticas de aposentadoria e pensões, mantidas por contribuições compulsórias dos trabalhadores e de seus empregadores e administradas por fundos coletivos de seguridade social. A participação compulsória permite que se criem condições sistêmicas para amparar os trabalhadores em momentos de necessidade, seja desemprego, licença-maternidade, doença, invalidez e aposentadoria. Os benefícios sociais estão assim condicionados ao trabalho e à duração da contribuição e são proporcionais aos ganhos passados.

Este modelo está apoiado na premissa do pleno emprego, mas, diante do desemprego sistêmico dos anos de 1990, acabou por gerar-se um perigoso desequilíbrio, o que colocou em xeque todo o sistema. Como forma de mitigar o problema, tem sido incentivado o emprego em tempo parcial para incluir um número maior de pessoas no mercado de trabalho. É o modelo predominante na Europa continental, destacadamente na Alemanha, França, Áustria, Bélgica e, em menor medida, na Holanda.

c) Modelo social-democrata – é o mais amplo na cobertura de benefícios, e diferentemente dos demais, entende os sistemas de proteção social como direitos universais. Apoia-se na provisão pública de serviços sociais de qualidade e iguais para todos, sem qualquer tipo de condicionalidade. As políticas social-democratas são particularmente bem-sucedidas nos países da Escandinávia e viabilizam-se através de um pacto que procura conciliar interesses e assegurar certa coesão social. Há um empenho em se garantir um sistema de solidariedade capaz de proteger qualquer um dos riscos socioeconômicos a que estão sujeitos, o que envolve fortes laços de pertença e de mutualidade. O sistema escandinavo vê o emprego como a principal estratégia para reduzir as desigualdades sociais, o que reforça a importância das políticas educacionais, com permanente treinamento dos professores e elevados investimentos em pesquisa e desenvolvimento com vista à inovação, o que vem se sobrepondo à antiga estratégia apoiada na expansão do emprego público.

O modelo social-democrata é o mais amplo e generoso entre os três citados por Esping-Andersen, pois conta com um vasto repertório de benefícios sociais, universais, igualitários e de ótima qualidade, sem haver vínculo direto com a capacidade de contribuição de cada cidadão. Este modelo só consegue ser viabilizado por meio de elevada carga tributária e níveis de transparência e idoneidade no trato da coisa pública, o que gera um ciclo de confiança imprescindível para o bom funcionamento do sistema. Outro fator importante é a descentralização das políticas públicas, em que os níveis locais possuem grande autonomia tributária e de gastos, o que permite maior envolvimento e monitoramento por parte das comunidades, realimentando todo o processo. Mas é importante destacar que o sucesso do modelo não se deve simplesmente a um conjunto de mecanismos técnicos exitosos, o que poderia ser facilmente reproduzido em outros países. O seu desenvolvimento atípico se deve a um conjunto de elementos socioculturais ali presentes, com destaque para os fortes laços identitários que unem a população.

O modelo socioeconômico experimentado pela Dinamarca, Suécia, Noruega e Finlândia é o que até hoje melhor conseguiu aliar resultados econômicos e sociais, conjugar liberdade e equidade, cooperação e competição, trabalho e capital. Esses resultados se devem a diferentes fatores, alguns dos quais já mencionados, mas que valem a pena reforçar pontualmente, conforme segue (KERSTENETZKY, 2012):

O *welfare state* potencializa a atividade econômica e não se contrapõe a ela;

- Políticas universais, em vez de focalizadas, são mais efetivas na redução da pobreza e das desigualdades e evitam estigmas indesejáveis, como "políticas para pobres";
- O uso dos serviços sociais pela classe média garante maior financiamento, monitoramento e qualidade dos serviços;

- Educação pública de qualidade na primeira infância reduz a desigualdade intergeracional;
- Pleno emprego é fundamental para garantir o funcionamento apropriado de todo o sistema, sendo esta a melhor estratégia para a redução da desigualdade;
- Alocação de grande contingente da força de trabalho para saúde e educação;
- Quanto maior o *welfare state* (o gasto social bruto), menor a pobreza e a desigualdade, os gastos sociais impactam mais na redistribuição que a tributação;
- Igualdade de gênero;
- Políticas de discriminação positiva para alavancar os estratos mais precarizados da população;
- A democracia consolidada e a coalizão estável e duradoura de centro-esquerda geraram *welfare states* mais redistributivos;
- Os eleitores formados, em parte, pelas instituições do *welfare* definem a política nacional – um processo que se retroalimenta;
- Transparência em todos os níveis faz com que cada cidadão possa monitorar o governo e os demais cidadãos;
- Baixíssimos privilégios para os governantes e reduzidas diferenças sociais ajudam a criar coesão e objetivos conjuntos;
- Elevados índices de confiabilidade entre a população e os governos, alimentados pelos menores índices de corrupção do mundo;
- Elevada carga tributária que garante serviços públicos de qualidade, boa distribuição de renda e um sistema de seguridade social universal.

O Brasil, assim como os demais países da América Latina, nunca contou com um modelo de Estado de bem-estar social, mas apenas rascunhos dessa ideia. O país começou a aderir a políticas de caráter social a partir dos anos 1930 e 1940, com destaque para a legislação trabalhista da era Vargas que se efetivou dentro da orientação liberal do Estado Novo. A administração pública getulista passou de ações sociais restritas ao setor privado (caridade) para o setor público (assistencialista). O estatismo social brasileiro foi a marca dos anos 1950, com forte influência do intervencionismo keynesiano. Porém, com a ditadura das décadas de 1960 e 1970, as conquistas sociais retrocederam e a prioridade passou a ser o crescimento econômico a qualquer preço, o que resultou num processo de concentração de renda sem precedentes (PASSADOR; PASSADOR, 1998). A Constituição de 1988, conhecida como "Constituição Cidadã", trouxe avanços importantes na esfera dos direitos sociais, mas esbarra na resistência política de grupos conservadores, maioria no congresso nacional.

4.3 Crise e renovação do Estado social

Conforme Hobsbawm (1996), no fim da década de 1970, os países capitalistas avançados adotavam o modelo de "Estados de bem-estar", uma vez que seis deles gastavam mais de 60% de seu PIB em seguridade social (Austrália, Bélgica, França, Alemanha, Itália, Países Baixos). Contudo, esses elevados dispêndios começaram a produzir efeitos colaterais, como redução do ritmo de crescimento da economia, *deficits* públicos de difícil administração, além do aumento da inflação. Porém, outra explicação para a redução do modelo de Estado de bem-estar social vai além da questão técnica e confronta-se com a política. A partir da década de 1980, com a crise do socialismo soviético, que deixou de representar uma ameaça para as nações ocidentais, houve um recuo das políticas sociais e ressurgiram os movimentos liberalizantes em favor do protagonismo das forças de mercado e da redução do papel do Estado na economia por meio de desregulamentação das atividades e privatizações em massa. Todas essas demandas foram fortalecidas pelo processo de globalização que enfraqueceu os Estados nacionais e permitiu ao grande capital transferir-se para onde houvesse menos regras e pressões sociais, nomeadamente com fraca ou inexistente atuação sindical.

O novo cenário socioeconômico e político mundial fez com que as ideias neoliberais se impusessem com toda a força e se tornassem praticamente um dogma global. Os mercados, agora globalizados, tornaram-se cada vez mais desregulamentados e dominados por grandes corporações que se agigantaram progressivamente via aquisições e fusões, transformando a maioria dos segmentos em oligopólios ou até mesmo monopólios. O neoliberalismo avançou, em parte pela crise que favorecia novas propostas, mas também pela incapacidade das sociais-democracias reverem algumas de suas posições sem, contudo, perderem a identidade.

Neste início do século XXI, a social-democracia encontra-se em crise tanto em termos teóricos como práticos. O contexto que a fez prosperar, dominando a Europa e influenciando o mundo em boa parte da segunda metade do século XX não existe mais. As sociedades tornaram-se cada vez mais complexas e multifacetadas, o que inviabiliza respostas uniformes e dificulta consensos em favor de uma possível coesão social. Os Estados nacionais perderam autonomia diante da mobilidade internacional do capital produtivo e financeiro. Os gastos crescentes dos Estados de bem-estar e a sua necessidade de financiamento se vê ameaçada por mudanças na estrutura produtiva e por profundas transformações na configuração demográfica, com uma população envelhecida que exige pesados dispêndios previdenciários. Ainda, o nível de sindicalização dos trabalhadores tem diminuído vertiginosamente e a transferência de mão de obra para países desregulamentados fizeram com que os trabalhadores perdessem seu poder de pressão.

As críticas aos Estados de bem-estar social desenvolvem-se sob duas frentes opostas, as neoliberais e as marxistas. Os neoliberais acusam os Estados-providência de serem contrários à racionalidade econômica, pois desviam importantes recursos da produção para atividades sociais improdutivas, o que reduz o potencial da economia e cria parasitas do Estado que diminuem consideravelmente a eficiência do sistema. Por outro lado, os marxistas entendem esse mesmo modelo como um mero apaziguador das contradições entre capital e trabalho, um “anestésico social” que mascara a luta de classes e cria a falsa ideia de coesão, impedindo transformações mais profundas nas estruturas vigentes.

Uma das críticas aos modelos de Estados sociais é a sua dificuldade em conciliar avanços sociais com crescimento econômico, pois, ao privilegiarem o primeiro, sacrificam o segundo, o que muitas vezes provoca desequilíbrios fiscais que colocam todo o sistema em risco. As generosas leis trabalhistas, em alguns casos, obstaculizam a contratação e transferem plantas industriais para países menos regulamentados, o que eleva os índices de desemprego e reduz a renda média dos trabalhadores, que têm seu poder de pressão progressivamente diminuídos.

Para Ruy Fausto (2007), o esquema político de Marx, com ideias de revolução violenta e ditadura do proletariado, envelheceu. É necessário elaborar uma nova crítica da economia política, o que passa por uma leitura reflexiva. Nesse sentido, aponta que um projeto factível para o momento presente não é mais possível dentro da ideia de fim do Estado ou da propriedade privada. Vivemos numa economia de mercado e precisamos estudar como setores não capitalistas, como as cooperativas, podem se tornar hegemônicos sem a necessidade de revolução no sentido clássico. A curto prazo, o projeto viável é desenvolver as formas cooperativas e defender as conquistas do Estado de bem-estar social, hoje ameaçadas, assim como complementar a democracia representativa com outros modelos de participação popular.

É praticamente unânime o diagnóstico que aponta a necessidade de mudanças estruturais capazes de enfrentar a nova realidade de um mundo que se globalizou e concentrou o poder e a riqueza num número reduzido de atores. Os modos de produção tradicionais, além dos problemas sociais já citados, geraram impactos ambientais calamitosos e exploração sem limites, tudo amparado numa sociedade que persegue padrões de vida ambientalmente insustentáveis. Contudo, é notório o fato de não haver mais espaço para Estados hiperburocratizados, centralizados e patrimonialistas, que viram as costas para as demandas populares e limitam os avanços democráticos, reduzindo-se a servir aos interesses do grande capital.

As singularidades e a complexidade das sociedades modernas exigem um segundo estágio para o desenvolvimento do Estado de bem-estar social, com maior participação popular e democracia participativa em que o cidadão comum tenha voz ativa, de forma a se avançar do Estado de bem-estar social para a sociedade de bem-estar social (SINGER, 1998). Esse ideal impõe descentralização das políticas públicas a partir de maior participação das organizações comunitárias em sua concepção, implementação e controle dos programas a que estão sujeitos, algo que Sousa Santos chama de democracia de alta intensidade, um modelo que integra democracia representativa e participação direta, com envolvimento efetivo dos diferentes estratos sociais, incluindo mulheres, negros, povos tradicionais e operários, gerando, em síntese, um maior protagonismo da sociedade civil organizada.

Fica evidente que o caminho para a sociedade de bem-estar social exige a importação de novos modelos educacionais, que vão além do ensino tecnológico e acolhimento das humanidades, capazes de despertar a consciência social e de desenvolver arranjos colaborativos. As políticas educacionais refletem-se diretamente no tipo de sociedade que se pretende criar e, nesse quesito, os países nórdicos dão mais uma importante lição ao privilegiarem a responsabilidade social e o civismo, o que resulta nos melhores padrões de qualidade de vida do mundo. Todo o processo de transformação teve início na promoção da escola pública, que hoje representa 98% de todo o sistema educacional e é um dos alicerces do equilíbrio social e econômico desses países. As metodologias utilizadas prezam pelo diálogo e pela participação permanente do aluno no processo de aprendizagem, estimulam o espírito crítico, a reflexão, a criatividade e o exercício da cidadania, com atividades voluntárias e o compromisso com o progresso de todo o grupo, algo que os leva a adotar ações pedagógicas específicas para os alunos que apresentam maior dificuldade de aprendizagem.

A importância da educação de qualidade no processo de mobilidade social tem um peso inquestionável, mas não é tudo, pois os ricos tendem a vir de famílias ricas, ou no mínimo com boa base estrutural, o que lhes assegura uma rede de relacionamentos privilegiada, hábitos culturais e educação não formal superiores. A sobreposição desses elementos garante vantagens expressivas no futuro desse cidadão, algo particularmente explorado por Bourdieu (2015), que afirma que o capital cultural de um indivíduo ou de um grupo está condicionado, na maioria das vezes, a uma posse de capital econômico que financia seu processo de formação e garante a possibilidade de dedicação a assuntos e temas que, em conjunto, constituem parte de um patrimônio cultural valorizado por um campo específico. O capital econômico concentrado nas elites alimenta o ciclo capitalista de dominação simbólica sobre os que não possuem e/ou não têm acesso a este capital. A constatação do autor obriga a se repensar soluções que vão além da educação tradicional.

O esforço para se avançar em direção a uma sociedade mais equitativa e justa requer uma atuação em variadas frentes, o que envolve, além da democratização do acesso à educação de qualidade, política fiscal progressiva e mecanismos de participação do trabalho nos resultados das empresas. Além disso, questões institucionais como concessões públicas, definição de subsídios e crédito, política de remessas de lucros para o exterior, acordos comerciais internacionais, estabelecimento de parcerias público-privadas, controle de setores estratégicos, poder sindical e mobilização da sociedade civil são fatores determinantes para a construção da sociedade de bem-estar social.

Morin (2011) defende o desenvolvimento de uma economia plural ao lado da economia centrada no lucro e da economia de Estado. A economia plural é uma outra via que inclui a economia social e solidária, as cooperativas, as empresas cidadãs, o microcrédito, bancos solidários, o comércio justo e moedas sociais. Compartilham de uma finalidade de utilidade social e da lógica da ajuda mútua, do bem comum e da gratuidade, o inverso da monetarização da vida e das relações sociais. O autor ainda defende a propagação das fórmulas comunitárias que permitem o pleno emprego e o fortalecimento da produção de bens imateriais, tais como cultura, serviços sociais e relacionais, elementos cada vez mais escassos nas sociedades contemporâneas.

4.4 Democracia e economia mista

A social-democracia inovou ao discutir a possibilidade de conciliar liberdade com equidade, em outras palavras, livre mercado, bem-estar social e democracia. Partiu de um esforço teórico em que o Estado poderia ser reformado por meio de mecanismos democráticos e não revolucionários. Conciliar indivíduo e sociedade, liberdade e equidade num arranjo complexo com elementos que, em vez de serem contrários e inconciliáveis, poderiam tornar-se complementares. Ainda que um certo estado de tensão seja inevitável, ele é até mesmo saudável, pois evita abusos de ambos os lados e obriga ao diálogo permanente.

Desde o início do século XX a social-democracia já demonstrava preocupação em procurar conciliar socialismo com democracia, opondo-se à ideia de ditadura do proletariado e de partido único. Kautsky (2004) empenhou-se em superar a ideia de socialismo apenas como organização coletiva da produção, introduzindo a necessidade de democratização da sociedade, algo que só poderia ocorrer à medida que a classe operária penetrasse a política, o que prescindiria o amadurecimento do próprio proletariado.

Ainda que tenha hasteado a bandeira da participação popular, a social-democracia acabou por fundamentar-se nos ideais democráticos liberais, reduzindo-se a modelos representativos. A cooptação das instâncias de poder político pelos detentores do poder econômico tornou-se uma das principais fragilidades da democracia contemporânea, inclusive nos países com governos autodeclarados como sociais-democratas. Percebe-se que a social-democracia se aproximou muito mais dos modelos liberais de economia do que dos socialistas, como era idealizado em seus primórdios, quando era pensada como parte de um processo democrático gradativo rumo ao socialismo.

A discussão aqui empreendida parece apontar para a necessidade de acolher modelos híbridos, que consigam conciliar elementos, que, em vez de antagônicos, sejam parte de um todo indissociável. A democracia está sempre em movimento, trata-se de um constructo inacabado, hoje dominado por formas representativas, a quem a população delega o poder para tomar decisões em seu lugar. Contudo, esse modelo demonstra-se cada vez mais insuficiente, emergindo o desejo por formas de participação mais diretas, em que todos os indivíduos de uma coletividade possam manifestar suas opiniões sobre aquilo que os afeta, seja sob a forma de plebiscitos, referendos ou consultas populares. Todavia, considerando a complexidade de muitas das demandas, assim como a questão temporal e espacial que restringe a sua efetividade, é impossível imaginar um modelo dominado exclusivamente pela democracia direta. Tanto a democracia direta como a representativa têm limitações, o que demanda soluções híbridas ou semidiretas alinhadas às demandas da população, ao seu dinamismo e complexidade.

Não são apenas as formas de participação política que estão em pauta, mas a própria democracia no seu sentido mais amplo. É preciso avançar para que a democracia se expanda para outras dimensões, como a econômica, empresarial, social e familiar. Ainda que as democracias mundo afora sejam imperfeitas e façam parte de um processo de aprimoramento contínuo, a perseguição de formas de democracia mais abrangentes e inclusivas fazem parte das principais bandeiras das sociais-democracias contemporâneas.

Para Morin (2011), a reforma que precisamos deverá vir em variadas frentes, interligadas e interdependentes, que passam pela reforma da política, da economia, do pensamento, da sociedade e da reforma da vida, de modo que tudo se conjugue para conduzir a uma metamorfose da sociedade. Como o autor descreve (MORIN, 2011, p. 47), "*A ideia de um homem 'desalienado' é irracional: autonomia e dependência são inseparáveis, uma vez que dependemos de tudo o que nos alimenta e nos desenvolve. Somos possuídos pelo que possuímos: a vida, o sexo, a cultura*". Os futuros radiantes concebidos a partir de projetos perfeitos de sociedade estão mortos, mas podemos desbravar caminhos para um futuro possível.

> A via econômica seria a via de uma economia plural. A via social seria a via de uma diminuição das desigualdades, da desburocratização das organizações públicas e privadas, da instauração das solidariedades. A via pedagógica seria a via de uma reforma cognitiva que permitiria religar os conhecimentos, mais do que nunca fragmentados e separados, a fim de tratar os problemas fundamentais e globais de nosso tempo. A via existencial seria a via de uma reforma de vida, na qual viria à consciência o que cada um sentiu de maneira obscura, que o amor e a compreensão constituem os bens mais preciosos para o ser humano, que o importante é viver poeticamente, isto é, no desenvolvimento de si mesmo, na comunhão e no fervor (MORIN, 2011, p. 257).

Nesse sentido também, a ideia de uma economia plural parece a mais apropriada para a possibilidade de se desenvolver uma economia social e solidária, que progressivamente reduziria a área de influência e monopólio do modelo capitalista como o conhecemos. A economia plural inclui grandes empresas democratizadas, mas que não estarão sozinhas, pois terão em sua sombra pequenas e médias organizações, assim como cooperativas e fundos de ajuda mútua de produção e/ou consumo, empregos de solidariedade, comércio equitativo e empresas cidadãs. Pressupõe-se o incentivo ao desenvolvimento de microcrédito e a poupança solidária que mobiliza recursos para financiar projetos de proximidade que geram trabalho e renda nas localidades, priorizando o cuidado sobre as pessoas e o meio ambiente (MORIN, 2013).

4.5 Economia plural em contexto

É inegável o mal-estar que invade a contemporaneidade. Vive-se um tempo sem horizontes, as grandes narrativas que se empenhavam em desenhar novos constructos sociais capazes de nos impulsionar para níveis superiores de civilização parecem estar mortas ou na UTI. Diante do vazio deixado e da possibilidade de não se contar mais com narrativas universais, parece que os novos projetos, ainda que imprecisos e difusos, deverão passar pela evolução do processo democrático, em que é mais legítimo errarmos juntos do que acertarmos sozinhos. A radicalização da democracia torna-se a grande bandeira do terceiro milênio.

Uma das críticas mais comuns aos rumos trilhados pela social-democracia e sua perspectiva de sociedade fundamenta-se no seu abandono em relação ao compromisso com a implantação progressiva do socialismo. O conformismo conduziu a um posicionamento de mera adequação às contingências impostas pelo ambiente capitalista, abrindo mão de transformações mais profundas. Todavia, a história é dinâmica e tende a não perdoar quem desiste de ousar e avançar em seus ideais e opta pelo imobilismo ou fica apenas na defesa, o que geralmente deságua num processo de regressão. Isso parece estar ocorrendo nas últimas décadas e, se nada mudar, esse processo só tende a se acentuar.

Há um embate entre conseguir proporcionar avanços sociais universais e distribuição de renda justa e, simultaneamente, equilíbrio fiscal e investimento produtivo. Parece se tratar de um *trade off* que inviabiliza a conciliação de ambos os objetivos. Por um lado, o investidor é movido por ambição e desejo de acúmulo de riqueza e poder. Por outro, a classe trabalhadora clama por melhor distribuição de renda e benefícios sociais. A perspectiva neoliberal tende a simplificar, ou mesmo desprezar, as desigualdades que marcam as economias e sociedades contemporâneas, transferindo para a esfera individual problemas estruturais. Contudo, o que parece ser inconciliável encontra respostas na própria teoria econômica, quando Keynes e seus seguidores atestam que a economia só prospera quando a demanda é assegurada, o que depõe a favor de uma melhor distribuição de renda como mecanismo mais indicado para a expansão da atividade econômica.

Os países nórdicos se destacam por conseguir conciliar vigor econômico com amplas proteções sociais, o que comprova que não se trata de políticas inconciliáveis, mas de um pacto coletivo que entende que é possível aliar desenvolvimento econômico e benefícios sociais, em que o primeiro é meio para a concretização do segundo. Nesses países há uma forte marca histórico-cultural que lhes assegura condições privilegiadas. O espírito coletivista remonta às próprias raízes desses povos, que precisaram enfrentar vicissitudes geográficas e climáticas extremamente adversas para sobreviver, algo que fortaleceu a identidade de grupo. A cultura cooperativa que lhes assegurou a sobrevivência transformou-se em civismo e coesão social, que, por sua vez, tornou-se o caminho para a superação da pobreza e a construção de um dos modelos mais exitosos de bem-estar coletivo. Criou-se um ciclo virtuoso que se autorreproduz com coesão social e proporciona maior segurança, estabilidade e orgulho nacional, o que favorece concessões e renúncias em favor do bem-coletivo.

Joseph Stiglitz, Prêmio Nobel de Economia de 2001, também tem se ocupado em estudar os impactos da desigualdade sobre a economia e a sociedade. Em seu livro *O Preço da Desigualdade*, Stiglitz aponta que se a riqueza ficar concentrada nas mãos de poucos, o desastre será inevitável, como ocorreu na década de 1930. Essa tese vem contrariar a doutrina neoliberal que sempre defendeu que o vigor econômico dependia, antes de qualquer coisa, do poder dos mais ricos, já que estes, ao prosperarem, produziriam resultados positivos para o conjunto da sociedade, o que se daria por meio do mecanismo *trickle-down,* uma forma de efeito cascata (STIGLITZ, 2012).

Stiglitz (2012), por meio do seu teorema, vem contrariar o conceito tradicional de "propensão a consumir", uma vez que, se houver forte concentração econômica a favor dos mais ricos, isso não se converte, necessariamente, em mais consumo. O autor demonstrou que quando o 1% mais rico da população se aproxima de concentrar 25% da renda total, a economia entra em colapso e dispara o freio econômico. Em suma, o teorema comprova que a má distribuição da riqueza afeta a propensão marginal a consumir e diminui o valor do multiplicador econômico, ou seja, o incremento de R$1,00 a mais no estrato superior tem menos repercussão no todo econômico do que se a mesma quantia for destinada à classe média ou baixa.

A má distribuição da riqueza coletivamente gerada ameaça diretamente a democracia, haja vista que esta impõe equilíbrio de forças e, quando as assimetrias se tornam extremas, as estruturas democráticas ficam comprometidas, assistindo-se à frequente manipulação e cooptação das forças econômicas sobre as políticas, privatizando-se os domínios públicos, com consequências desastrosas para a maioria da sociedade. A democracia em todo o mundo passa pelo sério risco de ser descaracterizada pelo capitalismo desregulamentado.

Diante de um cenário dominado por um conformismo que se limita a tentar mitigar os efeitos deletérios do capitalismo neoliberal, as sociais-democracias e as demais correntes ditas progressistas vêm apresentando as seguintes propostas:

1. Maior progressividade tributária com elevação de alíquotas sobre os maiores rendimentos, patrimônio e herança;
2. Promoção de um desenvolvimento ambientalmente equilibrado com respeito a todas as formas de vida do planeta;
3. Redução da jornada de trabalho para que possa haver trabalho para todos;
4. Introdução de uma Renda Básica de Cidadania universal e incondicional;
5. Criação de uma taxação que incide sobre tecnologias que reduzem substancialmente os postos de trabalho, tendo como premissa que, se as máquinas tiram emprego e são lucrativas, devem ser oneradas em sede fiscal;
6. Abertura das fronteiras nacionais para que não tenhamos duas globalizações, uma que permite produtos e serviços circularem livremente e outra que impede os fluxos de pessoas em busca de trabalho;
7. Fim dos paraísos fiscais que servem como portos seguros para evasão fiscal e atividades criminosas.

Além do mais, não é factível querer renovar o Estado de bem-estar social sem aproximar capital e trabalho através da criação de mecanismos de coparticipação em que o avanço de um esteja amarrado ao desenvolvimento do outro, seja por meio da democratização da renda via políticas fiscais progressivas, ou através de instrumentos que atrelem ganhos de capital aos de fator trabalho, como participação nos resultados, nos lucros, distribuição acionária, formação de comissões de fábrica e/ou conselhos de administração com representantes dos trabalhadores nos seus diversos escalões. Em suma, o que está em pauta são mecanismos mais elaborados e extensivos de democracia, conceito que só se sustenta quando avança e amplia seus antigos domínios.

5. DEMOCRACIAS

5.1 História e democracia

A democracia é a forma de governo em que a soberania é exercida pelo povo de forma direta ou por meio de representantes eleitos livremente pelos cidadãos através de sufrágio universal, algo que remonta à sua origem semântica, que une a palavra grega *demos*, que significa "povo", e *kratos*, "poder". A democracia baseia-se em princípios que protegem a liberdade e o governo da maioria, associado aos direitos individuais e das minorias, em que o povo detém e exerce o poder soberano sobre o poder legislativo e o executivo. Assim, pode-se assim dizer que o primeiro princípio que a fundamenta é o da soberania popular, que, para ser assegurado, pressupõe sua autolimitação pela obediência às leis e regras e pela transferência periódica da soberania aos eleitos. A democracia, de fato, pressupõe a diversidade de interesses, a disputa de ideias e a interação entre a multiplicidade de grupos sociais que compõem a sociedade, o que significa ter o cuidado permanente para não se impor a ditadura da maioria, mas reconhecer o direito de existência e de expressão das minorias e de opiniões contrárias. O conceito de política, que está intimamente ligado ao de democracia, refere-se ao que é coletivo, ao que é comum a todos e se antagoniza com a busca estrita do bem-estar individual, sem qualquer preocupação com a comunidade ou com o outro.

O regime de governo democrático originou-se na Grécia Antiga, mais especificamente na cidade-estado de Atenas, com seu momento glorioso por volta do século V a. C. Representou um avanço espantoso para a época, que era dominada por monarquias e oligarquias e que, pela primeira vez, passou a dar centralidade aos cidadãos que podiam se manifestar diretamente sobre a vida coletiva por meio de assembleias periódicas. É bom lembrar que tinham direito a voto apenas os que eram considerados cidadãos atenienses, ou seja, homens com terras, maiores de 18 anos e filhos de pai ateniense. Eram excluídos do processo democrático estrangeiros, mulheres e escravos, o que limitava a participação política a cerca de 10% de toda a população. A democracia ateniense baseava-se nos princípios da liberdade e da igualdade, o que se traduzia em três fundamentos:

1. Isocracia – igualdade de direito a voto e de acesso a cargos públicos;
2. Isonomia – todos são iguais perante a lei;
3. Isegoria – igualdade de direito de manifestação nas assembleias.

A democracia, embora tenha uma origem histórica bem definida, não pode ser atribuída a um único indivíduo, mas a um grupo de cidadãos que de diferentes formas contribuiu para a sua arquitetura e implantação, com destaque para Sólon, Clístenes, Efialtes e Péricles, responsáveis por instituir a democracia ateniense que serviria de base para os ideais de participação política modernos renascidos nos séculos XVII, XVIII e XIX na Europa.

Roma, por sua vez, extinguiu a monarquia em 509 a. C. e instituiu a República, palavra derivada da expressão latina *res publica* (coisa pública), um sistema político que se propõe a atender ao interesse comum. Contudo, na prática, a República Romana era definida por cidadãos divididos de acordo com a riqueza e com o grau de participação no exército. Os grandes proprietários (patrícios) controlavam as assembleias e os cargos públicos, praticamente anulando a participação da grande maioria da população composta por plebeus. Apenas a partir do ano 409 a. C., depois de vários conflitos, os plebeus conseguiram alguns direitos, entre eles o de eleger um magistrado para representá-los nas assembleias, o chamado *tribuno da plebe*. Assim como em Atenas, as mulheres, os estrangeiros e os escravos estavam fora da participação política.

Após as experiências de Atenas e Roma, os ideais democráticos ficaram adormecidos até a Idade Moderna, quando, nos séculos XVII e XVIII, ressurgem com força e impõem mudanças profundas no tecido social. Falamos de uma época especialmente notória em abusos de poder dos monarcas, mas, por outro lado, maior esclarecimento da população em virtude da efervescência intelectual do Iluminismo. As ideias liberais manifestavam-se com expressividade contra a ordem aristocrática de tradição medieval, em que o poder político e a propriedade eram transmitidos hereditariamente, o que impedia a mobilidade social. O determinismo e conservadorismo eram tamanhos, que os herdeiros da nobreza, além das terras e de todos os bens que possuíam, detinham o poder sobre quem trabalhasse em suas propriedades, os produtores de fato da riqueza.

A democracia, conforme é entendida na contemporaneidade, remonta a três tradições do pensamento político, sendo a primeira, a teoria clássica. Essa teoria tem em Aristóteles seu principal representante, e categorizou os governos em três formas distintas, a saber: 1) democracia como governo do povo, de todos os que gozam dos direitos de cidadania; 2) monarquia, como governo de um só; 3) aristocracia, como governo de poucos. Posteriormente, tem-se o segundo período do pensamento político, compreendido pela Idade Média e dominado por monarquias em que o soberano se valia da hereditariedade para legitimar e perpetuar o seu poder. No terceiro período, já na Modernidade, duas formas de governo tiveram destaque: a monarquia e a república. Primeiramente, a república sob a alçada da aristocracia; mas com a Independência Americana e a Revolução Francesa, a democracia se impôs e passou a se espalhar pelo mundo (BOBBIO; MATTEUCCI; PASQUINO, 1998, p. 319).

Entre os séculos XVII e XVIII, alguns pensadores como Voltaire, Locke, Rousseau, Diderot e Montesquieu se opuseram à estrutura vigente e advogaram a favor de uma maior participação popular no governo. Locke, conhecido por suas ideias liberais, foi um dos primeiros a defender que o poder só poderia ser legítimo se tivesse origem parlamentar, opondo-se aos privilégios concedidos à nobreza. Para o autor, a representação política só adquire legitimidade caso seja a expressão da vontade livre dos cidadãos, manifestada através do voto. É importante destacar que o voto na época era *censitário*, ou seja, estava condicionado ao pagamento de um imposto, o que deixava de fora do processo eleitoral a grande maioria da população que não possuía renda nem propriedades.

Jean-Jacques Rousseau, filósofo suíço do século XVII, tornou-se um dos principais teóricos e defensores da democracia como o regime de governo que assegurava maior legitimidade. Contrariamente a Locke, Rousseau, em sua obra *O Contrato Social*, advogou em favor de uma participação ampliada da população no processo democrático, colocando a vontade do povo como soberana, em oposição à figura onipotente do monarca. Defendeu um resgate da democracia direta que remontava à velha Grécia, com aprimoramentos fundamentados no novo tempo histórico. O autor parte do princípio de que as sociedades humanas são construídas mediante a costura de um contrato social, em que cada cidadão aliena seu poder pessoal em favor da coletividade. A legitimidade do pacto social deve se dar pela igualdade entre as partes contratantes, ou seja, pela igualdade entre todos. O povo seria responsável por elaborar as leis e normas e também por cumpri-las. A vontade geral não pode ser alienada e muito menos representada, sendo os deputados e governantes apenas agentes do povo, devendo a este se subordinar, pois o verdadeiro soberano é o povo, o que faz com que mecanismos de democracia direta devam ser amplamente utilizados para legitimar as decisões do governo.

A primeira experiência prática de democracia moderna foi levada adiante pelos revolucionários das Treze Colônias Inglesas na América do Norte que proclamaram a independência dos Estados Unidos da América em 1776. Os Estados Unidos foram a primeira nação do mundo a contar com uma constituição escrita, que teve a colaboração de representantes de toda a população. O poder foi dividido em três instâncias distintas, sendo o legislativo e o executivo eleitos por meio do voto popular: o legislativo, responsável por elaborar as leis; o executivo, que administrava o país; e o judiciário, que julgava os conflitos segundo a lei.

Outro marco que contribuiu decisivamente com a instituição da democracia na Modernidade foi a Revolução Francesa de 1789, símbolo da ruptura com a monarquia e a implantação da república sob os ideais de liberdade, igualdade e fraternidade. Abriram-se as portas para uma sociedade livre, amparada no contratualismo e fomentadora dos Direitos Civis, que serviu como base para uma cidadania de iguais, com a inclusão de grupos historicamente discriminados. Os Direitos Civis vieram assegurar a liberdade individual, o direito de ir e vir, a livre manifestação religiosa e de pensamento, além do direito à propriedade e à justiça. Foram também decisivos para a abolição da escravidão em todo o mundo, nos EUA em 1863 e no Brasil em 1888, além de fomentar a criação de repúblicas em vários lugares do mundo, e nomeadamente no Brasil, em 1891.

A democracia foi progressivamente ampliada e incluiu o voto feminino na Nova Zelândia em 1893, em 1901 nos EUA e em 1932 no Brasil, e integrou indivíduos com qualquer nível de renda e escolaridade. É bom lembrar que os negros só tiveram o direito a voto nos EUA a partir de 1960, o que traz à tona a enorme dívida social com este grupo em particular. Experiências de governos democráticos já eram realidade na América Antiga, a exemplo dos índios tupis brasileiros, que reuniam a comunidade em assembleia para tomar decisões importantes sob a liderança dos mais velhos.

O século XIX foi profícuo na introdução de direitos políticos, e o século XX destacou-se pelos avanços sociais, principalmente no universo do trabalho, da seguridade social, da igualdade de gênero, dos direitos humanos e da paz. Foram implantados poderosos sistemas de seguridade social, previdência, educação e saúde pública, o que melhorou substancialmente a qualidade de vida da população nas nações economicamente mais desenvolvidas. No caso específico do Brasil, a constituição de 1934 foi especialmente importante para os trabalhadores ao instituir o salário-mínimo, a jornada de trabalho de oito horas, repouso semanal, férias remuneradas, indenização por dispensa sem justa causa, assistência médica ao trabalhador e à gestante e restrição ao trabalho infantil.

O regime democrático só teve início no país com Getúlio Vargas (1882-1954), primeiramente através de eleições indiretas e, em 1950, Vargas foi empossado por meio do voto popular, seguido por Juscelino Kubitschek e, posteriormente, Jânio Quadros. A Ditadura Militar iniciou-se em 1964 e perdurou até a década de 1980, interrompendo o processo democrático por 21 anos. Só nos anos 1980, devido à forte pressão popular, assistiu-se à redemocratização do país, que em 1990 empossa o primeiro presidente diretamente eleito da Nova República, Fernando Collor de Mello.

Segundo a ONU (ORGANIZAÇÃO DAS NAÇÕES UNIDAS, 2014), atualmente, perto de 60% dos países do mundo adotam regimes democráticos. Ainda que esse indicador possa ser contestado considerando que muitas nações se dizem democráticas, com eleições livres, quando de fato mantêm regimes autoritários em que os mesmos governantes se perpetuam no poder por décadas, além de restringirem liberdades individuais, imprensa, multipartidarismo e atentarem contra os direitos humanos fundamentais. Assim, é difícil precisar a amplitude e o alcance da democracia no mundo atual.

Para que o processo democrático possa se desenvolver sadiamente e com sustentabilidade, é imprescindível um maior envolvimento e a participação ativa da população sobre as questões de interesse público, mas isso exige que os cidadãos sejam politizados, tenham consciência das suas demandas, se responsabilizem por suas escolhas e se atentem para a construção do bem comum, algo que exige amadurecimento cívico, pois renúncias individuais são inevitáveis. É bom lembrar que a democracia moderna não se desenvolveu de forma determinista ou dentro de uma fórmula pré-concebida, ela é fruto de uma história incerta que inclui avanços e recuos. Sem a participação ativa da população, a democracia sempre será frágil, sujeita à manipulação dos grupos mais poderosos e organizados em detrimento da grande maioria.

5.2 Fundamentos da democracia

Norberto Bobbio (2009), renomado cientista político contemporâneo, conceitua democracia como um conjunto de regras de procedimento que visam a formação de decisões coletivas em que há a mais ampla participação possível dos interessados, com vista a se efetivar a soberania popular. Esse compromisso impõe a adoção de sufrágio universal, observância constitucional, princípio da separação dos poderes, igualdade de todos perante a lei e temporalidade dos mandatos eletivos, além de cuidado com os direitos das maiorias e também das minorias. Toda a democracia pressupõe liberdade, transparência e a publicidade das ações, assim como a existência de pluralidade de opiniões e concorrência entre propostas, com a segurança de possuírem igualdade de condições na disputa.

Para Bobbio (2009), a democracia, para ser entendida como tal, deve pressupor pelo menos três formas de isonomia, que funcionam como alicerces para qualquer projeto que se quer justo e participativo, a saber:

1. **Igualdade perante a lei** – que pressupõe leis justas, amplamente debatidas com a sociedade e imparcialmente aplicadas, sem que o poder econômico ou a influência política pré-definam as sentenças;
2. **Igualdade de oportunidades** – principalmente ao assegurar níveis educacionais similares e universalizados, de forma que ninguém tenha que assumir uma posição desfavorável dentro do tecido social por falta de alternativas;
3. **Igualdade de fato** – igualdade no acesso a bens básicos como saúde, alimentação, segurança e equidade nos rendimentos, princípio fundamental para o próprio fortalecimento da democracia e da cidadania.

É comum ver-se o conceito de democracia reduzido a um único modelo, quando na realidade são múltiplos e, em muitos pontos, contraditórios. Assim, é impreciso falar-se em regimes democráticos como se se tratasse de um ponto de chegada, um *status* alcançado de forma integral. Seria mais apropriado falar-se de regimes mais ou menos democráticos, dependendo da intensidade e amplitude das proposições assumidas. Tomando como base Bobbio, Matteucci e Pasquini (1998), destacam-se, como principais elementos que fundamentam um regime democrático:

A) Democracia é o governo no qual o poder e a responsabilidade cívica são assumidos diretamente por todos os cidadãos ou através dos seus representantes livremente eleitos; fundamenta-se em eleições livres e justas, abertas a todos os cidadãos, com o multipartidarismo permitindo a expressão de ideias conflitantes.

> B) Democracia baseia-se nos princípios do governo da maioria, mas atenta para os direitos individuais e das minorias; baseia-se na institucionalização da liberdade através de um conjunto de princípios e práticas que procuram proteger os cidadãos.
>
> C) Democracias protegem os cidadãos de governos centrais muito poderosos ao promoverem a descentralização a nível regional e local, aproximando os cidadãos de seus governantes.
>
> D) Democracias têm como função proteger os direitos humanos fundamentais como a liberdade de expressão e de religião e o direito igualitário à proteção legal, assim como oportunizar a participação de todos na vida política, econômica e cultural da sociedade.
>
> E) Embora se baseiem em princípios fundamentais, democracias são diversificadas, refletindo a vida política, social e cultural de cada país.
>
> F) Numa democracia, os cidadãos não têm apenas direitos, mas também deveres, como o de participar do sistema político.
>
> G) Para se sustentarem, as democracias exigem um permanente exercício de tolerância, cooperação e responsabilidade, pois chegar a um consenso não é tarefa fácil e requer compromissos e concessões em nome da vida em sociedade.

A discussão sobre democracia é ampla e complexa, o que dificulta delimitar com precisão os seus elementos constituintes. Contudo, mesmo diante da dificuldade em estabelecer consensos seguros, os avanços democráticos exigem convergência em questões fundamentais, como a necessidade de todos os membros da sociedade ou da comunidade estarem igualmente informados e capacitados a participar das decisões que os afetam, além de desfrutarem equitativamente dos resultados decorrentes do esforço coletivo. De acordo com Robert Dahl (2012), a democracia deve se embasar em cinco princípios:

> **Participação efetiva** – Todos deverão ter acesso igualitário às diferentes propostas que se confrontam e que serão alvo da escolha da população. Todos devem possuir as mesmas oportunidades de participar do processo democrático e liberdade para opinar sobre as questões colocadas em pauta.
>
> **Igualdade de voto** – Todos devem ter assegurada a igualdade no direito de votar e ser votado, sem pesos ou qualquer mecanismo discriminatório entre os eleitores. Não deverá haver nenhuma forma de pressão, indução ou constrangimento diante das propostas pautadas.

Entendimento esclarecido – Todos devem ter assegurada a oportunidade de conhecer e entender as pautas a serem votadas, considerando suas especificidades, particularidades e possíveis impactos e consequências.

Controle do programa de planejamento – Todos devem poder opinar e participar do planejamento, apontando o que querem ver contemplado e priorizado. As políticas permanecem em aberto, ou seja, são um processo em permanente construção, que interage e se alimenta das demandas da população.

Inclusão dos adultos – A participação democrática deverá ser a mais ampla possível, incluindo todos os adultos residentes no país ou região, inclusive estrangeiros, que serão afetados direta ou indiretamente pelas políticas em debate.

Esses critérios estão amparados na premissa básica de entender o outro como igual, algo relativamente recente, já que antes do século XX esse critério era exceção na maioria das discussões sobre democracia. A divisão em estratos por gênero, raça, títulos ou riqueza predefiniam as estruturas sociais e limitavam (ou mesmo impediam) a mobilidade social. É interessante analisar que mesmo com todos os avanços no campo dos direitos e do próprio pensamento político, ainda hoje são aceitas e naturalizadas assimetrias no campo econômico e social, compreendidas como parte de um determinismo quase metafísico.

Marilena Chauí (*apud* FERRAZ, 2004) vem lembrar que a ideia dominante de democracia está calcada na matriz liberal, a qual é definida como uma ordem civil, legal, com pluralismo partidário, sufrágio universal, eleições periódicas e a separação entre os três poderes da República, além da preservação dos direitos civis de igualdade e liberdade. Contudo, esse arcabouço estrutural é insuficiente para a definição de uma sociedade como verdadeiramente democrática. A democracia diferencia-se dos demais regimes políticos em três pontos fundamentais:

1. É a única baseada na criação e conservação de direitos;
2. É a única que considera o conflito como legítimo e necessário;
3. É a única que afirma que a soberania é popular.

A soberania pertence ao povo, e o governante recebe um mandato temporário para representar seu soberano. A autora elenca cinco elementos fundamentais que devem estar contidos no processo democrático, que reforçam o que já foi exposto anteriormente por outros autores.

> 1) **Conflito** – A democracia supõe a divergência e o pluralismo de ideias que se confrontam, obstaculizando o monopólio ideológico, abusos e extremismos.
>
> 2) **Abertura** – Liberdade de expressão e transparência de informações para toda a população, com a possibilidade de manifestação do contraditório num ambiente de pluralidade e respeito.
>
> 3) **Rotatividade** – Representatividade de todos os setores da sociedade. O poder deve abarcar os diferentes públicos e ser oxigenado por posições distintas que impedem o imobilismo e o aparelhamento despótico da máquina pública.
>
> 4) **Ampliação dos espaços públicos e de produção de cultura** – Extensão da participação popular, universalização da educação e fortalecimento das diferentes manifestações culturais.
>
> 5) **Politização das pessoas** – O fortalecimento da democracia encontra-se intimamente ligado à participação coletiva no livre debate de ideias e no acompanhamento permanente das diferentes instâncias de governo.

Quando se consideram as características acima como fundamentos da democracia, percebe-se a sua baixa intensidade na realidade brasileira, haja vista o reduzido acesso à pluralidade de informações, a precariedade da educação, além do domínio político e econômico por oligarquias que se perpetuam ao longo da história. As relações sociais são verticais e a sociedade é polarizada entre os que desfrutam de privilégios inatos e os que têm os seus direitos elementares desprezados. Chauí denuncia que no Brasil os privilégios são sempre individuais e as carências coletivas, com direitos negados ou obstruídos ao longo da história.

Ainda que o Brasil apresente carências em vários elementos que dão consistência ao exercício da democracia, a baixa cultura democrática se sobressai entre todos eles. Há uma dificuldade crônica em lidar com a igualdade entre cidadãos, preferindo-se estruturas hierárquicas pré-definidas que tendem a perpetuar privilégios. A participação e a responsabilidade são terceirizadas para "salvadores da pátria" que se impõem pelo autoritarismo ou perspectiva messiânica. Prefere-se o medo ou o mágico à construção de estruturas participativas em que predominem a corresponsabilidade e o comprometimento mútuo, em suma, prefere-se a alienação e infantilização dos sujeitos à emancipação adulta.

Entre a infinidade de modelos de democracia, destacam-se aqui dois em particular: a democracia representativa, de tradição liberal, e a democracia direta, de influência republicana, ambas com ramificações e arranjos multivariados que não se esgotam facilmente. O século XX foi marcado pela crença de que a democracia representativa seria o modelo mais indicado de configuração político-social, capaz de assegurar liberdade e igualdade para todos. Entende-se por democracia representativa o modelo em que a sociedade delega a alguém o direito de representá-la, tornando-o encarregado de gerir a coisa pública, elaborar leis ou executá-las de forma a atender aos interesses da população a que serve.

Apesar dos inegáveis avanços históricos e de ser a configuração democrática dominante, a democracia representativa tem recebido fortes críticas em razão das suas limitações. Ao se delegarem as decisões públicas para um determinado grupo, cria-se um distanciamento entre representantes e representados, o que pode conduzir à apatia e à alienação, favorecer o corporativismo e o clientelismo, além dos eleitos serem frequentemente acusados de, em vez de agirem em favor do povo, priorizarem os próprios interesses e se perpetuarem no poder. Ademais, a democracia representativa vem perdendo a luta contra o capitalismo, haja vista que se curva aos interesses econômicos do grande capital e se distancia das demandas da maioria da população, particularmente dos grupos mais vulneráveis. É comum assistir-se a campanhas milionárias patrocinadas, direta ou indiretamente, por grandes empresas numa relação promíscua que faz dos eleitos meros representantes dos interesses de grandes corporações.

O direito de voto como base de construção da representação democrática sofre a ameaça de se tornar um mero mecanismo ritualístico incapaz de afetar a estrutura política e social vigente. São necessários avanços que proporcionem maior proximidade entre eleitores e eleitos e vice-versa. O declínio da participação política e a apatia sobre o que é público vieram atrelados ao processo de hiperburocratização do Estado, o que dificultou a sua permeabilidade. Contudo, não se pode confundir Estado com espaço público, algo mais amplo e propício à discussão e à ação espontânea da sociedade, podendo impactar as instituições públicas formais e expandir a ideia de democracia para outras áreas. Para Avritzer (1997), as novas formas de ocupação do espaço público são de suma importância, podendo tornar-se geradoras de fluxos democratizantes. O espaço público democrático é entendido como aquele que garante que os influxos democratizantes gerados na sociedade civil se tornem fontes de democratização do poder, e não feudos corporativos ou fontes de privilégios.

As críticas cada vez mais frequentes ao modelo de democracia representativa abrem espaço para a emersão de outras modalidades democráticas que aproximam mais o cidadão das decisões públicas. Esse é o caso da democracia direta, definida como uma forma de exercício de poder baseado na participação efetiva dos cidadãos nas decisões políticas. Na democracia direta, os cidadãos são consultados sem a interferência de intermediários nem transferência de responsabilidades. São usados mecanismos como referendos, plebiscitos e consultas populares, o que tende a gerar maior comprometimento da população e legitimidade ao processo democrático.

A democracia direta pressupõe amplo acesso a todo tipo de informação de interesse público, além de transparência e desenvolvimento de uma educação crítica, de qualidade e comprometida com a cidadania ativa e o despertar da consciência política, geralmente subdesenvolvida na população. Pode-se perceber que a expansão da democracia faz parte de um processo lento, assimilado gradativamente até ser internalizado como valor cultural.

Apesar das virtudes do sistema de participação direta, suas limitações são inegáveis, a começar por exigir mais do cidadão que tem de abandonar a tradicional passividade para tornar-se agente ativo na definição e monitoramento das políticas públicas. Outro obstáculo é que nem todas as pautas são facilmente compreensíveis pelo conjunto da população. Em certos casos, é necessário um domínio técnico restrito a especialistas. A democracia direta também pode ser afetada por artifícios de sedução publicitária que muitas vezes mascaram a realidade, o que Platão chamava de teatrocracia: uma boa embalagem pode mascarar um mau conteúdo.

Por fim, outro limitador importante é a falta de vontade dos representantes tradicionais em abrir mão de seu poder e partilhá-lo com a população. Bobbio (2000) elenca os entraves mais comuns à democracia direta:

> **1) Especialidade:** A necessidade de especialistas para problemas cada vez mais complexos dificulta, ou mesmo impossibilita, que todas as soluções possam ser decididas pelo cidadão comum e inviabiliza a ideia de que numa democracia todos podem decidir sobre qualquer coisa.
>
> **2) Burocracia:** Diante da complexidade da gestão pública atual, a burocracia torna-se uma necessidade, mas também um problema, o que exige um aparato de poder ordenado. Existem características que tendem a se obstaculizar mutuamente, como é o caso do desenvolvimento da democracia e a ampliação dos aparatos burocráticos.
>
> **3) Lentidão do processo:** O processo de democratização, à medida que evolui, aumenta a quantidade de demandas dirigidas ao Estado, o que tende a diminuir a rapidez de resposta do sistema político e, em muitos casos, a qualidade dos serviços prestados à população.

A democracia representativa dá sinais de desgaste ao não responder mais às demandas da sociedade, mas, por outro lado, a democracia direta é limitada pela complexidade das pautas, fazendo surgir o conceito de *democracia participativa semidireta*, que procura incluir representantes e representados na tomada de decisões. No caso de problemas de natureza mais técnica e complexa, deve-se conciliar um misto de planejamento tradicional e participativo, sendo o participativo mais indicado quando os problemas já estão claramente definidos. A participação também está relacionada com o grau de autonomia dada aos espaços locais, onde as coisas realmente acontecem e tendem a despertar mais facilmente o engajamento da população (SELL, 2006).

A democracia também enfrenta obstáculos quando são necessárias medidas mais duras, antipopulares e estruturantes, o que invariavelmente impõe sacrifícios no curto prazo em prol da sustentabilidade a longo prazo. São situações delicadas que enfrentam resistência da população, o que muitas vezes reduz a ação política a questões contingenciais, imediatistas e populistas. Outro desafio é a dificuldade em lidar com minorias, com causas que mesmo justas e legítimas não são facilmente acolhidas pela massa da população, como no caso dos imigrantes e refugiados, ou questões ambientais, que exigem sacrifícios que ninguém quer assumir, empurrando-se o problema para o futuro. A questão-chave é decidir o que deve ser aberto à decisão da maioria e o que pode conduzir a abusos indesejáveis.

A vontade da maioria não é necessariamente democrática, pois pode ser tirânica, entregue a ações passionais, hipnoses coletivas que depõem contra os direitos humanos e avançam sobre minorias sem dó nem piedade. O que reserva singularidade à Constituição é exatamente o fato desta ser desenhada para ultrapassar casuísmos e ações arbitrárias. A sabedoria das leis, produzidas num ambiente democrático segundo o princípio da racionalidade dialógica, a partir de profunda reflexão e exaustivo debate, incluindo os grupos minoritários, torna-se um dos principais pilares da democracia. A democracia fundamenta-se por dupla determinação: governo da maioria e governo das leis. O primeiro define o ato político-institucional sob a forma de governo emanado do povo, e o segundo estabelece e consolida normatizações que embasam as novas instituições, desapegadas de casuísmos ou limites temporais.

Oportunamente, o filósofo Vladimir Safatle (2010) alerta para que se tenha em mente que leis iníquas podem ser aprovadas por meio do mecanismo do plebiscito, e que a legitimidade do plebiscito se apoia na ideia de que a soberania popular se manifesta como totalidade. Por outras palavras, entende-se que a vontade da totalidade da sociedade manifesta-se através de princípios igualitários, contudo, sempre que se impõem leis discriminatórias contra grupos raciais, culturais, religiosos e ideológicos, quebra-se a ideia de totalidade igualitária da vida social, e em seu lugar instala-se o princípio da destruição de tudo e todos que são diferentes. Essa realidade nos faz perceber que nem todas as leis podem ser objeto de plebiscito sob o risco de se produzirem aberrações legitimadas pela maioria.

Entre os modelos participativos, vem ganhando destaque a chamada democracia deliberativa. Pressupõe o debate público entre cidadãos livres e em condições iguais de participação com o Poder Público, que deliberam de forma racional e argumentativa sobre os problemas da coletividade. Deve-se a Jürgen Habermas, filósofo alemão, o esforço em se avançar de uma democracia liberal representativa para um modelo deliberativo, caracterizado pela participação ativa da sociedade civil na regulação da vida coletiva, efetivada a partir da comunicação e diálogo entre cidadãos livres e iguais. Pode-se entender deliberação tanto como o processo que precede a escolha como a decisão em si. Essa visão propõe a expansão do espaço público que deixa de ser monopólio do Estado para se transformar numa esfera pública ampliada em que a sociedade civil torna-se protagonista do processo de argumentação, pressão e controle das ações do Estado (HABERMAS, 2004).

O autor introduz a ideia de produção de consensos possíveis por meio do discurso, alimentado pela reflexão e o diálogo. Esse processo democrático encontra-se amparado na razão comunicativa, que diferentemente da razão instrumental, que busca o autointeresse, a dominação e o poder, se propõe a alcançar coesão entre discursos movidos pela busca de autoentendimento a partir do propósito da justiça e honestidade entre os participantes. Como exemplos de espaços deliberativos, salientam-se os fóruns que aproximam o Estado e a sociedade, conselhos e as organizações da sociedade civil que avançam no espaço público, enriquecendo o debate e a ação da população, fortalecendo o exercício da cidadania.

As práticas deliberativas apresentam como principais resultados positivos a melhoria na qualidade das decisões, pois partem de variados pontos de vista, além de assegurarem maior legitimidade às leis e decisões produzidas por meio do envolvimento coletivo. Por fim, aperfeiçoa a cidadania, formando cidadãos mais responsáveis e comprometidos com a coisa pública, entendendo a importância de suas ações sobre a coletividade.

A democracia deliberativa defende que as ações governamentais só poderão ser verdadeiramente legítimas caso se sustentem no exercício da deliberação dos indivíduos. Habermas (1995) defende a igualdade de participação e a autonomia dos integrantes da sociedade na produção das normas sociais, apoiando-se em três quesitos essenciais:

> a) Regra da inclusão – Todo e qualquer sujeito capaz de agir e falar pode participar de discursos;
>
> b) Regra da participação – Todo e qualquer participante de um discurso pode problematizar afirmações e introduzir novas, exprimir suas posições, desejos e convicções, desde que sempre amparado em acordos racionalmente motivados;

c) Regra da comunicação livre de violência e coação interna ou externa.

Nenhum interlocutor pode ser impedido de fazer uso pleno de seus direitos descritos nas regras "a" e "b".

Ainda que o modelo deliberativo apresente avanços importantes, ele não deixa de ser objeto de críticas. A busca do consenso é entendida por muitos como frágil e distante da complexidade das sociedades modernas, com múltiplas culturas, valores, interesses e estruturas sociais, produzindo consensos apenas eventuais. A neutralidade desejável e pressuposta na comunicação raramente ocorre no mundo real, pois predomina a assimetria de posições entre os interlocutores, seja pela estrutura de poder, força argumentativa e/ou capacidade de organização dos grupos. Além do mais, as decisões não conseguem ficar restritas ao plano da razão, haja vista que sofrem interferências de paixões, interesses, solidariedade e competição, elementos intrínsecos a qualquer diálogo.

A democracia deliberativa pressupõe um diálogo continuado, sem um ponto de chegada definitivo, sendo sempre provisória e encontrando-se aberta ao aprimoramento permanente da discussão para que evolua e enriqueça. As decisões válidas para a atualidade não necessariamente são adequadas para o futuro ou em outra realidade ainda não vivida. Assim, para Avritzer (2000), a forma de se institucionalizar a democracia deliberativa é através dos fóruns que envolvem a sociedade e o Estado. O autor destaca três características fundamentais da argumentação deliberativa:

1. Cessão de espaço decisório por parte do Estado em favor de uma forma ampliada e pública de participação;
2. A forma de lidar com a informação onde o Estado e o mercado possuem informações incompletas para a tomada de decisão torna necessário que os atores sociais também interajam e partilhem da discussão e das informações;
3. A possibilidade de testar múltiplas experiências com capacidade de variação dos arranjos deliberativos.

Numa perspectiva semelhante, Boaventura de Sousa Santos (2016) propõe o que ele chama de Democracia de Alta Intensidade, fundamentada na maior participação da população nas decisões públicas. O modelo pressupõe descentralização das políticas e engajamento das organizações comunitárias na concepção, implementação e controle dos programas de governo. Trata-se de um modelo que integra democracia representativa e participação direta, assegurando o envolvimento efetivo dos diferentes estratos que compõem a sociedade, com maior protagonismo da sociedade civil e uma nova configuração de Estado. Os partidos políticos deixam de ter o monopólio da representação, que passa a incluir associações, movimentos sociais e conselhos populares tanto no plano consultivo como na implementação das próprias políticas.

O que está em questão não é abolir as formas representativas de democracia, mas fazer com que estas se abram para a participação direta dos cidadãos, com vista a um modelo de democracia semidireta, e ao avanço no plano dos direitos a partir de plebiscitos, referendos e consultas populares frequentes. A expansão das formas de participação deve ser iniciada nos próprios partidos políticos, com os militantes decidindo as principais agendas e os candidatos que melhor as representem. Isso já começa a se tornar realidade nos chamados partidos-movimento, como o Podemos, partido espanhol em que os cidadãos participam em assembleias da formulação de políticas e da escolha dos representantes.

Complementarmente a Habermas e a Sousa Santos, Edgar Morin, a partir do pensamento complexo, evidencia a necessidade de uma democracia cognitiva, que se apoia na ampliação do acesso a múltiplos saberes, à diversidade e ao pluralismo teórico, sem monopólio de certezas, pois a realidade é dominada pela imprecisão. A democracia cognitiva pressupõe o acesso ao conhecimento sob diferentes óticas e, principalmente, ao reconhecimento e entendimento do outro a partir de sua própria perspectiva. Reduzir o semelhante à sua etnia, sua raça, sua religião, seus erros, suas faltas ou ao seu pior comportamento impede que ele seja percebido de forma completa. A democracia cognitiva fundamenta-se na compreensão do humano dentro da sua pluralidade, assumindo a responsabilidade sobre cada um e vendo nos direitos alheios uma forma de valorizar os próprios. A liberdade de um tem que conviver com a dos outros.

Como esclarece Morin na obra *O Método 5: Humanidade da Humanidade*, a democracia fundamenta-se no controle do poder pelos cidadãos, com a separação de instâncias, pluralidade de opiniões e abertura ao conflito de ideias; opõe-se à onipotência do aparelho do Estado e à loucura do poder pessoal. A democracia constitui um sistema político que vive de pluralidade, concorrência, antagonismo e, ao mesmo tempo, de solidariedade, senso de pertencimento e de comunidade. Os cidadãos aceitam as regras do jogo e se submetem ao confronto de ideias via eleição no lugar da violência.

Para o autor, a democracia contemporânea está em crise. Quanto mais técnica e burocrática se torna a política, mais ela regride, pois exclui o cidadão comum de qualquer discussão. Ao ser dominada por especialistas que se fecham sobre um campo cada vez mais reduzido e hermético de conhecimento, geralmente descontextualizado, produz-se um tipo de cegueira que obstaculiza a participação. Por isso, defende a democracia cognitiva como alicerce para o verdadeiro governo do povo e para o povo.

5.3 Democracia e sociedade civil

Quanto mais rico for o engajamento dos cidadãos nas questões de interesse público, mais rico também será o modelo de democracia participativa. Nesse sentido, as organizações da sociedade civil tornam-se interlocutores políticos privilegiados no desenvolvimento do civismo, ao mobilizarem e organizarem as demandas da população, dando-lhes maior visibilidade, inserindo-se nos processos de formulação, decisão e implementação de políticas públicas (AVRITZER, 1993; DAGNINO, 2002).

Alexis de Tocqueville, em *Da Democracia na América*, fez um importante diagnóstico sobre a sociedade estadunidense do século XIX e o vigor da democracia nascente. A conclusão do autor é que a forte mobilização da sociedade civil e a tradição associativa local eram as principais causas do desenvolvimento da democracia de forma vigorosa naquele país, como descreve o próprio autor:

> (...) os americanos associam-se para dar festas, fundar seminários, construir hotéis, edificar igrejas, distribuir livros, enviar missionários aos antípodas; assim também criam hospitais, prisões e escolas. Trata-

> -se, enfim, de trazer à luz ou se desenvolver um sentimento pelo apoio de um grande exemplo, eles se associam. Em toda parte, onde, à frente de uma empresa nova, vemos na França o governo e na Inglaterra um grande senhor, tenhamos a certeza de perceber, nos Estados Unidos, uma associação (TOCQUEVILLE, 1987, p. 391-392).

Tocqueville (1987) foi o primeiro grande teórico a fazer uma análise entre a democracia nos EUA e a encontrada na França, seu país natal. Chamou-lhe a atenção a capacidade dos americanos de formarem associações, o que se refletia na alta intensidade da vida cívica nacional. O modelo americano limitava o poder dos governantes e transferia grande parte das atribuições públicas para a própria sociedade civil, que de forma organizada assumia a responsabilidade pela solução de suas pendências. Esse modelo baseado em elementos de auto-organização limitava a necessidade de um governo com elevada concentração de poder.

De acordo com Tocqueville, são três os principais elementos que diferenciam a democracia americana das demais de sua época: 1) sociedade civil organizada em diferentes formas de associativismo; 2) cultura cívica que reveste os cidadãos de responsabilidades mútuas e de espírito comunitário; 3) a liberdade, que se expressa de forma particular na imprensa, culminando na transparência necessária à vida democrática.

Hannah Arendt (2007; 2011) também atribuiu o êxito da democracia americana à existência de um povo organizado com fortes ideais participativos, em que mesmo quando o poder foi delegado e institucionalizado, as forças políticas organizadas no seio da sociedade não se dissolveram, pelo contrário, continuaram vivas, articuladas e alimentadas através de convenções e assembleias periódicas. Essa análise evidencia o paradoxo da democracia que, por um lado, permite o avanço dos direitos políticos e sociais, mas, por outro, tende a concentrar o poder nas mãos do Estado, que burocratizado, se distancia do cidadão comum e se transforma numa nova forma de dominação.

Hannah Arendt faz uma crítica à democracia representativa por esta negar ao povo a possibilidade de participar das decisões públicas, limitando-o ao ato de votar em representantes cada vez mais distantes dos representados, sem compromisso com a vontade coletiva. Por outro lado, a vontade geral também pode ser marcada por uma pseudo-homogeneidade, o que sacrifica as demandas das minorias. Como resposta, a autora defende a criação de um sistema de conselhos, complementar ao modelo representativo, em que os cidadãos podem participar diretamente das decisões políticas, assegurando liberdade e sobreposição do interesse público ao privado.

Paradoxalmente, os EUA, que desde os seus primórdios tiveram como marca a intensa mobilização da sociedade civil no desenvolvimento e consolidação da democracia, nas últimas décadas têm assistido à sua corrosão, acentuando-se o individualismo extremo, a radicalização de posições e o apelo à força e à violência como resposta aos conflitos internos e externos. A democracia, ao contrário do que se imaginava no passado, não é necessariamente desconstruída por meio de revoluções violentas, mas muitas vezes através de mecanismos progressivos de corrosão, sob a leniência das massas. O autoritarismo se implanta através do enfraquecimento das instituições republicanas e do pensamento crítico.

Uma lição que a história nos revela sobre a democracia é a sua dificuldade em lidar e combater posições antidemocráticas, haja vista a eleição de Hitler na Alemanha em 1932 e tantos outros casos em que o autoritarismo se estabeleceu com a adesão da maioria da população. Ou seja, a democracia pode ser liquidada pela própria democracia, essa é a conclusão dos pesquisadores Levitsky e Ziblatt (2018), sedimentada na obra *Como as Democracias Morrem.*

Entre as principais teses dos autores para o enfraquecimento e morte das democracias, evidenciam-se as seguintes:

1. Autoritarismo dos políticos atestado pela incapacidade de conviver com regras e normas preestabelecidas como anteparos democráticos, além do desejo de aniquilação das posições contrárias às suas, muitas vezes deslegitimando os oponentes e recorrendo à violência para imporem suas pautas. Também é comum a disposição para reduzirem liberdades civis e censurarem a mídia.
2. Políticas de enfraquecimento das instituições democráticas, como: Parlamento, Judiciário, partidos políticos e Ministério Público.
3. Enfraquecimento das normas democráticas, geralmente acordos tácitos que salvaguardam a saúde das democracias, que embora

não estejam inscritas em lei, definem os comportamentos não aceitáveis dos agentes políticos.

4. Polarização política que não aceita a existência do outro, veem a oposição como objeto a ser aniquilado a qualquer preço.
5. Contestação do sistema e das regras democráticas, questionando os resultados das urnas e a idoneidade do processo eleitoral.

Sousa Santos (1998) acentua que uma das maiores transformações das últimas décadas e que pode oxigenar as democracias do futuro é o fortalecimento e ativismo da sociedade civil, que abandonou uma posição de mera espectadora para se tornar protagonista nas principais mudanças da contemporaneidade. O acesso facilitado à informação e à comunicação aliado à interação em rede, facilitada pelas novas tecnologias, fortalecem a criticidade e o engajamento esclarecido que se traduz em poderosos movimentos de pressão e fiscalização. Só há Estado democrático com uma sociedade democrática, e só há organização democrática com pessoas imbuídas de valores democráticos.

A tradicional ideia que tenta apequenar as esferas sociais reduzindo-as entre Estado e/ou mercado é arrogante e autoritária, pois parte da premissa de que a sociedade civil é incapaz de se mobilizar por si mesma e elaborar suas próprias pautas, numa visão de sujeito passivo que vive a reboque das decisões alheias. As posições estadocêntrica e mercadocêntrica minimizam o potencial e a capacidade da sociedade de fazer suas avaliações e escolhas. As últimas décadas têm demonstrado que os partidos políticos deixaram de ter o monopólio da representação *política* e os cidadãos organizados passaram a se manifestar e a participar diretamente da esfera pública, haja vista a explosão de organizações da sociedade civil criadas recentemente em todo o mundo (SOUSA SANTOS, 2016).

Tanto o Estado quanto o mercado devem ser socialmente controlados e orientados, não podendo se tornar fins em si mesmos, mas meios para efetivar os interesses da coletividade. A sociedade civil organizada torna-se cada vez mais propensa e capacitada a influenciar as instâncias decisórias, ampliando o escopo democrático para que este se torne mais participativo e abrangente, incluindo, além do político, o econômico, o comunitário e o familiar.

A mobilização da sociedade civil e sua contribuição para o campo da democracia se apoiam em garantir avanços no processo de emancipação social, que é entendido como o percurso de libertação de comunidades ou grupos sociais da dependência, da dominação econômica, social e cultural, atingindo a maioridade da consciência, com autonomia de conhecimento e de percepção da realidade, independentemente de imposições ou influências externas apresentadas como naturais. Como afirma David Cattani (2003, p. 130): "É o inverso do pensamento elitista que afirma continuamente a incapacidade congênita do povo de ter iniciativas autônomas e de manifestar e defender seus próprios interesses".

Para Avritzer (1997), o chamado *novo associativismo* caracteriza-se por bases solidárias, democráticas e identitárias, e é representado pelos movimentos de mulheres, negros, indígenas, ecológicos e de direitos humanos. Trata-se de um campo ético-político-cultural que ajuda a produzir uma esfera pública mais participativa e ampliada, captando singularidades até então desprezadas ou diluídas. As bandeiras são variadas e nem sempre congruentes, como convém ao ambiente democrático. Fazem parte organizações, como associações filantrópicas; de preservação ambiental, como Greenpeace e WWF; de fiscalização, como observatórios de contas públicas; defesa de direitos humanos, como a Anistia Internacional e a Human Rights Watch; combate à pobreza como Oxfam e Care; além de comunitárias, como associações de bairro e uma infinidade de manifestações de cidadania ativa com diferentes propósitos.

Os movimentos ligados à sociedade civil chamam a atenção pela capacidade de ação coletiva enquanto grupos organizados, desburocratizados, centrados nas atividades finais, o que lhes dá eficiência e objetividade. Posicionam-se em defesa de direitos constituídos assim como reivindicação de novos pleitos.

Entre a pluralidade de expressões da sociedade civil, formais ou informais, os movimentos sociais se destacam pela abrangência e proximidade com as bases populares. São formados por ações coletivas que visam alcançar mudanças sociais através do debate político e conquista de direitos, sendo os meios de intervenção direta no contexto político que os grupos minoritários possuem. Esses organismos representam importantes grupos sociais com suas demandas específicas e que mobilizam amplo contingente populacional, notabilizando-se pela organização e politização. São exemplos o Movimento dos Trabalhadores Sem Terra, o Movimento dos Trabalhadores Sem Teto, o Movimento dos Atingidos por Barragens, entre muitos outros.

5.4 Democracia e novas tecnologias

Os desafios para o desenvolvimento democrático e, principalmente, para que o processo de participação possa ser mais efetivo e direto, contam agora com inovações tecnológicas que aproximam o poder público dos cidadãos. Algumas tecnologias já permitem a adoção de modelos de participação direta, com consultas periódicas à população, ampliando o processo democrático num conceito conhecido como *ciberdemocracia*. A ciberdemocracia permite a discussão de problemas que afetam a coletividade, servindo de instrumento para organizar e promover mobilizações coletivas, alimentar discussões, acompanhar as decisões do poder público, fiscalizar e denunciar, facilitar o planejamento participativo e permitir a difusão de plebiscitos e referendos, hoje limitados pela complexidade e custos elevados do processo.

Como contribuição para a efetivação da democracia participativa, vem ganhando espaço o conceito de *crowdsourcing*, que pode ser entendido como "colaboração em massa", uma estrutura que se propõe a viabilizar a produção coletiva e democrática de conhecimentos através do espaço virtual. A população reunida *on-line*, por meio de aparatos tecnológicos amplamente disseminados, é convidada a participar na solução de problemas que afetam a coletividade, a exemplo da lógica que fundamenta a *Wikipédia*, uma enciclopédia multilíngue de licença livre, baseada na web, com conteúdo produzido de maneira colaborativa.

A produção de conhecimento colaborativo é definida por inteligência coletiva. Para Pierre Lévy (1999), pai do conceito, a internet torna-se o instrumento privilegiado para a viabilização desse modelo, em que se podem trocar informações, disseminar conhecimentos com maior rapidez, romper fronteiras físicas e aproximar cidadãos. Contudo, a dinamização do ciberespaço não é garantia, por si só, do desenvolvimento da inteligência coletiva, mas abre um importante espaço que favorece essa prática. Em sua obra *Cibercultura*, o autor discorre sobre a possibilidade de construção de coletivos inteligentes que possibilitam o desenvolvimento das capacidades sociais e individuais de forma interativa, viabilizando a superação de problemas complexos por meio de discussões multidisciplinares.

A incorporação tecnológica ao processo democrático agiliza a participação, permite a descentralização do poder e aproxima o diálogo por meio da comunicação direta, sem intermediários ou representantes. Há uma correlação entre cidadania e participação ativa da população, considerando que ser cidadão é ter direitos e deveres, e poder interagir na esfera política, algo potencializado pelas novas tecnologias, o que passa a ser conhecido por *cibercidadania*.

Manuel Castells (1999), em sua obra *Sociedade em Rede*, explora os impactos das novas tecnologias de informação no desenvolvimento das relações sociais contemporâneas, em que todos os indivíduos podem ser simultaneamente criadores, receptores e difusores de informação em tempo real. A sociedade em rede é entendida como uma estrutura social fundamentada num conjunto de relações conectadas por tecnologias de comunicação e informação digitais, que produzem, processam e distribuem informações a partir de conhecimento acumulado nos nós dessas redes, o que resulta num processo de construção de inteligência coletiva, que coopera de forma aberta e solidária com vistas ao bem comum.

Essas práticas de comunicação e acesso à informação por vias tecnológicas que potencializam o diálogo e a colaboração não podem ser vistas como novos modelos de democracia, mas mecanismos de aprimoramento e efetivação da participação popular. A principal barreira deixou de ser técnica e se concentra hoje em vencer a falta de vontade dos políticos tradicionais em dividir o poder com os demais cidadãos. As habituais oligarquias buscam se impor a qualquer custo, e só o sistemático poder de pressão da população poderá derrubá-las, levando à implementação de mecanismos de efetiva deliberação popular. Mas, para tal, é necessário superar o estigma imposto pelos grupos de poder hegemônico, de que o povo não sabe decidir o que é melhor para si, precisando de representantes adequados.

5.5 Democracia integrativa

É comum entender-se o conceito de democracia de forma reducionista e imprecisa, limitando-a à dimensão política e a modelos meramente representativos. Democracia só faz sentido quando é assumida integralmente, o que obriga a ampliá-la para outras dimensões. É fundamental perceber como a dimensão econômica tem ganhado um poder desproporcional em relação às demais esferas da vida social, o que afeta direta e decisivamente a participação política. A concentração de riqueza e poder atingiu patamares desproporcionais, e se nada for feito, passaremos a ter democracias apenas de fachada, numa erosão progressiva rumo a regimes autoritários comandados por plutocratas.

A democracia política só foi efetivada quando conseguiu ultrapassar o fascismo político, assim, também o fascismo econômico e social que domina o nosso tempo, para ser suplantado, terá de avançar para uma democracia social e econômica, ou seja, uma democracia integrativa. Sousa Santos (2016, p. 133) define por democracia "todo o processo de transformação de relações de poder desigual em relações de autoridade partilhada. Onde quer que haja luta contra o poder desigual, há processo de democratização". Essa posição parte do princípio de que os humanos têm todos o mesmo valor e são o fim de todas as coisas, jamais um meio a serviço de quem quer que seja. A emancipação social a ser perseguida é resultado das lutas contra as diferentes formas de opressão, transformando as relações desiguais de poder em relações de autoridade partilhada.

Para que a democracia integrativa possa se tornar realidade um dia, é imprescindível o fortalecimento da sociedade civil, assumindo uma perspectiva mais engajada, proativa e comprometida com novos padrões de sociabilidade, mais colaborativos e solidários, além da incorporação de direitos das minorias étnicas, culturais, sexuais, movimentos ecológicos e feministas, que tendem a ser desprezados por projetos generalistas pautados pelas maiorias. Muitas destas manifestações transformaram-se em movimentos planetários, que ganharam força com as novas tecnologias de informação e o desenvolvimento de redes de engajamento e pressão em nível mundial. É o caso do movimento ecológico que rompeu fronteiras e contagia cada vez mais adeptos em todo o mundo, assim como os movimentos LGBT, entre outros.

Sousa Santos (2016) propõe seis subcampos para que a democracia integrativa possa se efetivar e ultrapassar as diferentes formas de dominação existentes, a saber:

1. O espaço-tempo doméstico – a relação de poder dominante é o patriarcado;
2. O espaço-tempo da produção – a forma de poder é a exploração centrada na relação capital/trabalho;
3. O espaço-tempo da comunidade – a forma de poder são os processos pelos quais as comunidades definem quem pertence e quem não pertence ao grupo;
4. O espaço-tempo do mercado – a forma de poder é o fetichismo das mercadorias, o modo como os objetos assumem vida própria e controlam a subjetividade dos sujeitos (alienação);
5. O espaço-tempo da cidadania – a forma de poder é a dominação, que gera desigualdade no acesso à decisão política e controle sobre quem decide;
6. O espaço-tempo mundial das relações entre Estados – a forma de poder é a desigualdade, a assimetria nos termos de trocas internacionais, sejam elas econômicas, políticas ou militares.

A luta democrática é travada em cada um desses espaços-tempo, em que todos se entrecruzam sob múltiplas e variadas relações, que tanto se confrontam como se complementam. Por isso, a luta só é efetiva se não se reduzir a algumas dimensões, mas confrontar-se com todas elas. A reforma necessária implica em reduzir progressivamente as assimetrias de poder e suas subsequentes formas de dominação, a saber: 1) o capitalismo – que se alimenta da acumulação infinita de renda e que tudo transforma em mercadoria; 2) o colonialismo – fundamentado na premissa da inferioridade natural de certos grupos humanos, indígenas, negros, estrangeiros; 3) o patriarcado – centrado no poder masculino, que envolve força, hierarquia, competição e autoritarismo (SOUSA SANTOS, 2016, p. 205).

Tanto a cidadania como a democracia serão sempre conceitos inacabados e em permanente processo de transformação. Novos avanços vêm sendo discutidos, diante das limitações das democracias atuais e das demandas impostas pela contemporaneidade. A democracia só pode ser adequadamente compreendida através da teia de relações a que estamos amarrados, em que cada ação individual ressoa numa infinidade de consequências que somos corresponsáveis. A democracia política não consegue se sustentar caso tenha que conviver com forças desproporcionalmente desiguais, sejam elas manifestadas no próprio campo político, no econômico, no social, ou em qualquer outro: ou se avança para uma democracia integral ou retrocederemos para novas formas de despotismo.

Outra questão imperiosa quando se fala em democracia são os meios de comunicação de massa, que tanto podem ser parte da solução como do problema. Democracia impõe liberdade de informação e comunicação, mas também obriga a pluralidade de opiniões, com diferentes vertentes ideológicas e pontos de vista, algo muito distante da realidade vivida no Brasil e no mundo atual. Os grandes grupos de comunicação insistem em querer confundir liberdade de imprensa com liberdade corporativa, monopolizando e manipulando a informação de acordo com os próprios interesses. Os grupos midiáticos se aliam ao grande capital e juntos fazem ecoar a "verdade" que lhes convém, dominam mentes e manipulam o jogo democrático.

Com o tempo, a grande imprensa tornou-se porta voz dos interesses de uma pequena elite, mais preocupada em acumular poder e riqueza do que informar com responsabilidade, profundidade e o cuidado necessário. De mecanismo a serviço do povo, passou a produzir opiniões, induzir comportamentos, vestir a toga de juiz e definir o que é certo e o que é errado. Faz parte deste seleto grupo um reduzidíssimo número de empresas midiáticas em processo de concentração voraz, que estendem seus tentáculos para todas as áreas, desde mídias tradicionais às novas tecnologias de informação e qualquer espaço onde exista a possibilidade de influenciar e acumular mais capital, "*à la* cidadão Kane". Ao ser financiada por grandes corporações ou transformar-se por si só num desses gigantes, em vez de servir de voz às consciências da população, a grande mídia fabrica consciências para seus interesses. As propagandas deixaram de se fundamentar na comunicação voltada a consumidores racionais com informações importantes para a sua tomada de decisão, e passaram a usar mecanismos emocionais para escolhas irracionais. Esse mesmo *modus operandi* é usado nas eleições, quando vendem-se candidatos como se fossem roupas ou sabão em pó.

No livro *A Manipulação do Público*, Noam Chomsky e Edward S. Herman exploram as formas de manipulação usadas pelos meios de comunicação de massa que acabam por formatar a consciência da grande maioria da população e corrompem as democracias. Os autores questionam a visão tradicional de que a mídia serve para monitorar o poder político, dando-lhe visibilidade e transparência, difundindo informações que alimentam o engajamento popular. Em vez disso, ela se transforma em instrumento publicitário a serviço de grupos econômicos e de poder que se perpetuam e se expandem indefinidamente.

Chomsky e Herman (2003) apresentam cinco filtros que podem ser entendidos como fontes de manipulação que corrompem o papel da mídia, com consequências desastrosas para o desenvolvimento democrático e o exercício da cidadania. Mesmo em ambientes ditos democráticos, percebem-se os impactos deletérios dos grupos hegemônicos, que perpetuam a supremacia de um seleto grupo de privilegiados que deformam o que seria a soberania popular. A seguir são expostas cada uma dessas obstruções:

> **1. Propriedade**: As empresas midiáticas de massa deixaram de atuar como prestadoras de um serviço de interesse público, transformando-se em megacorporações globais que têm na maximização de lucros o seu principal, quando não único, objetivo. O afã crítico que se encontra na origem da imprensa tornou-se secundário, priorizando-se a manutenção do *status quo* que lhe garante ganhos e poder cada vez maiores.
>
> **2. Financiamento**: A ideia de uma mídia sustentada pelos consumidores é cada vez mais distante; em seu lugar, grandes corporações mantêm as atividades da imprensa através de dispendiosos anúncios. E, como diz o ditado, "quem paga a orquestra tem o direito de escolher a música".
>
> **3. Fonte:** Governos, corporações e instituições a serviço do grande capital influenciam diretamente a narrativa das notícias. Os especialistas consultados são, via de regra, representantes dos grupos hegemônicos que controlam o poder, sintonizando o discurso com o interesse desses mesmos atores. Parece não haver saída; as fontes são definidas para preservar a lógica dominante e fazer suas análises "técnicas" parecerem consensuais.

4. Pressão: Trata-se de chantagem velada, que assegura que os interesses das grandes corporações sejam atendidos através de uma linha editorial condizente com a defesa de seus interesses político-econômicos. Os mecanismos de repressão e adestramento das mídias passam por boicote publicitário pela influência no corpo editorial.

5. Normativo: A melhor forma de conseguir estabelecer consensos é criando um inimigo e difundindo-o para o povo como o principal monstro a ser combatido. Nessa rubrica, os comunistas, imigrantes, terroristas e minorias em geral têm ocupado papel de destaque para manipulação das massas, desviando o foco dos verdadeiros mecanismos de opressão.

A elite midiática brasileira é particularmente oligárquica, muito mais comprometida com a lógica de grande empresa e da força do capital do que com a promoção do debate, da pluralidade de opiniões ou da representação da heterogeneidade da população. Não se pode falar em livre imprensa num país em que seis grupos dominam a informação de massa e o fazem sob o mesmo ponto de vista. É notória a censura à voz das classes populares, movimentos sociais são estigmatizados de baderneiros e minorias estigmatizadas como resíduo sem importância. Por outro lado, exalta-se o bizarro e faz-se show da miséria, naturalizam-se as iniquidades e se reduz a realidade a análises maniqueístas, do bem contra o mal. A virtuosidade que se poderia esperar de uma imprensa livre e autônoma foi cooptada por interesses de mercado, atuando para sequestrar e reprogramar as consciências para que tudo permaneça como está. Ademais, qualquer tentativa de obstaculizar suas práticas de dominação é ruidosamente repreendida como se se tratasse de censura.

5.6 Democracia em contexto

A seletividade da democracia está em todos os lugares. O acesso à educação de qualidade é seletivo, haja vista que são poucos os que podem pagar por bons colégios, frequentar boas universidades ou ter acesso à cultura mais sofisticada. A informação que chega às massas é seletiva, produzida e propagada por um número reduzidíssimo de veículos midiáticos, manipulados e viciados, sem pluralidade ou abertura ao contraditório. O poder representativo é mais uma forma de seletividade, que atua ao transferir as decisões para um pequeno grupo cada vez mais distante da população que representa. Os resultados do trabalho coletivo são também seletivos, apoderados por uma pequena elite econômica que manipula governos, imprensa e mentes. Tudo isso resulta numa engenharia social programada para que se perpetuem as relações de poder, dominação e subserviência.

O modelo de democracia participativa, incluindo suas variações, propõe-se a controlar os avanços indiscriminados e deletérios do capitalismo sem lei e a romper com as seletividades que deformam o exercício democrático. Os mecanismos de participação têm tido uma aderência particular no âmbito municipal, onde o eleitor tem maior domínio sobre aquilo que o afeta. Mas, pode também ir além e avançar para os níveis estadual e federal, fazendo uso frequente de plebiscitos e referendos para captar as posições e demandas da população. Exemplos começam a se proliferar pelo mundo: a cidade de Estocolmo fez um plebiscito para saber se deveria sediar as Olimpíadas de Inverno de 2022. Venceu o "não". Na Islândia, diante da crise de 2008-2009, colocou-se em pauta se deveriam priorizar o pagamento de parte da dívida pública do país ou usar os recursos para o desenvolvimento interno. Venceu a segunda opção, o que deflagrou um embate com o sistema financeiro internacional.

Um dos casos mais notórios de democracia participativa é vivido na pequena cidade espanhola de Marinaleda – Andaluzia, onde moram 2700 habitantes que passaram a adotar um sistema democrático participativo que se iniciou em 1979 e hoje notabiliza-se pelo processo de autogestão. A população local decide diretamente os destinos da cidade. Realizam-se assembleias públicas todas as semanas para definir as principais decisões referentes à administração da cidade. Todos os domingos os cidadãos fazem gratuitamente a manutenção das ruas e calçadas. Não há polícia no município. Os latifúndios que existiam no passado foram expropriados e as propriedades transformadas em cooperativas que empregam a maioria da população, com salários iguais para todos. Não existe desemprego e mesmo em momentos de grave crise econômica, como a vivida na Espanha na década de 2010, trabalho e renda se mantiveram preservados.

Um modelo de democracia participativa particularmente exitoso é usado na Suíça há mais de cem anos. Diferentemente de outros países que contam com plebiscitos submetidos pelos governos ou pelo parlamento, na Suíça, estes provêm de decisão popular. Em vários momentos ao longo do ano (nos últimos anos ocorreram em torno de quatorze vezes), os habitantes, incluindo os imigrantes, são convidados a votar sobre uma série de questões relacionadas à coletividade, tanto em termos municipais, como distritais ou nacionais.

A Suécia é outro exemplo ao desenvolver o projeto *Democracy Experiment* (DEMOEX), testado na pequena cidade de Vallentuna, em que a população, através da internet, vota sistematicamente sobre temas relativos à municipalidade, posteriormente efetivados pelo poder público local. Outra ideia que chama a atenção é a usada na Islândia, onde a população, por meio de participação coletiva, tem o poder de veto caso 10% dos eleitores se manifestem contrários a uma lei aprovada no Parlamento (DEMOCRACIA DIRETA, 2012).

O Brasil, ainda que distante dos modelos de democracia direta, notabilizou-se com o orçamento participativo, uma inovação exportada para vários países do mundo, viabilizada por meio de assembleias abertas, em que a população de cada região define suas prioridades e delibera sobre parte do orçamento público municipal. As primeiras experiências do gênero aconteceram na década de 1980 nas prefeituras de Vila Velha/ES, Lages/SC e em Porto Alegre/RS, onde se consolidou e se expandiu para mais de cem municípios. A cidade de Belo Horizonte avançou para o Orçamento Participativo Digital, em que o cidadão do município pode manifestar-se sobre questões ligadas ao município via internet. O Orçamento Participativo de Porto Alegre foi eleito pela ONU como uma das quarenta melhores experiências de gestão pública urbana do mundo. Essa política, além de expandir as fronteiras democráticas, estimula a cultura cívica e o comprometimento da população com a coletividade; ademais, obstaculiza as habituais práticas clientelistas e autoritárias.

Outra iniciativa particularmente ousada e que aponta para avanços no plano da democracia direita ocorreu mais uma vez na Islândia. A crise financeira de 2008 trouxe consequências desastrosas para o mundo inteiro, mas impactou sobremaneira esse pequeno país, colocando em colapso todo o seu sistema financeiro. O descontentamento generalizado da população se refletiu em inúmeros protestos que ficaram conhecidos como a "Revolução das Panelas e Frigideiras", o que culminou no surgimento de um movimento popular em torno da criação de uma nova Constituição. Contudo, diferentemente da tradicional, esta foi elaborada de forma participativa envolvendo diretamente todos os cidadãos. Se a Constituição de um país deve refletir os valores e anseios de uma população, esta não pode ser inibida ou limitada de participar do processo, pois só assim se garantirá a legitimidade necessária.

A população foi convidada a enviar sugestões através das redes sociais e pelo site oficial do movimento, o que foi facilitado pelo fato do país contar com 95% dos seus habitantes com acesso à internet. Por meio do voto popular, estabeleceu-se um Conselho Constitucional formado por 25 pessoas de diferentes idades, profissões e níveis educacionais, sem vínculos político-partidários, que se tornaram os responsáveis por captar as sugestões advindas da população e redigir um esboço do que viria a ser o documento constitucional. O modelo estabelecido na Islândia não se propõe a substituir a "velha" democracia, mas aprimorá-la através da participação direta da população.

A proposta de Constituição participativa elaborada com a colaboração dos cidadãos interessados foi finalizada no final de 2012, após quatro meses de incessante trabalho. O texto final possui 114 artigos que incluem sugestões ligadas aos direitos humanos, ao sistema de energia e à manutenção dos recursos naturais como propriedade do Estado. O documento foi submetido a um referendo e aprovado por dois terços da população do país. Em seguida, foi entregue ao Parlamento islandês, mas contra as expectativas da população, o texto foi barrado pela falta de vontade dos políticos tradicionais em "dividir o poder". O projeto encontra-se engavetado e aguarda um momento político mais propício para se tornar realidade.

A Suécia, ainda que seja um país pequeno e que a princípio poderia centralizar suas políticas públicas, optou por um sistema descentralizado que permite maior participação da sociedade. Mais de dois terços do total dos recursos públicos são gerenciados diretamente pelos municípios, com forte participação da sociedade civil que consegue facilmente perceber o eco das suas demandas e acompanhar o desenrolar das ações do poder público. Esse processo estimula e facilita a transparência e a eficiência na alocação dos recursos públicos.

6. Democracia econômica

6.1 A democracia ameaçada

Preocupado com a excessiva concentração de riqueza num número cada vez menor de indivíduos, Thomas Paine, pensador do século XVIII, levava a população a refletir sobre a quem pertencia o planeta Terra, e, tendo como resposta "a todos os seus habitantes", Paine, então, questionava a legitimidade da propriedade privada. Conforme o raciocínio do autor, ao se fazer uso individual de bens que são de todos, deveria-se, no mínimo, pagar à coletividade pelo seu uso privado, como um aluguel, podendo só assim ser legitimado.

Habitamos o mesmo planeta e só conseguimos sobreviver às vicissitudes impostas pelo ambiente inóspito ao cooperar e compartilhar as conquistas alcançadas. Todavia, o crescimento acelerado da riqueza durante o século XX e início do XXI veio desacompanhado do compromisso com o bem coletivo, numa tentativa de privatizar todos os espaços da vida em sociedade, buscando demonstrar a naturalidade dessa condição. Ganha espaço a ideia de que as diferenças socioeconômicas dominantes são inevitáveis, assim como a pobreza e a exclusão de certos grupos sociais, entendidos como menos capazes.

Ao fazermos uma digressão histórica, é fácil perceber como questões entendidas como naturais, e por isso vistas como inquestionáveis, já serviram para legitimar as mais esdrúxulas e iníquas estruturas de poder e dominação. O sistema monárquico ou seus equivalentes dominaram absolutos em boa parte da história. Os reis eram vistos como representantes de deus na Terra e, como tal, detentores de poderes ilimitados, subjugando uma legião de dóceis súditos a seus ditames. Mesmo as poucas experiências democráticas do passado, como na Grécia Antiga, eram parciais, pois só possuía direito a voto um grupo restrito de cidadãos. Na Idade Média, as terras e seus frutos pertenciam à nobreza, embora todo o trabalho fosse realizado pelos servos, que apenas ficavam com o suficiente para sobreviver. Mais tarde, com as grandes navegações, os nativos das novas terras eram tratados como animais, seres primitivos, desprovidos de alma, usados ao bel prazer dos colonizadores. Os negros foram escravizados e categorizados como sub-raça, e mesmo depois da abolição continuaram sem direito a possuir terras, frequentar escolas ou votar.

Este relato vem evidenciar que muitas das estruturas sociais que durante boa parte da história foram entendidas como naturais, de fato, eram construção humana e serviam para impor o poder de dominação de um pequeno grupo, valendo-se da alienação das massas para perpetuar o *status quo* por séculos. Todas as mudanças que se processaram e alteraram esse estado de coisas só ocorreram por pressão de um pequeno grupo de inconformados que tinham coragem de se rebelar e geralmente pagavam elevado preço por sua ousadia. Fica claro que toda construção humana é falível e serve a interesses determinados, e só a desnaturalização dessa realidade poderá conduzir a mudanças reais nas estruturas impostas.

A democracia é, certamente, um dos maiores exemplos de mudança de crenças enraizadas na história por séculos. Nunca é demais lembrar que, ainda nos séculos XVII e XVIII, a maioria das pessoas era contra a democracia e entendiam-na como o caminho mais curto para a barbárie ao dar soberania e posição de igualdade a todos os cidadãos. A visão dominante era a de que só alguns privilegiados tinham condições de decidir apropriadamente os rumos da maioria, a grande massa da população seria incapaz de fazer escolhas condizentes, o que resultava numa estrutura com baixíssima mobilidade social.

Conforme já visto, a democracia é sempre um processo inacabado e que mesmo após a sua universalização e expansão para boa parte dos países do mundo se encontra ameaçada caso não se sintonize com as demandas impostas à sua volta. Se a ampliação dos grupos de votantes foi o primeiro grande avanço no processo democrático, hoje em dia, o desafio envolve a ampliação da esfera política para o espaço econômico e social, ainda dominados por formas despóticas de poder. Persiste o dogma de que os mercados são autorreguláveis e que deve se reduzir aos pressupostos estabelecidos pelos donos do capital, uma ideia determinista que quer naturalizar a realidade, definindo-a como inevitável. As regras são definidas por quem delas se beneficia num jogo viciado que ameaça a própria democracia.

Avançamos como civilização ao entendermos o autoritarismo político como atrocidade, coisa de países socialmente subdesenvolvidos; contudo, na esfera econômica continua-se a aceitar o despotismo e a desproporcional concentração de poder e renda. Aceita-se o fato com naturalidade, ou até mesmo se exalta-o como resultado do mérito individual, que deverá servir de exemplo para todos os cidadãos. Essa realidade invariavelmente resulta na cooptação da política por interesses econômicos privados, e é bom lembrar que não existe democracia pela metade, ou esta avança e se expande para todas os domínios da vida em sociedade ou regredirá até se extinguir.

Após a grande crise econômica de 1929, criou-se quase que um consenso sobre o papel da democracia para regular o grande capital. Estabeleceu-se um certo pacto entre capital e trabalho, com o capitalismo a serviço das democracias, em que as pautas sociais se sobrepunham aos interesses meramente financeiros dos donos do capital. Assistiu-se a um período particularmente próspero, tanto em termos econômicos como sociais. De forma contrastante, o Estado contemporâneo tornou-se um agente a serviço do capitalismo, haja vista as privatizações em massa, terceirização de serviços públicos e a tentativa de mercantilização de todos os espaços da vida. A subserviência dos governos aos ditames dos mercados e ao sistema financeiro privado é cada vez mais enfática, com a desoneração fiscal dos estratos mais ricos da população, transferindo-se o ônus social para as classes média e baixa.

Alguns dados sobre a realidade contemporânea ajudam a perceber a magnitude do problema e os desafios a enfrentar. Em 2016, a população da Terra atingiu 7,2 bilhões de habitantes, destes, 1,2 bilhão vive em países desenvolvidos, os outros 6 bilhões habitam nações consideradas em desenvolvimento ou subdesenvolvidas. Segundo estudos demográficos da ONU, prevê-se que o número de habitantes na Terra subirá para 16 bilhões até o final deste século, com o agravante de que 80% nascerá em países de terceiro mundo. Essas estimativas revelam dois graves problemas: primeiramente, o colapso ambiental diante do aumento progressivo das demandas materiais e a iminente exaustão de boa parte dos recursos do planeta; o segundo dilema refere-se à desigualdade econômica crescente, que se acelera em ritmo frenético e que cria dois mundos que não se reconhecem, um alinhado com as benesses do século XXI e outro que se assemelha à barbárie do período medieval.

A tradicional fórmula econômica centrada em mais consumo, que induz ao aumento produtivo, amplia postos de trabalho e faz crescer a renda que, por sua vez, se converte em mais consumo, revela-se insustentável. Os recursos naturais são limitados e incapazes de atender a necessidades e desejos ilimitados. A crise ambiental foi acelerada na segunda metade do século XX e desponta como a grande ameaça contemporânea. Esse constructo ecossociocultural trouxe consigo aquecimento global, elevação no nível dos oceanos, destruição das florestas, erosão do solo, redução de terras cultiváveis, desertificação da vida nos mares em virtude da sobrepesca, diminuição acelerada da biodiversidade, poluição generalizada e ampliação de doenças como asma e câncer. São todos fenômenos interdependentes e que ameaçam a continuidade da vida no planeta, não mais num futuro a perder de vista, mas no próprio século XXI.

Sobre os problemas socioeconômicos, os números não são menos alarmantes. Ainda que se tenha alcançado um PIB mundial superior a US$ 70 bilhões, aproximadamente 1 bilhão de pessoas vive com menos de 1,25 dólares por dia, ou seja, sobrevivem abaixo da linha da pobreza, e destes, 800 milhões encontram-se subnutridos, o que resulta em uma morte a cada quatro segundos. É bom lembrar que hoje se produzem alimentos em quantidade suficiente para alimentar 9 bilhões de indivíduos.

Os 20% mais ricos concentram 86% do total da renda mundial, e a fortuna de 8 bilionários é equivalente à soma dos rendimentos de 3,6 bilhões de pessoas. Metade da população dos países em desenvolvimento não tem acesso a saneamento básico, o que se reflete em doenças recorrentes e elevados índices de mortalidade infantil. Segundo a Unesco, o mundo ainda conta com 800 milhões de analfabetos, sendo que grande parte é de mulheres impedidas de frequentar as escolas por questões culturais (ONU, 2015).

Em contraste com a pobreza endêmica, a riqueza produzida pelo mundo nos últimos cem anos é impressionante. No ano de 1900, o PIB *per capita* mundial era de apenas US$ 1026, o que era insuficiente para garantir o mínimo de dignidade para o conjunto da população. Contudo, em 2015 o PIB *per capita* global superou os US$ 11.000, o que poderia assegurar uma vida digna para todos os habitantes do planeta. O problema não é mais a falta de recursos, mas a distribuição destes, ou seja, não se trata de um problema técnico, mas político.

O Brasil é um caso emblemático: o PIB *per capita* (2015) é de quase R$ 30.000, mas, ainda assim, 35% das famílias têm renda inferior a R$ 3.600 por mês (IBGE, 2015). De acordo com o IPEA (Instituto de Pesquisa Econômica Aplicada, 2010), 10% da população brasileira concentra 75,4% de todas as riquezas, enquanto no século XVIII o porcentual era de 68%, o que demonstra o agravamento do problema. A questão agrária reforça as desigualdades, com 75% do total de terras nas mãos de 15% de produtores rurais. Esse conjunto de assimetrias marca a realidade brasileira e nos coloca na 13ª colocação entre os países com pior distribuição de renda do mundo (GINI, 2013).

Segundo um estudo realizado pelo banco Credit Suisse divulgado pela Oxfam (2016), o nível de concentração de renda vem crescendo a passos largos em praticamente todo o mundo. Em 2010, a pesquisa apontava que para se ter uma riqueza equivalente à metade da população da Terra eram necessários 388 bilionários; em 2014, esse número recuou para apenas 85 indivíduos; em 2017, chegou-se ao incrível número de 8 pessoas que em conjunto concentravam riqueza equivalente à soma de 3,6 bilhões de pessoas. O Brasil é retrato vivo dessa realidade; segundo o mesmo estudo, apenas 6 bilionários detêm uma fortuna conjunta semelhante à soma de 100 milhões de pessoas, ou seja, metade da população do país.

Não são apenas os indicadores quantitativos que geram indignação e desconforto, mas também a resistência de boa parte da população mais rica em aceitar mudar as "regras do jogo" para que a riqueza possa ser melhor distribuída. Prevalece neles o conservadorismo e a imobilidade diante da conjuntura iníqua; são incapazes de aceitar qualquer concessão para mudar o atual estado das coisas, mesmo quando a sustentabilidade sistêmica está ameaçada. Em vez de aceitarem ou mesmo defenderem medidas regulatórias para democratizar a economia, preferem fechar os olhos e se entregar à compulsão do consumo, num estado de exibicionismo e ganância patológica, que se glorifica diante das desigualdades como se estas atestassem a sua superioridade congênita.

É bom lembrar que a história econômica comprovou por diversas vezes que os mercados não são autorreguláveis e necessitam de intervenção externa para se ajustarem e evitar desequilíbrios. Ao predominarem estruturas de mercados concentradoras de poder e capital, como oligopólios e monopólios, são criadas iniquidades crônicas que se traduzem em quadros de insustentabilidade sistêmica. Distintamente do pensamento de Adam Smith no séc. XVIII, não é mais sensato se imaginar que interesses individuais, por si só, consigam promover o melhor resultado coletivo. Ainda, é bom lembrar que Smith não previa o nível de concentração econômica atual, o que o levava a acreditar no equilíbrio automático dos mercados através da livre disputa entre consumidores e produtores.

O problema da concentração desproporcional da renda tornou-se um tema de tamanha relevância que a própria ONU (2015), ao definir os dezessete Objetivos do Desenvolvimento Sustentável (ODS) que devem mobilizar os esforços das nações do mundo nos próximos anos, estabeleceu que o de número dez trataria especificamente da questão da concentração de renda e de seus malefícios, que devem ser combatidos como forma de se assegurar a sustentabilidade. A seguir, são apresentadas as metas que compreendem o desdobramento do objetivo dez que versa sobre:

> **10.** Redução das Desigualdades – reduzir a desigualdade dentro dos países e entre eles;
>
> **10.1.** Até 2030, progressivamente alcançar e sustentar o crescimento da renda dos 40% da população mais pobre a uma taxa maior que a média nacional;

10.2. Até 2030, empoderar e promover a inclusão social, econômica e política de todos, independentemente da idade, gênero, deficiência, raça, etnia, origem, religião, condição econômica ou outra;

10.3. Garantir a igualdade de oportunidades e reduzir as desigualdades de resultados, inclusive por meio da eliminação de leis, políticas e práticas discriminatórias e da promoção de legislação, políticas e ações adequadas a este respeito;

10.4. Adotar políticas, especialmente fiscal, salarial e de proteção social, e alcançar progressivamente uma maior igualdade;

10.5. Melhorar a regulamentação e monitoramento dos mercados e instituições financeiras globais e fortalecer a implementação de tais regulamentações;

10.6. Assegurar uma representação e voz mais forte dos países em desenvolvimento em tomadas de decisão nas instituições econômicas e financeiras internacionais globais, a fim de produzir instituições mais eficazes, críveis, responsáveis e legítimas;

10.7. Facilitar a migração e a mobilidade ordenada, segura, regular e responsável das pessoas, inclusive por meio da implementação de políticas de migração planejadas e bem geridas;

10.a. Implementar o princípio do tratamento especial e diferenciado para países em desenvolvimento, em particular os países menos desenvolvidos, em conformidade com os acordos da OMC;

10.b. Incentivar a assistência oficial ao desenvolvimento e fluxos financeiros, incluindo o investimento externo direto, para os Estados onde a necessidade é maior, em particular os países menos desenvolvidos, os países africanos, os pequenos Estados insulares em desenvolvimento e os países em desenvolvimento sem litoral, de acordo com seus planos e programas nacionais;

10.c. Até 2030, reduzir para menos de 3% os custos de transação de remessas dos migrantes e eliminar os corredores de remessas com custos superiores a 5%.

Elevados níveis de concentração de riqueza permitem aos mais ricos influenciar decisivamente as políticas públicas para que seus interesses sejam atendidos, mesmo quando se confrontam com os da maioria da população. Os mecanismos de atuação são variados e englobam financiamento de campanhas, *lobbies* sobre congressistas e governantes, influência na indicação de pessoas para cargos públicos estratégicos, decisão sobre investimentos, influência sobre as políticas macroeconômicas e sobre a mídia que impõe e propaga percepções de interesse do grande capital. Essas práticas corriqueiras impactam decisivamente o ambiente democrático, quando não, o deformam por inteiro e implantam em seu lugar verdadeiras plutocracias, que gotejam benesses enquanto manipulam, exploram e cooptam qualquer tentativa de soberania popular.

Noam Chomsky (2017) evidencia como a desigualdade destrói a democracia. A verdadeira democracia coloca poder nas mãos do povo, pois concentra seus esforços em assegurar equilíbrio entre a população, o que inevitavelmente cria antipatia por parte dos mais ricos, que veem seu poder de dominação obstaculizado. É do interesse da elite econômica diminuir o alcance da democracia para que o grupo mais rico possa definir as regras que lhe convêm, entendendo-se como o mais capaz e responsável para essa tarefa. Proteger as minorias mais ricas das massas é visto como fundamental, do contrário, a maioria poderá se reunir em favor da desapropriação das conquistas das minorias.

A habitual pressão por redução de impostos sobre os mais ricos com o propósito de aumentar investimentos e expandir os empregos, de fato nunca ocorreu na mesma proporção do estímulo concedido, servindo apenas como auxílio à concentração de renda e poder. O próprio Alan Greenspan, presidente do Federal Reserve (FED), chegou a afirmar que o sucesso da sua gestão se deveu à insegurança do fator trabalho, pois ao se manterem ameaçados e sob controle, os trabalhadores não pediam aumento salarial, melhoria das condições laborais, além de se enfraquecerem os sindicatos. Atualmente, apenas 7% da mão de obra dos EUA é sindicalizada, o que elimina a consciência de classe e facilita a manipulação.

Além do mais, nas últimas décadas assistiu-se a um deslocamento sistemático da economia da produção para a especulação financeira, não há mais relação nem preocupação em dinamizar o mercado interno, já que a economia rentista pode desenvolver-se com certa independência. Há um ataque deflagrado sobre a base que sustenta as sociedades modernas, alicerçadas na solidariedade. Um exemplo são as escolas e os hospitais públicos que são pagos por todos para serem usados por quem precisa.

O individualismo opõe-se a essa lógica, pois entende que ao fazer uso de serviços privados não deveria pagar pelos públicos, ou num caso mais extremo, um casal sem filhos não acha justo pagar pela educação dos filhos dos outros, o que os faz sair em defesa da privatização da educação.

6.2 Democratização da economia

A realidade econômica passa por abalos cada vez mais frequentes e de dimensões avassaladoras, o que coloca em xeque os modelos tradicionais que são incapazes de fornecer respostas à altura das necessidades emergentes. Ao se evidenciarem as principais crises econômicas dos últimos cem anos é fácil perceber uma instabilidade intermitente:

- 1929: "Quebra da bolsa de Nova Iorque", a maior crise do capitalismo;
- 1973: "O embargo do petróleo no conflito árabe-israelense" – primeira grande crise do petróleo;
- 1979: "A Revolução Iraniana" – segunda grande crise do petróleo;
- 1987: "A segunda-feira negra" – 22,6% de baixa em um único pregão;
- 1994: "A crise do peso mexicano";
- 1997: "A crise dos Tigres Asiáticos";
- 1998: "A crise do rublo da Rússia";
- 2000: "A crise das empresas pontocom" – o exagero nas expectativas levou à quebra de mais de cinco mil empresas ligadas à internet;
- 2001-2002: "A crise argentina";
- 2004: Fraude contábil e falência da Enron (sétima maior empresa americana);
- 2008-2009: "A Grande Recessão" – os EUA sofreram a maior crise financeira desde os anos 1930;
- 2009-2010: "A crise da dívida na Europa" conduziu à estagnação econômica do continente;
- 2012: "crise das *commodities*", que abalou principalmente os países em desenvolvimento, como foi o caso da América Latina.

Esta relação serve para perceber a fragilidade e instabilidade da economia mundial diante da baixa regulamentação dos mercados, haja vista que o período de maior estabilidade, em que se conseguiu aliar crescimento econômico, distribuição de renda e melhoria nos índices de bem-estar social, concentrou-se entre as décadas de 1940 e 1970, exatamente quando a intervenção e regulamentação do Estado foi mais significativa.

Grande parte das multicrises que atravessam a contemporaneidade se devem ao domínio desproporcional da dimensão econômica sobre as demais esferas que compõem a vida em sociedade, sobretudo a política. Os mercados passaram a reinar absolutos e sem freio, enquanto os governos recuam das atribuições de regulamentação e promoção do bem-viver coletivo. O modelo econômico dominante assegura vantagens cumulativas para um seleto grupo que se autorreproduz e obstaculiza qualquer possibilidade de mudança na tessitura social. Dessa feita, a democracia passa por um processo de cooptação em que a esfera econômica, por meio das corporações transnacionais, define as regras do jogo e se impõe sobre o poder dos Estados nacionais, num perigoso processo de privatização da vida pública.

Para Celso Furtado (2002), quando se fala em democracia, é comum vê-la reduzida à esfera política, cuja insuficiência é cada vez mais marcante, considerando que a dimensão econômica invade todos os espaços sociais, nomeadamente o político. É impróprio tratar de democracia sem incluir a dimensão econômica e social e discutir os processos de decisão que lhe são inerentes, sendo estes invariavelmente dominados por mecanismos autoritários em que alguns poucos decidem o destino da grande maioria, a exemplo das monarquias absolutistas do século XVII. Caso entendamos o despotismo político como algo ultrapassado, fruto de sociedades arcaicas, por que aceitar que com o poder econômico seja diferente? A democracia não se sustenta parcialmente: ou é assumida como valor civilizatório e estendida a todos os domínios, ou não passará de mera caricatura.

Um dos maiores paradoxos do nosso tempo é assistir-se ao avanço dos regimes políticos democráticos em boa parte do mundo e, simultaneamente, a sua subserviência a interesses econômicos privados. É cada vez mais frequente o Estado curvar-se às prerrogativas das grandes corporações privadas, muitas delas financiadoras das campanhas eleitorais ou investidoras estratégicas que colocam o poder público de joelhos diante de seus pleitos. Como afirma o jornalista Greg Palast, referindo-se à realidade estadunidense, mas que se adapta a qualquer lugar do mundo: "temos a melhor democracia que o dinheiro pode comprar".

A concentração de renda atingiu patamares obscenos de tal forma que ultrapassa qualquer tentativa de explicação minimamente plausível. O mérito, o talento ou o esforço de certos indivíduos é incapaz de justificar o nível extremo de concentração econômica presente, e revelam a grave crise ética, institucional e estrutural em que mergulhamos. Parafraseando Rousseau, que já manifestava essa preocupação no século XVIII, "uma sociedade só pode ser verdadeiramente democrática se ninguém for tão pobre a ponto de ter de se vender, ou tão rico que consiga comprar alguém".

A economia, ao dominar todas as dimensões da vida em sociedade, define crenças, valores e princípios, e o faz através do protagonismo das empresas transnacionais que dominam os grandes mercados, impondo preços, padrões de qualidade e, pior, manipulando mentes através da publicidade e da mídia. É cada vez mais frequente indivíduos assumirem conglomerados empresariais de dimensões e orçamentos superiores a grande parte das nações do globo, sem compromisso com a transparência ou com o bem comum. Admitem, demitem e controlam vidas orientados exclusivamente pela maximização do lucro; são subsidiários da lógica de mercado, que deixa de ser livre para se tornar oligopolista ou até mesmo monopolista e sem fronteiras. O novo liberalismo permite que o capital se desloque para onde quiser, ou melhor, para onde os controles são mais frouxos e a exploração possa ser potencializada pela ausência de leis trabalhistas, sindicatos ou qualquer mecanismo de proteção social.

O surgimento de um novo imperialismo capitaneado pelas empresas transnacionais foi exposto por David Korten em *Quando as Corporações Regem o Mundo*. O autor explora o poder desproporcional dos grandes grupos empresariais, que se expandem pelo mundo e passam a ditar as regras da economia mundial, e assim, reproduzem suas vantagens e seu poder de dominação. O emergente sistema empresarial global tornou-se uma grave ameaça para os interesses humanos a longo prazo, transformando-se na mais nova forma de colonialismo, controlando governos e as próprias democracias nacionais, sem qualquer preocupação com os interesses da coletividade. O sistema de mercado torna-se cego para tudo o que não seja traduzido em lucro a curto prazo – é a mercantilização do mundo e a liquidação dos pobres.

A iniquidade produzida pela assimetria de forças imprimida pelas grandes empresas e pelo domínio da lógica privada centrada na maximização do lucro no menor espaço de tempo possível confronta-se com a ameaça de bem-estar das comunidades. É bom lembrar que as contas de renda nacionais medem os custos e benefícios da atividade econômica do ponto de vista das empresas e não da comunidade. Por exemplo, se uma empresa lucra empregando o menor número possível de trabalhadores com a menor remuneração possível, é considerada eficiente, verdadeiro modelo de desempenho. Contudo, sob a perspectiva da comunidade, o melhor resultado só é atingido quando se consegue empregar todos os membros com os mais altos salários possíveis. É bom lembrar que a empresa pode lucrar esgotando uma floresta ou os recursos minerais locais, enquanto a comunidade fica devastada e sem perspectivas.

Na mesma linha de Korten (1996), um estudo realizado em 2011 pelo Instituto Federal de Tecnologia de Zurique (ETH, na sigla alemã) reforçou a tese de que o mundo é controlado por um número ínfimo de corporações globais que acabam por definir os rumos da economia planetária, reduzindo-se drasticamente o poder de intervenção e regulação dos estados nacionais. De acordo com a pesquisa do ETH, apenas 737 conglomerados empresariais controlam 80% do sistema econômico do planeta, e destes, 147 controlam sozinhos 40% do total. Chama a atenção que a maioria deles são dominados por instituições financeiras, com o agravante de que estas nada produzem, sobrepondo a lógica rentista à produtiva. O sistema financeiro joga com valores que representam cerca de 14 vezes o PIB mundial, numa distorção que ameaça toda a economia que se vê dominada por mecanismos especulativos sem lastros.

A crise de 2008 foi exemplo da bolha produzida pelo capital especulativo descolado da economia real, o que leva a um aprofundamento das desigualdades socioeconômicas e ameaça as democracias em todo o mundo. Entre os atores que compõem esse seleto grupo de "donos do mundo" destacam-se instituições financeiras como: Barclays, JPMorgan Chase & Co. Goldman Sachs, Deutsche Bank, UBS, Santander, BNP Paribas, entre outros. Tamanha concentração de poder econômico se transforma em poder político ao controlar e manipular governos e a grande mídia, que sobrevive de seus anúncios ou integra esses mesmos conglomerados (DOWBOR, 2014).

Como descreve Sousa Santos (2016), vivemos em regimes autoritários que se disfarçam com um verniz democrático e convivemos com regimes sociais tipicamente fascistas. Essa dicotomia só poderá ser superada através da radicalização da democracia.

A análise da economia a partir da realidade das organizações, em especial das grandes corporações mundiais, deixa claro o confronto desproporcional entre capital e trabalho. Os acionistas procuram maximizar lucros a qualquer preço, o que invariavelmente passa pela minimização dos salários dos trabalhadores, via transferência das linhas de produção para o terceiro mundo. Os acionistas não são mais identificados com as atividades administrativas da organização, não há mais a necessidade de vínculo direto com a empresa, apenas participam dos aportes iniciais de capital e usufruem dos dividendos ao longo de gerações. De forma contrária, os trabalhadores, mesmo envolvidos diretamente com as atividades produtivas, são remunerados muito abaixo do que agregam em resultados para a empresa, diferença apoderada pelos acionistas sob a forma de lucro (mais-valia), algo denunciado por Marx há quase 150 anos.

Como descreve Kelly (2012), quando se entendem as estruturas corporativas atuais à luz da normatização jurídica vigente, a propriedade fica restrita aos acionistas e é desvinculada da comunidade de trabalhadores que nela atua e lhe agrega valor ao longo do tempo. Os lucros restringem-se a remunerar o capital inicial aportado pelos acionistas e desconsideram o que foi adicionado pelos trabalhadores. Trata-se de uma realidade muito próxima da medieval, quando a riqueza era gerada pelos plebeus que trabalhavam diretamente na terra, mas os ganhos eram apoderados pelos senhores feudais. É bom lembrar que a antiga cultura aristocrática entendia as assimetrias de rendas e poder como legítimas, mérito de grupos vistos como superiores que, em última instância, justificavam seus privilégios como concessão divina.

Ao longo dos séculos, a visão determinista que impedia mudanças na estrutura dominante foi dando lugar a ideais que contribuíram para a democratização da política, mas é bom lembrar que a ideologia aristocrática não foi eliminada, mas substituída por mecanismos mais sutis de dominação que procuram legitimar o poder de uma minoria. Quando a aristocracia financeira deixar de ser vista como natural e tiver sua legitimidade questionada, os resultados do trabalho coletivo poderão ser finalmente democratizados entre todos os que dele participam.

O futuro é, em boa parte, definido pelo acúmulo de privilégios que beneficiam sempre o mesmo pequeno grupo, numa lógica determinista que reproduz a realidade em que cada um nasceu. Grande parte dos grandes conglomerados empresariais são resultado de herança, num fluxo de poder e renda que se autorreproduz. Além disso, outro mecanismo de acumulação se dá através da exploração dos trabalhadores, fornecedores, consumidores e do meio ambiente, o que, no conjunto, reproduz as assimetrias de forma alarmante e sem qualquer tipo de freio. Esses problemas fazem Kelly (2012) indagar quem é o dono do céu, no que se refere aos direitos de emissão de carbono, quem é o dono da água e de todos os bens que, *a priori*, são de propriedade de toda a humanidade e a ela deveriam servir como único fim.

Dentro da ideia de democratização da economia, Thomas Piketty (2013) chama a atenção para as incoerências dos modelos tributários predominantes em grande parte dos países do mundo, em que invariavelmente os mais ricos são os que menos contribuem. Na maioria dos casos, os principais impostos incidem sobre consumo, exatamente o que onera proporcionalmente mais as camadas de renda baixa que têm a totalidade dos seus proventos comprometida com a aquisição de bens de primeira necessidade. De forma distinta, os mais ricos têm apenas uma pequena parcela das suas rendas alocada em consumo, pois a maior fatia é direcionada para atividades especulativas. Essas distorções ficam fortalecidas pelas baixas alíquotas que incidem sobre renda, patrimônio e herança e pela ausência de impostos sobre grandes fortunas.

É bom lembrar que os movimentos em favor da democracia econômica raramente se opõem ao sistema de mercado, mas são contrários ao seu absolutismo e à ideia de autorregulação. Defendem a expansão da democracia tanto em termos macroeconômicos como organizacionais, de forma que as decisões sejam mais participativas, atentas ao bem comum e à sustentabilidade ecossocioambiental.

Não se pode falar em democracia econômica e relações mais equitativas sem uma maior arbitragem estatal e monitoramento da sociedade civil, impedindo a formação de monopólios, restringindo oligopólios e punindo cartéis ou qualquer prática desleal de concorrência e abuso de poder. Só com a atomização e equilíbrio das forças competitivas poderá falar-se em mercados justos, assegurados pela independência dos governos, que têm o dever de distribuir oportunidades, renda e bem-estar, sem subserviência ou subordinação ao poder econômico.

Para Sousa Santos (2002), o papel do Estado continua essencial em qualquer projeto que priorize a justiça social e a equidade econômica e social, contudo, o tradicional modelo de Estado gigante, excessivamente burocrático, centralizado, onipotente e onisciente terá de evoluir para formas descentralizadas, com maior participação da sociedade civil e autonomia das regiões.

Assim, para que a democracia econômica possa se efetivar, precisa se submeter a quatro condições essenciais, a saber:

1. **Acesso igualitário a uma educação de qualidade** – Só a garantia de uma educação universal e de qualidade poderá permitir condições mínimas de equidade, para que todos possam disputar em pé de igualdade as oportunidades que se apresentam. Esse deve ser um imperativo ético mundial, considerando que o futuro de milhões de crianças em todo o mundo é comprometido logo após o nascimento pela falta de escolas ou pela qualidade precária da educação que recebem. Uma educação de qualidade envolve tanto conhecimentos técnicos apropriados e que façam sentido quanto o estímulo à reflexão crítica, à ética e à cidadania.
2. **Transparência e acesso decodificado às informações** – A democracia econômica só se efetivará caso consiga assegurar transparência nas informações, com uma ampla difusão na coletividade, nomeadamente na esfera pública e privada. Só o acesso facilitado à informação, assim como sua decodificação para que seja inteligível para todos, possibilitará o verdadeiro exercício democrático. Têm um papel decisivo tanto instâncias oficiais como

centros de pesquisa, universidades e a mídia em geral. Esta deve ser norteada por princípios de liberdade e pluralidade de ideias e pontos de vista, algo bem diferente dos atuais oligopólios que impõem a visão que lhes interessa, geralmente alinhada com a lógica corporativa que financia seus anúncios.

3. **Participação nas decisões** – As desigualdades e iniquidades presentes no mundo não se restringem a problemas distributivos, mas também ao acesso e à participação nas decisões, o que demanda mecanismos de democracia direta em que a população possa ser consultada permanentemente sobre questões que a afetam, seja por meio de referendos, plebiscitos, consultas populares e/ou orçamento participativo. Num mundo corporativo não pode ser diferente, devendo haver abertura para o diálogo e a busca por decisões participativas, considerando que os impactos são coletivos. Para tal, são necessárias estruturas hierárquicas mais horizontais, com planejamentos participativos, lideranças eleitas diretamente e a adoção de indicadores de desempenho construídos em conjunto. Quanto mais perto das bases estiverem as decisões, mais a democracia pode realizar-se consistentemente.
4. **Distribuição equitativa dos resultados coletivamente produzidos** – Não pode existir democracia econômica de fato sem equidade na distribuição dos resultados provenientes do esforço coletivo. São vários os mecanismos de institucionalização desse ideal e, certamente, a política fiscal é um instrumento privilegiado por substituir a atual preponderância da tributação regressiva pela progressividade fiscal, incidindo particularmente sobre as faixas de maior renda e patrimônio. Impostos sobre grandes fortunas e herança também devem ser instituídos. Na esfera empresarial, são imprescindíveis mecanismos de participação dos resultados por parte dos trabalhadores envolvidos. Outras ideias ainda em debate propõem regulamentos que amarrem a renda mínima a um teto de renda máxima, negociado democraticamente e pactuado entre todos.

A polarização das remunerações no mundo atual tornou-se um verdadeiro escândalo, um atentado ao bom senso. Os ganhos dependem cada vez menos do esforço ou talento, e muito mais da posição que cada um ocupa no tecido social, sendo que esta posição se perpetua ao longo do tempo, de forma semelhante aos estamentos medievais. As inconsistências são evidenciadas quando se comparam os ganhos auferidos por um prêmio Nobel que descobre a cura para uma doença que aflige milhões de pessoas e um executivo de uma indústria de cigarros. Sem sombra de dúvida, o segundo tem ganhos financeiros muito superiores ao primeiro, o que evidencia as limitações e iniquidades do mercado como único mecanismo de regulação e distribuição de riqueza.

A economia de mercado deve evoluir para uma economia com mercado, ou seja, o mercado como um dos elementos que constituem um sistema maior que se quer misto, em que o Estado e a sociedade civil organizada ocupem espaços fundamentais na fiscalização e regulação econômica. Os mercados, por si só, tendem à concentração econômica, o que demanda a interferência de mecanismos externos para se garantir maior equilíbrio de forças e assegurar cidadania e dignidade para o conjunto da população.

A democracia econômica, além de um imperativo ético, é também uma questão de inteligência sistêmica, considerando-se que a distribuição equitativa da renda é a melhor forma de fortalecer a economia, já que é o consumo da classe média o principal responsável pela dinamização da atividade produtiva, uma vez que a classe alta, por mais rica que seja, não compra bens de consumo indefinidamente a ponto de dinamizar a economia como um todo. É fundamental o fortalecimento dos mercados internos e populares e dos sistemas cooperativos que promovem o desenvolvimento mútuo, em que o objetivo central deixa de ser a maximização dos lucros individuais e passa a ser o atendimento às necessidades coletivas, assegurando o bem comum.

Como afirma Dowbor (2008, p. 116): "Por alguma razão, um mínimo de inteligência social nos levou a abandonar formas autocráticas de poder político, e a construir democracias. Hoje, este poder econômico, transformado em poder político, não tem nenhum controle, e já é tempo que pensemos nisto", o que é reforçado por Robert Dahl (2012, p. 134): "Se a democracia se justifica para o governo do estado, então é igualmente justificado para o governo de empreendimentos econômicos".

As ações para a democratização da economia precisam processar-se sob dois eixos complementares: no plano macro, a política fiscal é um dos instrumentos mais eficazes, tendo que ser redesenhada para garantir maior progressividade e atingir sobremaneira os estratos de maior renda, reduzindo-se a acumulação ao longo do tempo. Num segundo eixo, as mudanças têm que atingir a esfera empresarial, como é detalhado no capítulo 7, que trata da democracia nas organizações. Precisamos de um novo *design* de propriedade nas empresas, capaz de atrelar o seu crescimento a um processo de democratização, tanto na tomada de decisões para que estas sejam mais participativas, como na distribuição dos resultados produzidos coletivamente.

Além do mais, não se podem tratar da mesma forma organizações com finalidades distintas. Empresas fundamentadas na lógica da maximização do lucro, com este apropriado de forma individual, não podem ter o mesmo tratamento legal daquelas que priorizam a inclusão social, a maximização do bem-estar coletivo e a socialização dos resultados. É importante ressaltar que as organizações que comprovem inegável vocação social, democratização das relações e resultados e contribuição para uma sociedade mais sustentável devem ter um tratamento jurídico diferenciado, auferindo certos privilégios. As vantagens concedidas a essas empresas certamente estimularão outras a aderir a esse modelo, o que poderá resultar em transformações profundas na estrutura socioeconômica futura.

As palavras de Eric Hobsbawm (1996) são oportunas ao lembrar que "o objetivo da economia não é o ganho, mas sim o bem-estar de toda a população; o crescimento econômico não é um fim em si mesmo, mas um meio para dar vida a sociedades boas, humanas e justas".

6.3 Política tributária

Recentemente foi publicado o livro *O Capital no Século XXI*, do economista francês Thomas Piketty (2014). Esta obra trouxe à tona as contradições e a insustentabilidade dos modelos econômicos hegemônicos, apresentando um amplo e profundo estudo sobre distribuição de renda ao longo do tempo, resultado de mais de quinze anos de pesquisas em vinte países do mundo. A conclusão é que o crescimento das economias capitalistas nas últimas décadas não foi acompanhado por uma distribuição de renda equivalente, em virtude das taxas de retorno sobre os ativos ser superior ao ritmo do crescimento econômico, o que acelerou o processo de concentração de riqueza, gerando ameaça à própria democracia. Essa realidade é particularmente evidente nas sociedades tradicionais, em que os grandes proprietários vivem da renda patrimonial, sem produzir nada. Nos países mais prósperos, a riqueza da parcela de 1% da população avança três vezes mais rápido que o crescimento do produto interno bruto (PIB). Nesta situação, se uma economia crescer a taxas de 2% ao ano, mas os ganhos sobre capital, como investimentos, aluguéis ou lucros, tiverem rendimentos de 5% ou 6% ao ano, as desigualdades entre capital e trabalho só aumentarão.

Para o autor, a assimetria presente nas últimas décadas é resultado do retorno desproporcional dos investimentos, da transmissão de herança e também dos supersalários dos executivos de grandes empresas. Essas iniquidades são, em boa parte, resultado da redução de impostos sobre os estratos mais ricos, orquestrada pelos governos de corte neoliberal, especialmente o americano e o inglês, a partir dos anos 1980. Os períodos em que a economia foi mais desregulada são exatamente os mesmos em que as desigualdades aumentaram. Em sentido inverso, os anos de 1940 a 1970, quando a regulação foi mais efetiva, coincidem com um período de melhor distribuição de renda.

Ao se analisar a história econômica dos últimos cem anos, percebe-se que parte do crescimento do período se deve à capacidade de ampliar a base de consumidores e, por consequência, de distribuir renda, haja vista que a partir de certo patamar de rendimento, estes não se convertem integralmente em consumo, mas servem à especulação – ninguém, por mais renda que possua, compra geladeiras ou automóveis ou qualquer outro bem indefinidamente. Portanto, a expansão econômica só poderá ocorrer, de fato, por meio da expansão da classe média.

Para Piketty, não existe outra alternativa para diminuir as desigualdades além da intervenção do Estado na economia através de uma forte taxação progressiva sobre a riqueza, que poderia chegar a 80% nos estratos mais elevados. É bom lembrar que os Estados Unidos, entre 1944 e 1964, chegaram a ter alíquota de 90% de imposto de renda sobre os maiores rendimentos, e foi exatamente esse o período em que melhor se conciliou crescimento econômico e distribuição de renda. A revisão do sistema tributário é prioritária para que se consiga estimular o investimento produtivo e elevar a arrecadação do Estado, que financiará os gastos em educação, saúde e proteção social.

Defende-se também a necessidade de um imposto global progressivo sobre grandes fortunas e movimentação de capitais que deveriam alcançar os paraísos fiscais, eliminando-os, pois o mundo não pode mais ser entendido em partes isoladas e com portos seguros para os desvios de conduta. Alíquotas mais elevadas deveriam incidir sobre os rendimentos superiores, o que incluiria bens como terra, mansões, recursos materiais, prédios comerciais, fábricas, *softwares*, patentes, ações e títulos. As famílias pagariam um imposto de 1% para patrimônios de US$ 1 milhão a US$ 65 milhões, subindo progressivamente até alcançar os super-ricos com patrimônio superior a US$ 1 bilhão, que seriam onerados em 10%. Essa tese é fortalecida pelo fato da maioria destes bilionários não ter contribuído para sua riqueza, pois esta é, em grande parte, fruto de herança.

O Brasil é exemplo vivo dos desequilíbrios tributários e das suas consequências. O sistema é constituído por impostos diretos, que recaem sobre renda e patrimônio, e por tributos indiretos, que incidem sobre consumo e produção. Contudo, os impostos indiretos têm maior incidência por serem mais fáceis de cobrar, mas isso acarreta uma grave distorção, pois estes incidem predominantemente sobre consumo, o que pesa proporcionalmente mais sobre as camadas mais pobres que usam todos os seus proventos com consumo básico, distintamente dos mais ricos em que o consumo tem uma representatividade muito menor. Já a tributação direta, que recai sobre renda e patrimônio e poderia captar recursos de quem mais ganha, tem pouca progressividade, o teto é de apenas 27,5%, beneficiando os muito ricos que se veem nivelados com a classe média. Segundo levantamento da consultoria KPMG (2015), a média de imposto sobre renda dos países da Organização para a Cooperação e Desenvolvimento Econômico (OCDE) é de 41,58%, da América Latina é de 31,87% e de boa parte das nações europeias é em média de 50%, chegando a 60% nos países escandinavos.

O Ministério da Fazenda (2015) aponta que famílias com receita de até dois salários-mínimos pagam cerca de 46% de impostos indiretos (isto é, inseridos nos preços de bens e serviços); contraditoriamente, quem tem renda superior a 30 salários-mínimos contribui com apenas 16%. Esses dados revelam a elevada regressividade dos impostos nacionais, que pesam particularmente sobre os estratos mais pobres da população. A relação entre impostos diretos e indiretos no Brasil é de 28% para os primeiros e de 72% para os segundos, enquanto nos países da OCDE essa relação é inversa, ou seja, 33% dos tributos são impostos indiretos e a maior parcela, 67%, é de impostos diretos. Esta configuração tributária ajuda a entender, pelo menos em parte, a razão do Brasil ser um dos países com maior nível de concentração de renda do mundo.

Amir Khair, ex-secretário da Fazenda de São Paulo, defende que a democracia, ao prever um regime de governo do povo para o povo, justificaria uma maior taxação sobre o patrimônio. Uma taxação média de 1% sobre valores superiores a R$ 1 milhão, que incidiria sobre 2% a 5% da população total, seria suficiente para arrecadar aproximadamente R$ 100 bilhões por ano, o que resolveria uma boa parte dos nossos problemas fiscais. Porém, essa ideia confronta-se com a resistência do Congresso Nacional, haja vista que a maioria dos parlamentares seriam atingidos. Piketty (2013), na mesma linha, sugere que o imposto sobre grandes fortunas seja atrelado à diminuição da tributação sobre a classe média, principalmente no que se refere a impostos sobre consumo, o que poderia se tornar um forte dinamizador da atividade econômica e de pressão das massas sobre os estratos mais privilegiados.

Aliado à tributação sobre grandes fortunas, o aumento do imposto sobre herança é outro potente mecanismo de distribuição de renda. Hoje, no Brasil, essa alíquota tem teto de 8% e na média incide em apenas 4% sobre o valor da herança, uma das alíquotas mais baixas do mundo, onde se praticam taxas geralmente acima de 30%.

A carga tributária brasileira média é de aproximadamente 35% do PIB, algo que se manteve sem grandes alterações nas últimas duas décadas. Ainda que não possa ser considerada baixa, o que mais impacta é o reduzido retorno para a sociedade, com a oferta de serviços públicos de baixíssima qualidade. Porém, há a falsa impressão de que a redução acentuada na tributação seria a solução para todos os problemas, estimulando a atividade econômica e melhorando os índices de bem-estar da população. Dados estatísticos contrariam o determinismo dessa tese, já que países pobres que optaram por baixa carga tributária, na sua maioria, apenas conseguiram concentrar mais renda, sem reduzir a pobreza, haja vista a realidade da maioria das nações africanas e de parte da América Latina e Ásia. A redução tributária pura e simples não parece ser a solução, pois diminui o potencial redistributivo dos governos e limita a oferta de serviços públicos de qualidade, algo que afeta especialmente as populações mais pobres que não têm como pagar as alternativas privadas.

O jornalista Robert Frank, do *The Wall Street Journal*, fez um interessante levantamento sobre os bilionários norte-americanos. Constatou que o número deste seleto grupo cresceu vertiginosamente a partir dos anos 1990, o que remonta ao governo Bush e suas políticas de desoneração tributária dos mais ricos. A alíquota máxima do imposto de renda vem caindo progressivamente desde 1963, quando chegava a 91%, atingindo 35% em 2007. Calcula-se que 80% da renúncia fiscal promovida pelo governo Bush incidiu particularmente sobre o estrato dos 10% mais ricos. Richard Wilkinson (2010), na mesma linha, comprovou que os executivos das principais empresas dos EUA ganham atualmente 331 vezes mais que um trabalhador médio, o que alimenta o acelerado processo de concentração de renda que tem desgastado profundamente a tessitura social americana.

Qualquer projeto de democratização da economia precisa de um arcabouço institucional que ofereça sustentação, mecanismos legais capazes de promover a equidade e a participação ampla dos envolvidos, além de assegurar a transparência de todo o processo. Chama a atenção o exemplo da Dinamarca que apresenta um dos menores níveis de corrupção do mundo, tanto no serviço público quanto no privado, o que se deve, em boa parte, aos mecanismos de transparência fiscal adotados. Ao contrário do que ocorre em outros países, onde o sigilo fiscal é visto como um direito inquestionável, na Dinamarca, a renda, o patrimônio e os impostos pagos por qualquer cidadão podem ser acessados livremente, algo que remonta ao início do século XXI quando a transparência foi instituída e a fiscalização mútua tornou-se um traço importante da cultura local.

Ao se dar transparência às contas dos indivíduos e das instituições públicas e privadas, inibe-se a corrupção, dentro da lógica de que "quem não deve, não teme". Por outro lado, o sigilo fiscal tende a alimentar as gigantescas assimetrias de renda e patrimônio, muitas vezes por meio de atividades obscuras que passam à margem dos controles institucionais. Impérios são erguidos às custas da leniência fiscal, e depois de erguidos dificilmente são domados, pois passam a usar o próprio poder para criar regras que os favorecem.

6.4 Desenvolvimento local

Para Dowbor (2008), é necessário mudar o contexto global, mas isso só se dará de forma consistente por meio da priorização de políticas de desenvolvimento local, uma mudança econômico-social de dentro para fora. O conceito de desenvolvimento local está intimamente ligado ao processo de participação ativa da comunidade sem obedecer a um modelo-padrão de funcionamento:

> (...) a imagem da qualidade de vida nos remete a um bairro agradável, com razoável prosperidade, saúde, riqueza cultural, equidade e segurança: grande parte destas coisas se organiza localmente, e ter uma economia gerida por resultados implica que estes resultados sejam em grande parte determinados pelas comunidades criativas e diferenciadas que temos, e não necessariamente reproduzindo um modelo-padrão decidido de cima para baixo. Assim, ao associarmos desenvolvimento local com o conceito de cultura do desenvolvimento estamos apontando para uma reconciliação entre a democracia política e a democracia econômica. O possível outro mundo vai exigir também outra ciência econômica que incorpore estas dimensões (DOWBOR, 2008, p. 81).

É no desenvolvimento local que o cidadão pode participar de maneira mais efetiva da vida pública, reivindicar seus direitos e exercer a cidadania de forma ampla e democrática. É quando coproduz e pratica a democracia de maneira mais direta. Segundo Dowbor (2008), a democracia está alicerçada em três pilares fundamentais, a saber:

1. A ética (pré-requisito para exercer um cargo, tanto na Administração Pública quanto no Setor Privado e no Terceiro Setor);
2. A educação, que instrui de que forma podemos e devemos agir dentro de uma sociedade, e é vital para a reflexão crítica e o exercício do livre-arbítrio com responsabilidade, além de obstaculizar a manipulação e o abuso de poder;

3. A necessidade de consciência socioeconômica, numa abordagem holística do viver em sociedade, considerando as conexões que nos tornam interdependentes e corresponsáveis uns para com os outros.

Como discorre Korten em *Quando as Organizações Regem o Mundo*, o verdadeiro desenvolvimento não pode ficar alienado a fontes externas. O desenvolvimento depende da habilidade das pessoas em usar eficazmente os recursos reais de suas localidades – terra, água, trabalho, tecnologia, engenhosidade e motivação humana – a fim de satisfazer as necessidades da coletividade. Contraditoriamente, a maioria das intervenções de desenvolvimento transfere o controle das ações locais para instituições centralizadas, geralmente alheias às necessidades locais e totalmente descomprometidas com as pessoas que ali vivem. A dependência torna-se crônica, o colonialismo impera e o controle das populações sobre seus destinos é cada vez mais precário.

É fundamental entender a diferença entre o que amplia o crescimento econômico e aquilo que promove a qualidade de vida das pessoas, pois, em nome do primeiro, a qualquer preço, sacrifica-se o segundo, invertendo-se as prioridades. Não existe fórmula dos países ricos a ser transferida automaticamente para os pobres. Os padrões e políticas globais tendem a arruinar o potencial das comunidades locais de fazer suas escolhas e definir seu próprio rumo. Há que se superar a ideia de caminho ou modelo único para o desenvolvimento, ou de que existe uma hierarquia a ser seguida de acordo com os ditames dos países do centro do capitalismo.

O Estado centralizado demonstra-se cada vez mais incapaz de atender às demandas específicas das populações locais e tende a perder-se nas "atividades meio", emperradas pelo processo burocrático que tende a criar um distanciamento entre as necessidades da população e a capacidade de resposta dos governos. Ainda que a centralização tenha como apelo a integração de esforços e ganhos de escala, o que se vê de fato é a corrosão dessas possíveis vantagens pelo distanciamento entre as demandas e a capacidade de oferta. Os beneficiários raramente são ouvidos ou têm a possibilidade de se envolver no processo de decisão, tendo que se curvar aos ditames impostos de cima para baixo.

As instâncias superiores podem e devem colaborar com o processo de efetivação das políticas locais, mas a iniciativa e o ordenamento das ações têm de ser eminentemente locais, participativas e descentralizadas para não se distanciarem dos verdadeiros objetivos. Na Suécia, em média, cada cidadão participa de quatro organizações comunitárias, e as cidades que mais se notabilizam pela qualidade de vida de suas populações, como Barcelona, Vancouver e Amsterdã, apoiam-se em eficientes mecanismos de participação e autonomia local. De forma distinta, nos países menos desenvolvidos, a centralização dos pareceres é mais frequente, o que distancia a população das decisões que a afeta, reduzindo a sua responsabilidade e comprometimento. Mas, como alerta Dowbor (2016), a solução não está em inverter o processo e substituir o poder central pelo poder local, mas equilibrá-lo e distribuí-lo de forma mais adequada, sem esperar que tudo seja realizado de cima para baixo.

Como pano de fundo de qualquer processo que se quer participativo na esfera local, é necessário acesso facilitado às informações de interesse público e transparência em todas as instâncias de decisão, com destaque para as contas públicas municipais que podem e devem ser divulgadas online. É urgente a ampliação dos mecanismos de redistribuição de renda, a exemplo do IPTU progressivo, que onera particularmente as regiões mais ricas da cidade, dando maior coerência e equilíbrio entre centro e periferia. O Orçamento Participativo é outro importante instrumento de democratização das instâncias locais, em que por meio de assembleias regionais periódicas definem-se prioridades e delibera-se sobre a alocação de parte do orçamento público. A descentralização das decisões reflete-se em expansão dos serviços públicos e no atendimento a bairros geralmente negligenciados. No entanto, esses mecanismos só são verdadeiramente efetivos quando há transparência na gestão pública e um mínimo de cultura associativa por parte da população.

Como defende Sachs (2006), para que o desenvolvimento local possa se efetivar de forma consistente e sustentável, é fundamental construir economias locais vivas, com mercados internos pujantes e com certa autonomia, considerando que é no espaço regional que se pode criar um impacto mais significativo sobre a população. As comunidades locais precisam poder desenhar suas próprias estratégias para um desenvolvimento que seja simultaneamente sustentável, inclusivo, equitativo, que preserve a cultura regional e enriqueça as relações comunitárias. Não se trata de defesa do isolamento, algo que a história já demonstrou ser indesejável, mas que se priorize a produção e o consumo locais, que os recursos gerados na região sejam, em grande parte, nela reinvestidos e que os atores envolvidos se tornem simultaneamente responsáveis e beneficiários dos resultados auferidos.

O empoderamento local está relacionado ao desenvolvimento de capital social, conceito relacionado à confiança mútua, cooperação comunitária e mobilização coletiva, que se efetiva através de associações culturais, projetos comunitários, clubes, ONGs, partidos políticos, sindicatos. Também as empresas locais fortalecem a comunidade ao reinvestirem o capital e pagarem impostos na região, o que beneficia o desenvolvimento dos serviços públicos e de infraestrutura, além de dar maior equilíbrio ao processo competitivo. Há uma relação direta entre proximidade espacial e envolvimento comunitário, sendo que a democracia, para ter consistência, precisa de proximidade entre as partes interessadas; só assim se assegura-se o comprometimento necessário à efetivação do bem comum.

Dentro dessa perspectiva vem crescendo o chamado *biorregionalismo*, que se apresenta na contracorrente da exploração da natureza como forma de desenvolvimento. Essa corrente procura priorizar qualidade à quantidade, cooperação à competição, descentralização à centralidade, multiculturalismo à monocultura. É um modelo que valoriza a diversidade, as culturas locais com suas singularidades que nem sempre estão ligadas ao uso das tecnologias mais avançadas, nem ao uso extensivo da terra ou ao produtivismo cego, mas aliam outros fatores tão ou mais importantes como a preservação cultural e ambiental e o uso intensivo de mão de obra, dentro da lógica de que o mais importante é garantir trabalho e renda para todos em detrimento de ganhos extraordinários só para alguns. Trata-se de redefinir o próprio conceito de desenvolvimento, ainda confundido com crescimento do PIB (BOFF, 2013).

6.5 Problemas mundiais exigem soluções globais

A globalização criou um mundo sem fronteiras econômicas, mas ainda sem leis capazes de regular esse intenso fluxo de bens e serviços. Capitais são transferidos entre nações num simples apertar de botão, com impactos sobre as economias locais, a soberania nacional e sobre trabalhadores, que veem seus empregos ameaçados pela transferência de plantas industriais para países de mão de obra mais barata e desregulamentada, num verdadeiro leilão que se aproveita do desespero alheio. Certamente, se nada for feito, não estaremos longe do retorno à escravidão em nome da liberdade irrestrita dos mercados, em que os mais fortes se impõem movidos unicamente pela maximização dos lucros.

O alargamento das fronteiras nacionais em decorrência da nova arquitetura econômica intensificou a interdependência entre países e regiões, criando um emaranhado de relações de difícil apreensão. Ações aparentemente isoladas têm hoje desdobramentos imprevisíveis nos quatro cantos do globo, com impactos especialmente dramáticos sobre as populações mais pobres, o que alimenta o ciclo de miséria e de exclusão. Essa realidade obriga a uma ética transnacional, capaz de conceber o mundo de forma integral, em que a responsabilidade e o comprometimento mútuos ultrapassem qualquer fronteira e sejam assumidos numa ideia de cidadania planetária, do contrário, corremos o risco de produzir um genocídio sem precedentes.

Problemas mundiais exigem soluções globais. Sob essa máxima vêm surgindo movimentos que transcendem os limites dos Estados-nação e buscam saídas para problemas que ultrapassam nacionalidades específicas. A necessidade de um sistema de governança mundial deixou de ser um plano futurista e idealista e tornou-se pauta das próprias Nações Unidas, a chamada *internacional governance*. Fazê-lo sem ferir a soberania dos Estados nacionais é o grande desafio a ser transposto. A ideia não é nova: Kant, no século XVIII, já propunha a criação da república mundial, que se apoiaria numa cidadania planetária, fundamentada na premissa de que todos somos coproprietários da Terra e sobre ela possuímos direitos e deveres. O autor propôs a supressão dos exércitos como forma de eliminar a ameaça dos mais fortes sobre os mais fracos, e políticas de alcance global. Esse ideal ético-político, desde então, alicerça-se num amplo projeto de cooperação entre os povos a fim de garantir entendimento mútuo em pontos nevrálgicos para a sustentabilidade planetária, assegurando a paz, o cumprimento dos direitos humanos e a expansão da democracia.

A economia se internacionalizou, mas não foi acompanhada por mecanismos de intervenção política equivalentes, estes continuam limitados à esfera nacional, o que produz iniquidades superlativas, com consequências desastrosas para as populações periféricas que veem sua dignidade ameaçada em nome da ganância sem limites de alguns poucos. Diante de tamanhas contradições, ganha destaque a proposta concebida pelo economista James Tobin, prêmio Nobel de 1981, que defende uma taxa sobre todas as transações financeiras mundiais, o que pode ajudar a frear a especulação predatória de curto prazo, e simultaneamente recolher fundos para um programa social de alcance mundial. A OIT (Organização Internacional do Trabalho) complementa a ideia com a proposta de um programa de renda mínima global nos moldes do Bolsa Família brasileiro. O estudo da OIT assinala que esse tipo de iniciativa é recomendado tanto pelo baixo custo proporcional quanto pelos resultados potenciais, no presente e no futuro. A proposta oficial da OIT é chamada de Piso de Proteção Social e propõe que cada país inclua na oferta de serviços sociais o pagamento de um benefício básico para famílias pobres, crianças, desempregados, idosos, órfãos e inválidos. Na mesma linha, Piketty reforça que, assim como a tributação possui inquestionável potencial para reduzir as desigualdades e, por isso, deve ser encarada como responsabilidade global, a educação é um dos mais efetivos instrumentos de empoderamento social, o que justifica a criação de um fundo mundial para o seu financiamento.

A ONU é certamente o espaço privilegiado para se conceber a arquitetura de um novo modelo de democracia planetária, pois só uma instância supranacional poderá propor soluções universais e assegurar justiça, dignidade e atendimento aos direitos humanos fundamentais. Tem-se como experiência inspiradora a União Europeia, que conseguiu reunir países com histórico de hostilidades num projeto comum, não só de economia, mas com avanços políticos e culturais importantes. A ideia não é retirar a autonomia do plano local, o que seria uma arbitrariedade, mas reservar para as instâncias globais demandas que transcendem as fronteiras e os potenciais nacionais, como a regulamentação dos mercados, trabalho decente, erradicação da pobreza, educação e saúde básica universalizadas e equilíbrio ambiental.

Nessa nova configuração global, o Banco Mundial e o FMI também precisam redefinir suas funções e mecanismos de ação para assegurarem justiça social e levarem desenvolvimento aos mais necessitados, em vez das tradicionais políticas que invariavelmente condenam os mais pobres a um estado de dependência crônica, com dívidas impagáveis atreladas a programas de reestruturação que recaem sobre os mais vulneráveis. Essas instituições precisam ser redesenhadas, incluindo um amplo e profundo processo de democratização para que as decisões deixem de estar centradas em burocratas dos países mais ricos e possam ser definidas de forma mais participativa, recuperando a função original dos organismos que foram criados para promover o desenvolvimento, com especial atenção para os países em dificuldades.

Essa proposta conjuga-se à ideia de proteger certos segmentos que, pela sua natureza e finalidade, não podem se submeter à lógica de mercado, por isso, devem ser protegidos por meio de uma governança supranacional. São alvo dessa preocupação as *commodities* vitais à subsistência humana, como alimentos e água, que não podem ser dominados pela ganância e a especulação financeira, pois é a sobrevivência de milhões de seres humanos que está em jogo.

O trabalho da pesquisadora Elinor Ostrom sobre bens comuns e o problema da sua governança a fez ganhar o Prêmio Nobel de Economia em 2009. Em seu trabalho *Governing the Commons: The Evolution of Institutions for Collective Action* (1990), um estudo econômico e antropológico sobre bens comuns, a autora evidencia que os avanços das tecnologias não são acompanhados por governança apropriada, e grupos privados tendem a se apropriar desproporcionalmente dos recursos comuns com consequências desastrosas para grande parte da população mundial. A autora propõe uma evolução das instituições para uma divisão equilibrada de acesso a esses recursos, nomeadamente a negociação de pactos para a sua gestão coletiva.

O recorte da pesquisa conduzida pela autora compreendeu um espaço temporal de mil anos, em que analisou os diferentes modelos de gestão de bens comuns em diversas regiões e culturas do planeta. Ostrom (1990) atestou que ao se gerenciar os bens comuns – *common-pool resources* – (água, calotas polares, oceanos, rios, lençóis freáticos, áreas de pesca, ar, conhecimento produzido pela humanidade, animais, pastagens, florestas, a biodiversidade e afins), contrariamente à tese clássica do autointeresse, ao longo da história, os indivíduos souberam privilegiar os interesses coletivos e foram estabelecidos pactos de confiança e comprometimento mútuo em favor do bem comum, o que revela a importância de mecanismos de governança coletiva para assegurar bens que são de todos.

6.6 Democracia econômica em contexto

Democracia econômica ainda parece um conceito um tanto estranho, considerando que a democracia tende a ser reduzida à dimensão política. Entretanto, quando a economia se sobrepõe em poder às demais dimensões é inevitável reservar-lhe uma atenção particular, sob o risco de a democracia ser cooptada por interesses estritamente financeiros. Ter eleições periódicas não basta, já que as decisões que mais impactam nossas vidas não estão mais no campo político dos Estados-nação, mas são definidas pelas corporações transnacionais que passaram a mandar no mundo, sem qualquer compromisso com a participação popular ou com o bem comum. As suas lideranças não são democráticas e muito menos os resultados do trabalho coletivo são socializados, mesmo considerando que muitos grupos empresariais administram orçamentos superiores a países, impondo regras, definindo preços, qualidade, além de manipularem mentes e corações através da publicidade (DOWBOR, 2008).

Para Singer (1998), a democracia pode ser entendida como o implante popular/socialista mais importante sobre o sistema capitalista: ao se impor contra o seu instinto dominador e imperial, tem como desafio criar uma alternativa que respeite as liberdades individuais, políticas e econômicas, com pleno emprego e participação nas decisões de todos os envolvidos. A radicalização da democracia torna-se a principal bandeira de um novo socialismo que vem emergindo, ou como querem outros, de uma nova social-democracia que, independente dos rótulos, caracteriza-se pela centralidade atribuída à soberania popular e à busca de equidade em todos os espaços da vida social.

A democracia é talvez a maior conquista da modernidade e está condicionada à descentralização dos mecanismos de poder, o que envolve participação, equilíbrio das forças interagentes e o envolvimento da sociedade civil organizada com as diferentes esferas da vida em sociedade. Tem-se consciência das limitações da democracia e que esta precisa estar em contínuo processo de aprimoramento e evolução para consolidar-se de forma integral, e não seccionada, como ainda ocorre. Assistimos ao imperialismo econômico imposto pelas empresas transnacionais que agem de forma despótica e descompromissada com consequências sobre o todo social.

Como descreve Noam Chomsky (2017), o atual estado de iniquidade do capitalismo fundamenta-se no princípio de que o custo e os riscos são socializados, enquanto os lucros são privatizados. As instituições que dominam a sociedade, como os meios de comunicação e os bancos, são controladas por uma minoria rica. Qualquer tentativa de reforma do sistema em favor dos mais pobres é ameaçada com redução de investimentos, o que arruinaria a economia. Assim, cai-se num tipo de determinismo, como se não houvesse alternativa possível, em que para manter a economia saudável, todos, até mesmo os pobres, devem defender e apoiar um sistema dirigido aos interesses dos ricos, sob o risco de verem pioradas suas condições de vida. O que está ruim sempre pode piorar.

O poder está concentrado numa elite econômica poderosa que controla as instituições sociais e políticas estratégicas, sendo a mudança dessa estrutura quase impossível já que delas depende a massa da população, o que faz com que os pobres aceitem garantir a satisfação dos mais ricos via maximização de lucros, mesmo que através da exploração da sua força de trabalho. Essa concentração de poder é estrutural, não uma conspiração feita por um pequeno grupo de indivíduos. Os interesses econômicos das grandes corporações, do governo e dos investidores garantem que as decisões públicas sejam tomadas por grupos interdependentes, impedindo uma mudança radical.

Alguns números falam por si e apontam para o desproporcional desequilíbrio atingido pelas corporações privadas em todo o mundo. Estima-se que das 100 maiores economias do planeta, 69 sejam empresas e 31, Estados nacionais; só a empresa americana *Walmart* teve faturamento, em 2015, de US$ 472 bi, o que significa que, na América Latina, apenas o Brasil e o México possuem um PIB superior a essa soma. As três pessoas mais ricas do mundo possuem juntas uma fortuna superior à soma do PIB dos 48 países mais pobres, onde vivem mais de 600 milhões de pessoas. As 500 famílias mais ricas do mundo acumulam uma riqueza maior do que a soma dos ativos de 3 bilhões de pessoas, o que equivale a 45% da humanidade. O PIB mundial atinge atualmente a espantosa marca de mais de US$ 80 trilhões, o que representa uma renda *per capita* de mais de US$ 11.000, contra os US$ 1.200 de cem anos atrás. Contraditoriamente, existe cerca de 1 bilhão de pessoas vivendo abaixo da linha da miséria, ou seja, que tentam sobreviver com menos de US$ 1,25 por dia, e a cada 4 segundos morre um ser humano de desnutrição, sendo a maior parte, crianças. Interesses privados dominam e se impõem sobre as necessidades coletivas, constituindo uma perigosa ameaça ao processo democrático em todo o mundo.

Como já foi destacado no primeiro capítulo, em 1975, o CEO da *General Electric* recebia uma remuneração 36 vezes maior do que a renda de uma família de classe média americana da época. Em 2000, Jack Welch, CEO da mesma empresa, recebeu US$ 144,5 milhões, ou seja, 3.500 vezes a renda de uma família média dos EUA. Após a crise econômica americana de 2008 e devido à pressão da população indignada com os rendimentos escandalosamente desproporcionais de alguns executivos, passou a tramitar no Congresso americano um projeto de lei que tenta estabelecer um teto entre o maior e o menor rendimento dos membros da mesma empresa. Esse projeto vem ao encontro do que já acontece em algumas das nações socialmente mais desenvolvidas, nas quais a baliza que separa os estratos com maiores e menores rendimentos não ultrapassa 10 vezes. São exemplos o Japão, a Alemanha e os países nórdicos em que a diferença média de rendimentos encontra-se próxima a 6 vezes.

Qualquer política de distribuição de renda não conseguirá viabilizar-se apenas dentro das leis de mercado, pois necessita de mecanismos regulatórios capazes de corrigir as anomalias produzidas e alimentadas por este. São fundamentais leis e políticas públicas para reduzir as desigualdades e ampliar as oportunidades dos grupos mais vulneráveis. É imprescindível a mobilização da sociedade civil por meio de monitoramento, pressão e reivindicação de direitos, assumindo deveres e responsabilidades; só assim serão possíveis avanços no plano democrático, firmemente alicerçados nos verdadeiros fundamentadores do ideal de soberania popular.

A ideia de democracia econômica fundamenta-se na expansão dos avanços políticos para a esfera econômica e social. Um exemplo paradoxal que envolve a questão da democracia na sua integralidade é a exigibilidade de transparência nas ações do poder público, em contraposição à aceitação de verdadeiras ditaduras privadas, cujas ações, resultados e informações são encobertos mesmo com impacto sobre milhões de pessoas. Como descreve Dowbor (2008), achamos escandaloso alguns dirigentes nacionais terem salários de 20 ou 30 mil reais, mas continuamos a achar natural um diretor de uma empresa receber milhões, enquanto seus funcionários se limitam ao salário-mínimo, e mais, esses salários nababescos são pagos pelos consumidores, muitas vezes sem alternativas de consumo.

Bertrand Russell (*apud* Dowbor, 2008), já em seu tempo, denunciava o paradoxo vivido na esfera econômica. Achamos absurda a ideia de uma família real controlar uma nação ou região, como se tudo e todos lhe pertencessem por direito natural, mas continuamos a aceitar o fato de um bilionário usar o seu poder econômico e político, movido apenas por interesses individuais, para fazer o que bem quiser com a vida de milhares de pessoas, numa lógica de senhor feudal. Se essa era uma preocupação de Russell nos anos 1940, o que não dizer do século XXI, em que as disparidades de poder e renda atingiram tamanha discrepância!

A democracia econômica, para se tornar realidade, terá de considerar o *trade-off* entre recursos finitos e necessidades ilimitadas, assim como terá de considerar a Terra como propriedade comum, e os seus frutos, direitos universais. É legítimo, dentro desta perspectiva, que "alguns reduzam seus privilégios para que todos possam ganhar", o que pode levar a políticas como: reduzir a jornada de trabalho para assegurar trabalho e renda para um maior número de pessoas, atrelar tetos de remunerações máximas aos menores rendimentos, distribuição de lucros entre todos os envolvidos no processo produtivo e participação acionária que integre capital e trabalho à medida em que a empresa se expande. Em síntese, deve-se trocar a racionalidade empresarial tradicional centrada na maximização de lucros pela maximização dos benefícios sociais. Essa mudança de perspectiva poderá ser estimulada através de incentivos dados às organizações com maior vocação social, como cooperativas, empreendimentos de economia solidária e outros modelos de gestão democrática, com participação dos trabalhadores nas decisões e nos resultados.

O economista Joseph Stiglitz escreveu, em janeiro de 2017, um artigo intitulado "Só é sustentável a prosperidade compartida". Neste texto, denunciou que a desigualdade extrema é apontada pelos principais nomes do mundo econômico e empresarial como um dos problemas mais sérios da sociedade global, com impactos diretos sobre a própria sustentabilidade econômica. O atual estado de concentração econômica, além de imoral sob todos os pontos de vista, confronta-se com a própria lógica econômica, pois se grande parte dos cidadãos não têm renda para consumir, as empresas não têm para quem vender. A história nos ensina que quando a maioria não se sente beneficiada pelo crescimento econômico, inevitavelmente acaba por se rebelar contra as regras que alimentam essa condição.

As soluções propostas por Stiglitz não são mágicas, mas apoiam-se na ideia de que as corporações devem pagar a justa cota de impostos por seus ganhos, sem poderem contar com os artifícios contábeis e nem o uso de "paraísos fiscais" como porto seguro. Por exemplo, estima-se que a África, sozinha, perca US$ 14 bilhões todos os anos com transferências de recursos financeiros para paraísos fiscais. Segundo a Oxfam (2016), seria um valor suficiente para salvar quatro milhões de crianças de problemas de saúde e assegurar aulas para todas as crianças em idade escolar nos países subdesenvolvidos.

Os lucros das empresas precisam retornar para elas através de reinvestimento produtivo e melhoria da remuneração do trabalhador. Ao trabalhador, cabe apenas uma pequena parcela da contribuição que produz, sem vínculo com a riqueza coletivamente gerada, e caso a empresa seja vendida, vão junto como qualquer outro bem imóvel, sem direito a opinar sobre o próprio destino, algo próximo à realidade feudal. A maior parte do lucro vai remunerar os acionistas, a exemplo do que ocorre na Grã-Bretanha, onde, em 1970, os acionistas recebiam 10% dos lucros da empresa, e hoje, recebem 70%. O mercado financeiro tornou-se mais atrativo do que o setor produtivo, o que se torna insustentável com o passar do tempo. Ademais, as incoerências de remuneração atingem patamares abissais, haja vista que os altos executivos de grandes corporações estadunidenses ganham em média 300 vezes o salário de um empregado médio da mesma empresa, o que ultrapassa qualquer tentativa de explicação apoiada na meritocracia.

Como reforça Stiglitz, a única forma de prosperidade realmente sustentável é aquela que é compartilhada e consegue assegurar vantagens sistêmicas. As nações ou regiões onde a desigualdade se expande de forma mais acelerada só conseguirão assegurar um mínimo de estabilidade econômica e social caso redesenhem sua estrutura socioeconômica para favorecer investimentos produtivos de longo prazo e compartilhar a prosperidade. Em síntese, o desafio está em corrigir a discrepância de uma sociedade dividida entre o desespero dos que têm sua sobrevivência ameaçada e, por outro lado, a ganância patológica daqueles que acreditam nunca ter o suficiente.

Como pautado por Antonio Negri e Michael Hardt em *Império* (2004), o mundo deixou de ser governado por países e agora dominam formas de poder difusas, descentralizadas, que se espalham sem centro definido, o que as torna muito mais difíceis de identificar e combater. Trata-se de uma forma globalizante opressora, sem líderes definidos e que se sobrepõe aos Estados-nação. Distingue-se das formas de imperialismo do passado, que eram mais simples, definidas espacialmente e com centros de poder bem estabelecidos. O império não se limita ao plano objetivo concreto, mas invade mentes, subjetividades, conhecimentos e relações, define desejos e afetos. O poder imperial não tem lado de fora, tudo é absorvido.

No império não há fronteiras, a regulação é global, tudo e todos lhe pertencem e a ele prestam vassalagem. A subjetividade humana é forjada em série, troca-se a punição pelo controle que se manifesta logo ao nascer e acompanha o indivíduo em todo o seu desenvolvimento, o que obstaculiza a percepção de liberdade, acolhendo-se a servidão de forma voluntária. Todos os que tentam escapar ao seu controle são por ele cooptados, o alternativo se transforma em *mainstream*.

Estamos diante da sociedade biopolítica, descrita por Foucault, e de controle, definida por Deleuze, segundo o qual as práticas disciplinares utilizadas antes do século XX impunham-se para governar o indivíduo, enquanto a biopolítica visa a população em todos os aspectos da sua vida. O poder interpreta a vida por nós, define nossas crenças e condutas. O império se manifesta como um vampiro que suga tudo o que é diferente e "alternativo", transformando em formas pasteurizadas e controladas, como as imagens de Guevara e Frida Kahlo, incorporadas à cultura pop e por ela mercantilizadas.

O pessimismo domina a visão de Negri e Hardt, mas apontam possíveis saídas em pequenas frestas que se abrem e escapam às formas tradicionais de controle do império; é como uma flor que resiste e cresce no asfalto. Para os autores, a possível libertação não está fundamentada na ideia de tomar o império, mas abandoná-lo e pensar em alternativas melhores é romper com a inércia da vida condicionada e conformada como se não houvesse alternativa fora do que é dado.

Emerge a ideia de democracia da multidão, que emana de baixo para cima, sem centro definido, o que dificulta o seu extermínio ou cooptação. Ganha espaço uma nova inteligência coletiva, arranjos e manifestações autônomos que se contrapõem à ordem dada. Esses desvios e a criatividade de resistência que apontam novos horizontes são exemplificados em iniciativas como: *softwares* livres, compartilhamento gratuito de músicas, vídeos, informações e conhecimentos, livros distribuídos em plataformas do tipo *creative commons*, clubes de troca que se proliferam pelo mundo, ecovilas, economia solidária, coletivização de bens e serviços, *slow food*, *slow life*, economia do suficiente, movimento minimalista e tantos outros que a inventividade humana permite. *É extremamente difícil perseguir um enxame,* a inteligência do enxame está nas relações de comunicação. Uma inteligência coletiva, difusa, toma corpo e desafia os gigantes.

O aprendizado histórico revela que não é mais sensato querer impor um ideal de sociedade perfeita, mas antes viabilizar instituições que assegurem a essa mesma sociedade mecanismos democráticos de intervenção, para que construam e transformem, de forma participativa e com igualdade de oportunidades, o que acreditam ser necessário. Renuncia-se a propostas revolucionárias, messiânicas, que apontam para um futuro idílico inatingível, e, em seu lugar, busca-se o possível, considerando o próprio estado de consciência civilizatória, que exige mudanças, mas precisa de maturidade para realizá-las, algo que demanda um processo *continuum* de aprimoramento e inovação. As lutas a serem travadas têm que se processar dentro e fora do sistema dado, nos planos macro e micro, como a objetiva de uma máquina fotográfica que se abre e fecha, amplia e reduz, sem descartar experiências e potenciais de resistência.

Cabe aqui ressaltar o princípio dialógico apresentado por Morin (2015), segundo o qual a realidade se desenvolve de forma dialética através de embates e contradições, mas também é forjada na complementaridade, expressando-se tanto no "ou" (confronto), como também no "e" (complemento). A relação do indivíduo com a sociedade é, ao mesmo tempo, complementar e antagônica. A dialogia compreende o entrechoque de ideias, a colisão entre opostos, mas também percebe a importância do aperfeiçoamento, da adição do esforço que enriquece.

Assim a sociedade é vista como dialética, mas também de *diálogo*. O que significa dizer que qualquer sociedade é um campo de interesses individuais e uma comunidade fadada ao interesse coletivo – um vasto campo de afirmação de interesses, de competições diversas, de conflitos pessoais e coletivos, de luta de classes, mas, ao mesmo tempo, de entidades comunitárias, cooperativas e de sentimentos de pertença, solidariedade e unidade.

7. Democracia nas organizações

7.1 *Design* de propriedade

No Brasil, o direito à propriedade é assegurado pelo artigo 5º, inciso XXII da Constituição Federal de 1988, contudo, está vinculado ao cumprimento da sua função social, de forma a garantir que os bens e serviços produzidos na economia possam atender convenientemente à coletividade de forma justa e dentro dos preceitos jurídicos da lei, conforme o inciso XXIII deste mesmo artigo. No caso da propriedade rural, o art. 186 define por função social o cumprimento das seguintes pré-condições:

> I – Aproveitamento racional e adequado;
>
> II – Utilização adequada dos recursos naturais disponíveis e preservação do meio ambiente;
>
> III – Observância das disposições que regulam as relações de trabalho;
>
> IV – Exploração que favoreça o bem-estar dos proprietários e dos seus trabalhadores.

Todavia, ainda que a propriedade privada seja assegurada constitucionalmente, esta tem que assumir compromisso e responsabilidade com a sociedade da qual faz parte, acolhendo o bem comum como objetivo maior. O descumprimento dessas prerrogativas poderá resultar em sanções e até mesmo em sua desapropriação, em conformidade com o artigo 184 da Constituição Federal Brasileira de 1988.

Ainda que a letra da lei pareça clara e condicione a legitimidade da propriedade privada à sua função social, a prática está longe de conseguir efetivar esse compromisso. As relações de poder continuam a se sobrepor à legislação e são raros os casos de punição e mais ainda os de desapropriação de ativos em virtude do descumprimento das prerrogativas legais, haja vista as aberrantes situações de empresas que fazem uso recorrente de mão de obra análoga à escravidão e que permanecem sem qualquer tipo de punição, que, quando ocorre, é ínfima diante dos danos causados.

Diante de contradições abissais e de relações de poder desproporcionais com consequências extremamente danosas sobre o tecido social, sobressai a necessidade de se reverem os mecanismos institucionais que legitimam tais iniquidades. Uma das demandas mais urgentes é a democratização econômica, o que se desdobra em políticas macroeconômicas, já mencionadas no capítulo anterior, e em mudanças nos modelos organizacionais vigentes, com o incentivo ao associativismo, ao cooperativismo, a empresas sociais, empreendimentos de economia solidária, ao desenvolvimento local, à formação de redes e cadeias produtivas e a outras manifestações coletivas que tenham como fim a ampliação dos benefícios sociais, seguindo a máxima de que toda empresa deve democratizar-se e socializar-se à medida que cresce e se desenvolve.

De acordo com Kelly (2016), a propriedade é o campo gravitacional que mantém a economia em sua órbita. A arquitetura da propriedade define o objetivo comercial da empresa e cria a estrutura essencial para a economia capitalista, que se encontra em processo de colisão em decorrência dos seus efeitos deletérios sobre o conjunto do tecido social. A autora distingue dois modelos organizacionais: o *extrativista*, dominante e principal causador dos problemas socioeconômicos atuais; e o que ela denomina de *generativo*, que se apresenta como alternativa emergente. O modelo extrativista de empresa tem como principal propósito maximizar os lucros, ou seja, extrair o máximo de recursos físicos e financeiros no menor espaço de tempo possível. A propriedade encontra-se descolada da vida da empresa, pois é controlada por investidores do mercado de capitais interessados apenas em acompanhar seu retorno financeiro. Contrapõem-se a esse modelo as empresas generativas, conceituadas como aquelas que têm o propósito de criar condições para a vida a longo prazo. A governança é controlada pela missão social da organização, o que envolve ética, preocupações sociais e ecológicas e compromisso com os diferentes *stakeholders*, dentro de uma perspectiva sistêmica que entende a realidade de forma interligada.

Sobre o modelo tradicional de empresa, o extrativista, e a sua lógica de atuação, Kelly (2001) faz uma crítica de como as empresas vêm sendo personificadas, ou seja, são tratadas como pessoas, com alma e vontades próprias distantes de quem as criou ou a quem deveriam servir, tornando-se fim em si mesmas. O grande problema é que contrariamente aos indivíduos, as empresas não têm filtro moral e muito menos responsabilidade; atuam como máquinas autônomas sem prestarem contas à sociedade, a quem deveriam servir, e assim as iniquidades são naturalizadas, já que ninguém se sente responsável por nada.

Dentro do conceito de organizações generativas proposto por Kelly, são possíveis quatro categorias distintas de *design* de propriedade:

1. Propriedade e governança de áreas comuns. Quando certos ativos como água, florestas, oceanos, terras, parques e produção de energia são controlados ou governados individualmente por uma comunidade, considerando que se tratam de bens que ultrapassam os domínios ou interesses individuais.
2. Propriedade dos *stakeholders*. Aqui são incluídas organizações que estão centradas na promoção não individual, mas da coletividade da qual fazem parte. São exemplos típicos as cooperativas, associações ou empresas de propriedade dos próprios funcionários. Têm em comum a preocupação em promover a vida na sua amplitude, tanto o bem-viver dos envolvidos como do sistema ecológico como um todo.
3. Empresa social. São empresas que têm o seu foco dirigido por uma missão social; ainda que atuem de forma mercantil, o seu fim é social ou ambiental.
4. Corporações controladas pela missão. São empresas semelhantes às convencionais, mas que se distinguem ao privilegiarem a missão à maximização do lucro ou à expansão do mercado. Inserem-se neste modelo as empresas controladas por fundações.

Nas estruturas corporativas tradicionais, a propriedade restringe-se aos donos do capital que se tornam os únicos acionistas e, em contrapartida, os trabalhadores vendem sua força de trabalho e são remunerados independentemente do lucro e da riqueza que ajudaram a criar. Os lucros restringem-se a remunerar o capital inicialmente investido, desconsiderando todo o esforço empreendido ao longo do tempo pelos trabalhadores e o valor agregado por eles. Essa realidade aproxima-se da tradição medieval, com estruturas de poder imutáveis e entendidas como naturais. Como afirma Kelly (2016), vive-se hoje sob a monarquia do capital, em que se perpetua a relação de posse e subserviência numa estrutura hierárquica que se reproduz de geração em geração, sem questionamentos maiores por parte da população em geral.

A autora defende modelos organizacionais em que todos os trabalhadores compartilhem o mais igualitariamente possível todas as vantagens da propriedade, não apenas o lucro, mas também poder, conhecimento e segurança. Numa democracia, as pessoas são o Estado, contrariamente ao mundo aristocrático, onde o rei é o Estado. Atualmente, a economia é dominada por oligarquias que governam o capital e o sobrepõem ao trabalho, sendo que somente o primeiro tem direito a voto e se beneficia do lucro coletivamente produzido. Os meios de produção são, em sua grande maioria, de controle privado, e este é conquistado não por meio de trabalho árduo, mas através de herança e/ou exploração dos trabalhadores, fornecedores, consumidores e/ou meio ambiente. Os donos do capital definem as próprias regras, perpetuando suas vantagens e privilégios num verdadeiro ciclo vicioso.

Nas empresas tradicionais, o funcionário tem dever de lealdade com o empregador, mas este não deve lealdade ao funcionário, pode demiti-lo, transferi-lo ou realocá-lo sem impedimentos. Os trabalhadores são obrigados a produzir cada vez mais com cada vez menos recursos, e o resultado dos ganhos de produtividade são apoderados desproporcionalmente pelos donos do capital, sendo o medo amplamente utilizado como mecanismo de dominação e de perpetuação das regras do jogo. Essa relação é ainda mais predatória à medida que quem detém a propriedade das empresas não atua em sua gestão e se limita a acompanhar indicadores financeiros alheios ao contexto em que foram produzidos.

Contrariamente a essa realidade, uma outra economia, que busca parâmetros como justiça social, qualidade de vida e sustentabilidade, pode ser arquitetada e já apresenta sinais de vitalidade em várias experiências mundo afora. O *design* empresarial tem papel decisivo nessa nova configuração socioeconômica, proporcionando a coexistência de diferentes modelos organizacionais como: pequenos negócios associados, empresas de propriedade das pessoas que nelas trabalham, cooperativas diversas, modelos de gestão participativa e redes de colaboração mútua. Esses diferentes modelos são aqui reunidos sob a nomenclatura genérica de *organizações de socioeconomia*, que têm em comum a responsabilidade pelo conjunto dos *stakeholders* interagentes e medem seu sucesso pela capacidade de inclusão social e sustentabilidade sistêmica. A ideia é que quanto maior for a organização, maior deverá ser o seu comprometimento social e o seu compromisso com a democracia.

A democracia econômica só poderá efetivar-se com mudanças institucionais e avanços nos modelos organizacionais vigentes, para que estes sejam mais participativos e substituam o imperativo da maximização do lucro e da acumulação individual pela primazia da maximização do benefício social, com inclusão social, participação de todos nas decisões e distribuição democrática da renda. O ideal da democracia econômica e sua expressão organizacional, aqui entendida dentro do guarda-chuva conceitual de organizações de socioeconomia, podem ser estimulados e potencializados por meio da concessão de vantagens institucionais a entidades que comprovem sua vocação e impacto social, o que estimulará mais empresas a aderir ao modelo. Fica claro que essas proposições só conseguirão se firmar através da adesão de governos progressistas e comprometidos com a democracia integral, algo ainda distante das bandeiras hasteadas pelos partidos tradicionais.

É bom lembrar que as grandes empresas se beneficiaram durante toda a história dos subsídios generosos dos governos para as suas atividades, muitas vezes sem qualquer contrapartida social. Dados de agosto de 2017, do próprio Ministério do Desenvolvimento, atestam que durante os últimos 15 anos, R$ 420 bilhões foram transferidos sob a forma de subsídios e empréstimos bonificados, e não passaram pelo orçamento da união. Trata-se de dinheiro público transferido para os mais ricos em um montante que ultrapassa o gasto com o Bolsa Família e outros programas sociais do governo. Diante de práticas como essa, comuns não só no Brasil, mas no mundo, é mais do que justificável que se concedam incentivos superiores para as empresas de socioeconomia, dada a sua vocação com a inclusão social, dever que cabe ao próprio Estado, o que legitima e justifica a defesa de um marco regulatório diferenciado para organizações que já nascem com essa missão. Dentre os incentivos possíveis, destacam-se:

1. Legislação própria, facilitando a formalização e desenvolvimento dessas organizações.
2. Diferenciação tributária, reduzindo a incidência e complexidade tributária.
3. Priorização em licitações e parcerias com o poder público – estabelecimento de cotas ou gatilhos de descriminação positiva.
4. Linhas de crédito especiais e subsídios para impulsionar as atividades.

O possível estímulo às organizações de socioeconomia é, antes de tudo, uma medida de racionalidade sistêmica, pois ao se priorizar a inclusão social e a distribuição de renda, reduzem-se impactos com seguridade social e programas compensatórios para os mais pobres, algo bem diferente das tradicionais políticas de dar com uma mão e tirar com a outra (LUZIO-DOS-SANTOS, 2015).

Como bem descreve Sousa Santos (2016), ainda que haja uma hegemonia clara e quase absoluta do sistema capitalista, a esquerda deve se empenhar em desenvolver zonas livres do capitalismo neoliberal que demonstrem que um outro mundo é possível. De forma semelhante, Singer (1998) menciona a necessidade de implantes socialistas que possam impor-se como alternativas viáveis e superiores ao modelo posto. Esses enclaves poderão funcionar como pedagogia de um futuro pós-capitalista, ou, do contrário, a esquerda perde o sentido de existir.

A seguir, serão apresentados os principais modelos organizacionais de socioeconomia, que, embora distintos entre si, têm em comum a natureza democrática ou os avanços nesse sentido, em que o fim social se sobrepõe à maximização do lucro individual. Salientam-se, primeiramente, as empresas participativas, que, embora apresentem similaridades com os modelos tradicionais, vão além ao aderirem a mecanismos de democracia interna. Algumas passam pela abertura do capital a seus colaboradores, dirigentes eleitos de forma direta e, em casos mais avançados, adotam elementos de autogestão, em que todos são proprietários do empreendimento e têm voz na tomada de decisões.

7.2 Gestão participativa

A cultura brasileira apresenta fortes elementos de autoritarismo, paternalismo e despotismo, apaziguados pela cultura de docilidade e "cordialidade", assunto tão bem explorado por Sérgio Buarque de Holanda em *Raízes do Brasil*. Os trabalhadores ainda são vistos como meras ferramentas, executores de tarefas mecânicas e de baixo valor agregado, numa rígida relação hierárquica, na qual predomina a alienação, a desconfiança e o medo. A participação é entendida como uma ameaça ao poder tradicional, frouxidão dos mecanismos de controle e, no fundo, teme-se colocar em xeque a propriedade e a acumulação capitalista (FARIA, 2009).

A gestão participativa enfrenta vários desafios, tanto de ordem político-ideológica quanto técnica. Os resultados de um esforço coletivo, quando são equitativamente distribuídos, seguindo critérios estabelecidos democraticamente em assembleia e formalizados no estatuto da organização, tendem a produzir níveis superiores de motivação e envolvimento. Contudo, os desafios de um modelo participativo não são pequenos e por isso exigem redobrada atenção para que não se coloque tudo a perder. De acordo com Faria (2009), um dos principais gargalos do processo de participação na gestão é a demanda superior de tempo na tomada de decisão, assim como o baixo envolvimento de alguns membros que "terceirizam" suas responsabilidades, fazendo com que sempre os mesmos indivíduos ou grupos imponham suas vontades, o que compromete ou até anula o caráter participativo e democrático da organização.

A gestão participativa exige experiência, já que nossa cultura foi forjada em ambientes hierárquicos, o que leva à delimitação de comportamentos, culminando numa importante barreira para formas de participação ampliadas. A maneira de ultrapassar a tradicional subserviência e apatia diante das decisões passa por um trabalho educativo que estimula a consciência democrática e a transforma num hábito.

A responsabilidade, a confiança e a autodisciplina são fatores imprescindíveis para que os processos de gestão participativa possam fluir adequadamente. As relações diretas que se estabelecem em organizações coletivistas tendem a provocar maior satisfação e envolvimento do que a impessoalidade e hierarquia que impera nas organizações burocráticas de corte capitalista. Dentro da lógica de que várias cabeças pensam melhor do que uma, ao se ampliar a participação, a tendência é que aumentem, em número e qualidade, as sugestões de melhoria dos produtos/serviços, dinamizando os processos, alavancando resultados e proporcionando ganhos distribuídos entre todos os envolvidos, num ciclo virtuoso que fortalece a organização e todo o meio social onde estiver inserida.

Enquanto as organizações burocráticas favorecem o desempenho individual, com premiações e até estimulo à concorrência interna, com a promessa de ascensão na carreira para os que alcançarem melhor desempenho, nas organizações participativas prioriza-se a igualdade, sem privilégios individuais significativos. Isso porque, nos modelos coletivistas, as diferenças de conhecimento, habilidades, perícias e o próprio saber não são vistos como propriedade individual, mas recursos coletivos (FARIA, 2009).

De maneira abrangente, a administração participativa é uma filosofia ou doutrina que valoriza a colaboração mútua no processo de tomada de decisão. Esse modelo propõe-se a substituir os estilos tradicionais de gestão de pessoas, caracterizados pela rigidez hierárquica, autoritarismo e indiferença em relação aos trabalhadores, que são vistos como meros instrumentos, para se conseguir alcançar o objetivo prioritário que é o lucro para os acionistas. Diferentemente do modelo tradicional, a administração participativa está centrada na cooperação, liderança dialógica, autonomia e responsabilidade, o que pode ser resumido em três fundamentos:

1. Transparência – acesso facilitado e decodificado às informações e aos resultados auferidos pela empresa;

2. Participação nas decisões – abertura para a colaboração conjunta, com envolvimento no planejamento e na definição de ações, assumindo responsabilidades correspondentes.
3. Participação nos resultados – o que pode ocorrer através de distribuição de lucros ou de participação acionária para os trabalhadores. A participação nos lucros ou resultados da empresa por parte dos trabalhadores é regulamentado no Brasil por meio da Lei 10.101/00 de 19/12/2000.

A administração participativa promove o trabalhador à condição de sujeito criador, em oposição à de mero ferramental a serviço do capital, numa engrenagem que lhe é alheia. Além da participação gerar maior comprometimento, responsabilidade, iniciativa e criatividade dos trabalhadores em suas atividades, outro benefício fundamental é a retenção de talentos, pois ao se entenderem como partícipes diretos dos destinos da organização, inclusive do seu sucesso ou fracasso, tende a haver um maior engajamento. Essa convergência de interesses tende a se refletir num melhor clima organizacional e impulsionar os níveis de desempenho econômico, social e humano.

Dentro desse ideal, a partir de meados do século XX, surgiram algumas empresas que se notabilizaram pela ousadia e inovação nos modelos de participação. Os modelos participativos utilizados, ainda que variados, convergem ao estimularem o envolvimento dos trabalhadores em diferentes momentos da tomada de decisão, como em círculos de qualidade, em que voluntariamente se reúnem para analisar problemas e propor soluções. O acesso compartilhado às informações e reuniões abertas são mecanismos de participação efetiva, que proporcionam uma visão ampliada da gestão e da realidade da organização, o que se traduz em maior responsabilidade e comprometimento em relação aos destinos da empresa. Com isso, pretende-se privilegiar a visão de conjunto e ultrapassar interesses individuais, proporcionando melhoria nos níveis de bem-estar dos trabalhadores, sem comprometer a sustentabilidade e o desenvolvimento da empresa.

A gestão participativa se apoia na ideia de que os frutos devem ser compartilhados por aqueles que os plantam. Os modelos participativos mais avançados têm os trabalhadores como acionistas, não de forma residual, mas como detentores da maior fatia do capital, cuidando para que se estabeleçam limites à concentração acionária, prevalecendo os interesses coletivos. Caso alguém venha a sair da organização, terá de vender sua quota-parte internamente, para que não haja separação entre acionistas e trabalhadores.

A ideia de desenvolvimento destas empresas está vinculada à qualidade do relacionamento entre as pessoas que dela fazem parte. Entende-se que o trabalho é parte intrínseca da vida do indivíduo e deve ser fonte de significado por si só, de forma que o envolvimento dos trabalhadores entre si e com a empresa é o melhor caminho para assegurar esse propósito e dar significado às tarefas. Há um entendimento que os benefícios para os trabalhadores não são um meio para ampliar a produtividade ou os lucros da empresa, mas se justificam por si mesmos.

7.3 Cooperativismo

O cooperativismo é, sem dúvida, o movimento coletivista mais difundido em todo o mundo, e também o que conseguiu maior expressividade econômica entre os modelos organizacionais de socioeconomia. Pode-se definir cooperativa como uma associação autônoma de pessoas que se unem voluntariamente para satisfazer aspirações e necessidades econômicas, sociais e culturais comuns, por meio de um empreendimento de propriedade coletiva e democraticamente gerido. Uma cooperativa diferencia-se de outros tipos de associações de pessoas por seu caráter essencialmente econômico. A sua finalidade é colocar os produtos e/ou serviços de seus cooperados no mercado em condições mais vantajosas do que eles teriam isoladamente. O modelo cooperativo diferencia-se da empresa tradicional na sua finalidade, na forma de propriedade e controle e na distribuição dos benefícios por ele gerados (CRÚZIO, 2006).

Desde a sua origem, no século XIX, notabilizou-se por reunir pequenos produtores ou mesmo desempregados com a finalidade de unir forças e, de forma colaborativa, assegurar o desenvolvimento econômico de grupos ou comunidades geralmente desfavorecidos. É notório o seu esforço em promover o bem comum por meio de mecanismos de democracia interna, visando equidade nas relações e na distribuição dos resultados provenientes do trabalho coletivo. O cooperativismo veio unir capital e trabalho, ou seja, o trabalhador torna-se proprietário de seus instrumentos de trabalho, com participação nos resultados conforme o seu desempenho. A primeira iniciativa formal remonta ao ano de 1844, em Rochdale, Inglaterra, e deve a pessoas como Robert Owen, Charles Fourier e Charles Gide os seus principais fundamentos. Como descreve Singer (1998), as cooperativas podem ser entendidas originalmente como implantes socialistas dentro do modelo capitalista, uma forma de resistência diante das consequências deletérias de um sistema calcado na exploração e na acumulação individual.

Apesar dos ideais sedutores defendidos pelo cooperativismo, este nunca conseguiu unanimidade, nem mesmo nos primórdios do movimento. Beatrice Webb afirmava que ou as cooperativas fracassariam como empresas ou, se conseguissem sucesso econômico, se desvirtuariam inevitavelmente e passariam a não se diferenciar mais das empresas capitalistas. Eduard Bernstein tinha uma visão semelhante, assinalando que igualdade de poder na tomada de decisões, preconizado pela autogestão, não funcionaria, fazendo-se necessária a figura do gerente para que a cooperativa pudesse funcionar a contento. Rosa Luxemburgo também era incrédula em relação à proposta cooperativista, entendendo que o cooperativismo competiria com capital, mas sem eliminá-lo, como seria desejável (SINGER, 2000).

O modelo cooperativista caracteriza-se essencialmente pela finalidade de servir aos membros e ao meio em que está inserido através de gestão democrática, primazia das pessoas e do trabalho sobre o capital e participação equitativa nos resultados auferidos. Além de criar um modelo econômico distinto, o cooperativismo propõe-se a desenvolver uma nova forma de sociabilidade, centrada na solidariedade, na colaboração e no empoderamento comunitário, o que envolve uma profunda mudança comportamental no plano dos valores, para que a cooperação possa ser desenvolvida e se imponha diante das empresas de corte capitalista alicerçadas em princípios individualistas e de autointeresse.

Não se deve resumir esse modelo organizacional a experiências isoladas, mas entendê-lo de forma integrada e complementar. Sempre que possível, uma cooperativa deve priorizar os produtos ou serviços de outra organização cooperativa, fortalecendo-se mutuamente, além de se comprometerem com as comunidades das quais fazem parte. É notório o impacto gerado por uma cooperativa numa determinada região, pois estudos demonstram que localidades onde o cooperativismo é forte tendem a ter melhor qualidade de vida, justiça social e desenvolvimento comunitário.

A formação de uma cooperativa no Brasil exige uma composição inicial de, no mínimo, vinte pessoas (lei 5.764/71), o que muitas vezes se torna um impedimento à expansão do movimento, pois nem sempre é fácil reunir esse número em torno de uma mesma ideia. A cooperativa é uma instituição autogestionada e tem como órgão máximo de decisão a Assembleia Geral de cooperados. À Assembleia Geral está subordinado o Conselho de Administração, composto geralmente por sete membros, e a este, o órgão executivo, formado por cooperados responsáveis pela administração diária da organização (compõem um presidente, um vice e um secretário). A diretoria da cooperativa tem que trocar pelo menos dois terços dos seus integrantes a cada quatro anos, para que a renovação seja assegurada. Conta-se ainda com o Conselho Fiscal, órgão formado por cooperados cuja finalidade é assegurar o cumprimento das decisões definidas na assembleia geral.

O capital é formado por quotas-partes e tem um limite máximo decidido em assembleia para que não se criem grandes desproporções entre os associados. Doações, empréstimos, processos de capitalização e o destino dos resultados financeiros são também definidos via assembleia geral, e as possíveis sobras líquidas são divididas de acordo com o volume de negócios do associado com a cooperativa. É obrigatória a destinação de 10% das sobras para os fundos de reserva e 5% para os fundos educacionais, conforme previsto na lei 5.764/71.

Não há grande diferença tributária entre o modelo cooperativo e as empresas tradicionais. A diferença principal é que o trabalho do cooperado, no caso das cooperativas de trabalho, não gera vínculo empregatício e os produtos produzidos pelos cooperados e entregues na cooperativa também não geram tributação, sendo chamados de atos cooperativos. Porém, quando as mercadorias são vendidas ao consumidor, os impostos incidem normalmente. A grande vantagem das cooperativas continua a ser a forma de organização do trabalho, garantindo maior justiça social e condições potencializadas de enfrentar o mercado.

Segundo a ONU (2016), existem aproximadamente 2,6 milhões de cooperativas no mundo, que envolvem aproximadamente um sétimo da população total do planeta, ou seja, cerca de um bilhão de pessoas estão envolvidas com esse modelo organizacional que gera 250 milhões de postos de trabalho. A soma do volume movimentado pelas cooperativas equivale a 10% do PIB mundial e, nos países mais desenvolvidos, esse porcentual fica entre 20% e 50%. As dez economias mais cooperativistas do mundo coincidem com os países mais igualitários e desenvolvidos socialmente, destacadamente Nova Zelândia, França, Suíça, Finlândia, Itália, Holanda, Alemanha, Áustria, Dinamarca e Noruega. Na Finlândia, por exemplo, 60% das residências privadas foram construídas por cooperativas. Já no Canadá, quatro em cada dez canadenses são membros de pelo menos uma cooperativa e, na província de Quebec, esse número sobe para 70% da população. Oitenta por cento do azeite de oliva espanhol é produzido sob esse sistema, assim como 90% do queijo parmesão italiano.

A evolução histórica do movimento cooperativista no Brasil deixa clara a importância da cultura associativa como alavanca para o desenvolvimento desse modelo organizacional. A simples cópia de experiências exitosas de outros países ou regiões não é suficiente para assegurar um bom desempenho, precisa-se de capital social para sustentar os projetos coletivos de natureza econômica e/ou social. Por isso, o movimento cooperativista, desde os seus primórdios, estabeleceu como um dos seus princípios o investimento contínuo em educação para a cooperativa, algo essencial para alimentar a alma que viabiliza todo o processo.

O cooperativismo transformou-se num poderoso movimento espalhado por todo o mundo, mas, ao contrário do que poderiam prever os seus primeiros teóricos e ativistas, foi se transformando a ponto de, em muitos casos, se aproximar demais do modelo capitalista, perdendo a fidelidade aos seus princípios originais. Há sempre o risco das cooperativas se curvarem à lógica individualista e de domínio do capital sobre o trabalho, e isso é particularmente evidente quando fazem uso intensivo de mão de obra assalariada, dentro dos mesmos moldes que norteiam as empresas capitalistas. Essas ameaças obrigam um fortalecimento da cultura cooperativista para que a chama da solidariedade e do trabalho em prol do bem comum não se apague ou desvirtue. Têm surgido esforços no Brasil e no resto do mundo para reanimar os fundamentos históricos do cooperativismo, com centralidade para a democracia econômica, a solidariedade e a sustentabilidade sistêmica. Com o ideal de renovação dos fundamentos cooperativistas perdidos ao longo da história, resgatando-os à luz da contemporaneidade, surgem os movimentos de Economia Solidária, abordados a seguir.

7.4 Economia solidária

Os fundamentos da economia solidária, ainda que com outra nomenclatura, têm sua origem perdida na história, mas relacionam-se particularmente ao advento da Revolução Industrial, que levou milhares de trabalhadores a serem expulsos das suas atividades em decorrência do uso intensivo de máquinas pelos industriais da época. O cooperativismo original hoje ressurge sob o guarda-chuva conceitual de economia solidária, desenvolvida como resposta dos trabalhadores explorados pelo grande capital, viabilizando a aquisição de bens de consumo a preços mais baixos, além de gerar trabalho e renda para populações desempregadas. Após seu surgimento, o cooperativismo espalhou-se pelo mundo sob diferentes modalidades e expressões. Porém, com o passar do tempo foi sendo cooptado pelo sistema capitalista dominante e se desviou de muitos de seus princípios originais. Dessa forma, a economia solidária propõe-se, entre outros fundamentos, a resgatar esses princípios à luz do contexto atual (SINGER, 2002).

Após os anos 1980, com a derrocada do regime socialista soviético e a ascensão do modelo econômico neoliberal, assistiu-se à expansão da riqueza mundial, assim como à exclusão acelerada de um grande número de trabalhadores, ao aumento da polarização entre ricos e pobres, à competição desproporcional e à exploração potencializada do meio ambiente. Esse quadro fez ressurgir os ideais cooperativistas originais como forma de driblar as adversidades e contradições do grande capital. Esse novo cooperativismo passou a ser conhecido como Empreendimentos de Economia Solidária e se distingue do tradicional por priorizar a inclusão das classes populares, com horizontalidade das relações e democracia direta à luz das contingências contemporâneas.

Paul Singer (2002), um dos pais da economia solidária no Brasil, define-a como um modelo organizacional que não separa o trabalho da posse dos meios de produção e que tem como objetivo principal não a maximização do lucro, mas a potencialização do benefício social gerado. A economia solidária veio com o objetivo de combater o desemprego e o subemprego, proporcionar trabalho e renda e produzir uma forma mais humanizada de sociabilidade para as populações, principalmente as mais carenciadas, através de soluções coletivas. Contudo, hoje é mais do que uma experiência que atua junto aos estratos mais vulneráveis da população e ousa ao impor-se como alternativa ao modelo capitalista de empresa.

A Economia Solidária parte de uma lógica distinta do modelo capitalista, pois se aproxima dos ideais da autogestão, em que todos os que trabalham na organização são seus proprietários e todos os proprietários trabalham no empreendimento. O formato mais comum a esses empreendimentos é a cooperativa, mas também fazem parte associações e grupos populares (de produção, de serviços, de consumo, de comercialização e de crédito), além de empresas recuperadas pelos trabalhadores, agricultores familiares, fundos rotativos de crédito solidário, clubes de troca, ecovilas, redes de comercialização, cadeias produtivas solidárias e comércio justo. Há uma convergência entre todas essas experiências ao priorizarem o bem coletivo ao individual.

Os empreendimentos de economia solidária apoiam-se na gestão coletiva e na democracia interna. As principais decisões são votadas em assembleia, todos possuem o mesmo peso, ou seja: um homem = um voto. O capital dos empreendimentos é constituído por cotas, as quais são distribuídas igualmente entre todos os membros que têm as mesmas obrigações e benefícios. Esse ambiente de colaboração e democracia costuma elevar os níveis de motivação, comprometimento e responsabilidade, o que tende a potencializar os esforços coletivos.

A viabilização das iniciativas de Economia Solidária dentro do mercado capitalista não é tarefa fácil, mas algumas estratégias demonstram-se particularmente exitosas, tais como: a) o atendimento a segmentos específicos, nichos que não necessitam de escala de produção para se viabilizar, apoiados na diferenciação e na customização de produtos e serviços; b) o atendimento a necessidades comunitárias, suprir demandas de bairros ou regiões específicas, nomeadamente de populações de baixa renda, mantendo os recursos em circulação na própria comunidade; c) parceria da economia solidária com o poder público, tornando-se fornecedora privilegiada das demandas do Estado, o que se justifica pelo seu caráter social, que alia a prestação de serviços públicos importantes com a geração de trabalho e renda, desafogando os sistemas de assistência social dos governos (LUZIO-DOS-SANTOS, 2014).

Contudo, uma coisa parece certa: para que essas iniciativas se consolidem e ganhem força, precisam ser articuladas em rede, cadeias integradas em que se priorizem fornecedores e consumidores dentro dos mesmos princípios, além de estender as parcerias a ONGs, universidades, centros de pesquisa, bancos de fomento popular, incubadoras tecnológicas e ao próprio poder público. A rede é o formato por excelência para a consolidação e desenvolvimento desse modelo organizacional por se preocupar com as potenciais fragilidades diante de um ambiente inóspito que só podem ser ultrapassadas em conjunto.

A economia solidária, ainda que contemple um espectro variado de experiências, apoia-se num conjunto de princípios que lhe dão identidade própria e a distinguem dos modelos de empresa tradicionais, o que é sistematizado por Singer e Souza (2000, p. 13):

1. Posse coletiva dos meios de produção pelas pessoas que os utilizam para produzir;
2. Gestão democrática da empresa por participação direta ou por representação, dependendo do número de cooperados;
3. Repartição da receita líquida entre os cooperados, conforme decisão em assembleia;
4. Destinação do excedente anual (sobras), segundo critérios acertados entre todos;
5. A cota básica do capital de cada cooperado não é remunerada;
6. Somas adicionais emprestadas à cooperativa proporcionam a menor taxa de juros do mercado.

Ainda que a cooperação e a solidariedade estejam no centro da economia solidária, segundo Singer (1998, p. 123), há a necessidade de algum tipo de mercado: "É preciso aceitar, crítica, mas positivamente, o mercado, sem desistir de metas solidárias", reforçando a importância de alguma forma de competição. "Será importante que haja várias empresas competindo pelos consumidores em cada ramo de produção, dentro do setor, para que cada uma delas seja estimulada a melhorar a qualidade e baixar os custos", mas alerta que esta competição deverá se dar entre semelhantes, ou seja, deve-se garantir um equilíbrio entre os diferentes participantes para que haja justiça e equidade de oportunidades e não domínio ou mesmo aniquilação dos mais fortes sobre os demais.

Para Singer, não existe uma contradição entre competição e cooperação, ambas coexistem e são necessárias, o que é questionado é o grau de intensidade com que cada uma dessas se manifesta. É notória a supremacia quase absoluta da dimensão competitiva-individualista sobre a cooperativa-solidária na atualidade, em que supercompetidores concentram cada vez mais poder e esmagam qualquer alternativa emergente de menor porte, o que gera um ciclo de acumulação sem limites que corrompe as bases da própria democracia, que se apoia no equilíbrio de forças.

A forma mais provável de crescimento da economia solidária será continuar integrando mercados, em que compete tanto com empresas capitalistas como com outros modos de produção do próprio país ou de outros. O consumo solidário poderá ser um fator de empoderamento de algumas empresas solidárias, do mesmo modo como são os clubes de troca e as compras públicas. Mas a economia solidária só se tornará uma alternativa superior ao capitalismo quando puder oferecer a parcelas crescentes da população oportunidades concretas de autossustento, garantindo o mesmo bem-estar médio que o emprego assalariado proporciona (SINGER, 2002).

Um dos desafios da economia solidária no Brasil e no mundo é conseguir aprovar um marco jurídico próprio capaz de diferenciá-la do modelo cooperativo tradicional, considerando suas particularidades e necessidades. Há que se considerar que a sua finalidade transcende os domínios meramente econômicos, pois privilegia a inclusão e a promoção social, com impactos particularmente decisivos em comunidades de baixa renda, algo que faz parte das atribuições clássicas do Estado; logo, se justifica um *status* diferenciado para esse modelo organizacional, com legislação própria, linhas de crédito especiais, vantagens tributárias e outros benefícios que possam facilitar a sua expansão e dinamização.

Entre as várias iniciativas de economia solidária em atuação no mundo, destaca-se a Corporação Mondragon, na Espanha, criada em 1956 pelo padre jesuíta José Maria Arizmendiarrieta, num momento de forte crise econômica. Hoje a corporação conta com cerca de 80 mil trabalhadores-proprietários numa rede cooperativa composta por mais de duzentas cooperativas. A lógica da Mondragon está calcada na integração entre as diferentes unidades de produção, consumo, crédito e educação, num processo de complementaridade e fortalecimento mútuo. A Corporação Mondragon é hoje o sétimo grupo econômico da Espanha, com faturamento anual de mais de EUR 13,6 bilhões e atuação direta em mais de 40 países, com produtos e serviços comercializados em mais de 150 nações (MONDRAGON, 2015).

O complexo cooperativo baseia-se em dez princípios que constituem a base de seu funcionamento: 1) livre adesão; 2) organização democrática; 3) soberania do trabalho; 3) instrumentalização; 4) subordinação do capital; 5) gestão participativa; 6) solidariedade distributiva; 7) cooperação; 8) transformação social; 9) universalidade; 10) educação. Entretanto, para Arizmendiarrieta, a educação deveria ser o princípio de tudo, pois antes de se criar uma organização colaborativa são necessárias pessoas colaborativas, num ambiente em que os sensos de pertencimento, identidade e propriedade coletiva sejam desenvolvidos.

Atualmente, a Mondragon Corporación Cooperativa (MCC) atua na produção industrial e distribuição, sendo considerada a maior cooperativa de trabalhadores do mundo. Inclui em seu portfólio de negócios variadas indústrias, supermercados, um banco e uma universidade, além de manter atividades no setor de agricultura, pesquisa, serviços, crédito e varejo. Seu êxito se deve, em boa parte, à rede de apoio que foi capaz de integrar as diferentes cooperativas, além da forte vocação para a pesquisa e inovação, aliando ações que lhe garantiram competitividade no mercado global. As cooperativas do grupo Mondragon se organizam em subgrupos e funcionam como uma cadeia coordenada de fornecedores e compradores mútuos dos bens e serviços que produzem. Há um cuidado em não criar unidades agigantadas, privilegiando-se unidades menores que consigam preservar as relações internas e garantir maior dinamismo e agilidade às atividades.

O presidente de cada cooperativa e do complexo como um todo é eleito democraticamente pelos cooperados e ocupa o cargo por um tempo determinado. Sempre que alguma das unidades passa por problemas, há a possibilidade de remanejamento de gestores para ajudarem no alavancamento dos negócios mais frágeis, prevalecendo o espírito coletivista e privilegiando-se a visão de conjunto. Como não existem demissões em Mondragon, quando uma cooperativa demonstra-se inviável e opta-se pela sua extinção, os seus membros são realocados entre as demais unidades do grupo e podem contar com um seguro-desemprego da própria cooperativa até que o remanejamento seja efetuado.

Apesar das profundas mudanças no contexto econômico e político mundial nas últimas décadas, Mondragon esforça-se para manter os elementos básicos de sua identidade, centrados na missão orientada para as pessoas, educação para a cooperação e democracia participativa. Contudo, não demonstram ambições maiores em criar um modelo que venha a superar o sistema capitalista, mas acreditam que a sua forma de gestão é capaz de tornar as empresas mais humanas e participativas dentro do próprio sistema (MONDRAGON, 2015).

Apesar de todos os avanços que fazem do Complexo de Mondragon uma experiência singular a ponto de ser referenciada em todo o mundo, alguns princípios originais têm sofrido rupturas. Um exemplo é que em virtude da sazonalidade da demanda e do fato de nenhum cooperado poder ser demitido, foram criadas empresas que fazem uso de mão de obra assalariada, o que garantiu maior flexibilidade diante das oscilações dos mercados, mas, em contrapartida, abriu-se mão de um dos seus princípios mais caros, o de não fazer uso deste tipo de mão de obra. Outra mudança que chama a atenção é a expansão da cooperativa para países onde a força de trabalho é mais barata, o que a aproxima da lógica das empresas capitalistas tradicionais. Diante desses fatos, é inevitável o questionamento: até que ponto conseguem ser preservados os ideais cooperativos e solidários em Mondragon, dadas as contingências do mercado? Parece haver um *trade-off* entre crescimento e vigor econômico e, por outro lado, a preservação dos princípios originais. Que tipos de concessões são aceitáveis e quais arriscam desconfigurar a identidade do Complexo Cooperativo?

7.5 Novos modelos de produção e de sociabilidade

Os modelos socioeconômicos apresentados aqui são apenas parte do amplo espectro de iniciativas de corte democrático que emergem em todo o mundo e que apontam para o desejo de novos arranjos societais, mais justos, participativos e sustentáveis. Contudo, dentro dessa multiplicidade de experimentos, um ponto parece ser consensual para que se avance consistentemente para uma realidade mais democrática e colaborativa: é necessário um esforço em relação à educação para que, além dos conteúdos técnico-científicos tradicionais, se abrace a responsabilidade social, o civismo e o desenvolvimento da cooperação e do comprometimento mútuo, para que se supere o atual absolutismo atribuído aos princípios da competição, do individualismo e do autointeresse que nos conduziram a um quadro de insustentabilidade sistêmica.

Uma abordagem que merece destaque por entender a realidade sob uma perspectiva mais ampla é dada por Marcos Arruda (2003). O autor ultrapassa a visão economicista dominante e introduz outros elementos que se propõem a abarcar a complexidade que caracteriza o humano, incorporando ingredientes de natureza cultural e educacional numa perspectiva socioeconômica de base popular fundamentada na pedagogia de Paulo Freire. Há uma centralidade na busca pela emancipação de cada ser humano e o atendimento a uma dupla demanda: a reprodução simples (sobrevivência) e a reprodução ampliada da vida (crescente bem-estar individual, comunitário, social e ambiental), numa ideia de economia com prioridade social, a chamada Socioeconomia Solidária.

O autor dá destaque particular ao papel da educação como mecanismo emancipatório por excelência, porém, fundamenta-se numa educação que não se reduz a aspectos técnico-instrumentais balizados pelo desempenho econômico, mas privilegia elementos de sensibilidade e valores humanísticos, que objetivam o despertar de uma maior consciência social e um engajamento em prol do bem comum. Propõe ainda uma mudança profunda iniciada no plano dos valores, num "trabalho cultural para fazer emergir a solidariedade consciente" (ARRUDA, 2003, p. 234).

A partir desse espectro, pode-se entender os empreendimentos de socioeconomia solidária não apenas como novas formas de produção, mas também de sociabilidade, imbuídos de valores como afeto, empatia, participação e sustentabilidade. As organizações de socioeconomia solidária propõem-se a ir muito além do simples caráter utilitarista das relações de trabalho convencionais, assemelhando-se, em muitos casos, a verdadeiras famílias, marcadas por laços afetivos que ultrapassam o universo produtivo. Os ganhos superam largamente o plano material e incluem autoestima, pertencimento, identificação com o trabalho e com o grupo, companheirismo, noção crescente de autonomia e de direitos cidadãos. A isso se soma o respeito e a valorização à diversidade, como riqueza da própria condição social em que se vive complementada por habilidades e maneiras de ser e de estar que produzem ambientes comunitários de grande riqueza simbólica.

A economia a partir do coração proposta por Arruda privilegia o caminho da cooperação ao da competição e o da eficiência sistêmica à individual. A economia do coração vem opor-se à economia do ego: em vez do princípio "cada um por si", prioriza-se a máxima "todos por todos e por cada um". Procura-se um modelo de desenvolvimento que seja de dentro para fora (que privilegie os agentes socioeconômicos nacionais) em oposição ao desenvolvimento de fora para dentro, induzido pelo capital estrangeiro e por empresas transnacionais, que invariavelmente impõem sua lógica de cima para baixo e reforçam o poder dominante. O desenvolvimento defendido por Arruda só pode vir dos indivíduos para a coletividade, das comunidades locais para o nacional, do micro para o macro. Propõe uma ocupação gradual da economia de mercado pela socioeconomia solidária, viabilizada através de redes de complementaridade e de intercâmbio solidário, efetivado por meio de três vias de transformação: a socioeconomia solidária; as ecovilas e as cidades em transição (onde se desenvolvem projetos colaborativos) (ARRUDA, 2006).

Arruda é um dos poucos autores que consegue dar poesia à geralmente dura disciplina da economia, ao propor uma transformação que não se limite a mecanismos técnicos, integrando o desenvolvimento das subjetividades numa transformação interna que deve envolver cada indivíduo. Todos somos parte de um grande organismo vivo e dele dependemos, não dá para pensar numa economia sustentável sem colaboração, responsabilidade e cuidado. O autor entende o ser humano não como um indivíduo abstrato, mas um ser de relações em relação consigo mesmo, com o outro, com a sociedade e com a natureza, e é desse emaranhado de conexões e de senso de interdependência mútua que surge a economia do amor (ARRUDA, 2006).

Sousa Santos (2002), assim como Morin (2013), alerta para a necessidade de se pensarem e impulsionarem alternativas (no plural) ao modo de produção capitalista convencional, considerando que está sendo criado um mundo onde a sociabilidade se empobrece a cada dia, onde o individualismo é absoluto e a solidariedade residual. As relações que predominam em nosso tempo demonstram um misto de cobiça, vaidade e ameaça em relação ao outro. São necessários novos modelos de sociabilidade, em que a qualidade das relações e da convivência humana sejam privilegiadas e a economia seja apenas um instrumento para a concretização desse ideal. Santos (2002, p. 64), em seu livro *Produzir para Viver,* destaca os principais pontos em que se deve apoiar um novo sistema de produção e sociabilidade:

1. A importância dos vínculos além do econômico;
2. O êxito das alternativas de produção depende da inserção em redes de colaboração e de apoio mútuo (sindicatos, ONGs, etc.);
3. Lutas pela produção alternativa devem ser impulsionadas dentro e fora do Estado;
4. As alternativas de produção não devem fixar-se unicamente em escala local, mas articular-se em escala maior, afastando-se do isolamento;
5. A radicalização da democracia participativa e da democracia econômica são duas faces da mesma moeda;
6. Existe uma estreita conexão entre as lutas pela produção alternativa e as lutas contra a sociedade patriarcal. Não é uma luta apenas no plano econômico, mas também de gênero, raça e emancipação;
7. As formas alternativas de conhecimento são fontes alternativas de produção, aprende-se com os diferentes;

8. Os critérios para analisar o êxito ou o fracasso das alternativas econômicas devem ser gradualistas e inclusivos, e vão muito além do economicismo;
9. As alternativas de produção devem entrar em relação de sinergia com alternativas de outras esferas da economia e da sociedade. Ex: comércio justo, taxa Tobin, democratização do banco mundial e do FMI, propostas de renda mínima universal, respeito a normas éticas por parte de investidores estrangeiros em países do Sul, imigração aberta.

Para a concretização de um desenvolvimento global justo e sustentável, terá de se dar prioridade ao âmbito local, porém, sem abrir mão de possíveis articulações a nível mundial. Sousa Santos defende o multiexperimentalismo, trabalho em rede capaz de conjugar e potencializar diferentes iniciativas locais, visando novas formas de produção e de convivência social, mais colaborativas, solidárias, democráticas, participativas e sustentáveis.

Dentro dos novos modelos de organização social, destaca-se, em nosso período histórico, o fortalecimento e o singular papel desenvolvido pelas organizações da sociedade civil, que se notabilizam como uma das mais significativas forças de mudança na configuração do tecido social vigente. Estas vêm atreladas à ideia de espaço público ampliado, onde a mobilização da sociedade civil é imprescindível para novos níveis de democracia. A ideia de Estado ou mercado como únicos atores sociais é reducionista e arrogante ao desprezar o papel da sociedade civil como agente de fiscalização, pressão e produção de demandas junto ao Estado e ao mercado, o que amplia os domínios da cidadania.

O conceito de "organizações da sociedade civil" é amplo e só consegue ser convenientemente captado ao se fazerem distinções importantes entre a corrente conservadora e a emancipatória ou progressista. Dentro da perspectiva conservadora, Peter Drucker (1993), autor da área da administração, entende essas organizações como possíveis substitutas das ações tradicionais do Estado, com a vantagem de se elevar o grau de eficiência e eficácia na gestão das políticas sociais. De acordo com o autor, o megaestado tende a destruir a cidadania e só a sociedade civil autônoma poderá corrigir essa anomalia.

Por sua vez, Carlos Montaño (2002), numa visão oposta à de Drucker, alerta para o risco dos direitos sociais perderem o seu *status* institucional e reduzirem-se a um caráter voluntarista, numa terceirização das obrigações constitucionais do Estado, o que inevitavelmente produziria o recuo da cidadania. Montaño manifesta sua preocupação com a privatização das questões sociais, que tendem a alimentar o corporativismo e servir a interesses privados, sem necessariamente representarem as vontades e necessidades da população, num verdadeiro e perigoso enfraquecimento da cidadania e da democracia.

Há que se ter cuidado com os extremos, pois ao se tentar fugir dos ideais de minimização do Estado e da transferência das ações sociais para um setor privado, cai-se facilmente na ideia de uma esfera pública como monopólio do Estado, que enfraquece a manifestação popular em organismos autônomos, ou, em sentido oposto, na perigosa minimização do Estado em nome da privatização de todos os espaços da vida em sociedade, em que direitos são rebaixados à lógica mercantil. Essa polarização representada aqui pelas visões de Drucker e Montaño desconsidera a complexidade dos tempos atuais e reduz a realidade ao Estado e/ou ao mercado, algo simplista que remonta às posições ideológicas do século XX.

As organizações da sociedade civil devem agir transversalmente entre o Estado e o mercado, não como substitutas destes, mas fiscalizando-os e fazendo-os funcionar conforme o interesse público. Sem aquelas, a democracia torna-se limitada, pois é através delas que a sociedade se organiza e faz ver e ouvir as vozes dos invisíveis e esquecidos e potencializa suas ações. A sociedade civil organizada parece ser especialmente vocacionada para representar interesses comunitários, defender minorias e fortalecer e mobilizar grupos populares, além de ser o campo propício para o experimentalismo de novas tecnologias sociais que poderão se transformar em políticas públicas de amplo alcance. Porém, entre todas as ações empreendidas, são particularmente importantes ao fazer pressão junto ao Estado e ao mercado de forma a intensificar e fortalecer a participação democrática, o envolvimento cívico e a produção de direitos – "não é fazer para, mas fazer com".

7.6 Organizações em contexto

O processo de globalização a que fomos submetidos nas últimas décadas desenrolou-se desordenadamente; as empresas se expandiram mundo afora e os mercados se liberalizaram, mas não foram acompanhados por regulamentações à altura. As fusões e incorporações se intensificaram como forma de dar musculatura mundial às empresas, o que gerou estaturas corporativas próximas a Estados-nação, mas sem terem que assumir compromissos nem responsabilidades condizentes com tamanho poder. Continua a predominar a lógica da maximização do lucro, com o agravante de terem poder suficiente para definirem as próprias regras, manipulando governos, determinando políticas públicas e econômicas, estabelecendo prioridades e restringindo investimentos sociais ou qualquer solução que não venha do mercado, o que coloca em xeque todo o desenvolvimento democrático.

Vale a pena ressaltar que, em 2018, das cem maiores economias da Terra, 36 eram Estados nacionais e 64 eram corporações; em 2007, a relação era de 49 Estados-nação contra 51 corporações. Esse desequilíbrio que se agiganta a passos largos é especialmente preocupante ao se considerar que se tratam de empresas privadas, hierárquicas e sem qualquer compromisso com mecanismos de democracia interna ou promoção do bem coletivo, haja vista que a racionalidade que fundamenta as economias de mercado e, por conseguinte, as empresas que a compõem, é o lucro máximo no menor espaço de tempo para benefício dos acionistas. Richard Wilkinson, um dos maiores especialistas sobre desigualdade econômica, declarou em uma entrevista ao jornal *Die Zeit* da Alemanha: "A questão fundamental é: queremos ou não verdadeiramente viver segundo o princípio que o mais forte se apropria de quase tudo e o mais fraco é deixado para trás?".

A expansão e o desenvolvimento da democracia política é certamente a maior conquista do século XX, a ponto de se imaginar que havíamos atingido um novo patamar civilizacional que nos impulsionaria para níveis superiores de bem-estar social e de sociabilidade. Todavia, o que parecia ser uma trajetória sem volta, vem sendo perigosamente abalada pelo gigantismo das corporações mundiais que passaram a se impor como a força imperial do século XXI.

Nos espantamos ao ver regimes políticos autoritários ainda em atuação no mundo e os interpretamos como experiências retrógradas fruto de povos atrasados, superadas nos países mais avançados pelo aprendizado histórico. Contudo, as monarquias absolutistas do passado ameaçam retornar, agora sob o formato corporativo, como um cavalo de Troia que se instala sutilmente com o aval de Estados cooptados pelo grande capital. Vivemos diante de um dilema decisivo: ou a democracia se expande e ultrapassa o universo político e incorpora as dimensões econômica e social, ou se consumirá diante de suas próprias contradições rumo a um retrocesso civilizatório.

Não há muitas escolhas, ou as empresas se democratizam e os Estados reassumem seu compromisso de regular e domar o instinto predatório dos interesses privados, considerando as imperfeições inerentes aos mercados, ou implodiremos o que ainda resta da ideia de soberania popular. Toda empresa deveria se democratizar e se socializar à medida em que cresce e se desenvolve, considerando que os frutos que colheu gratuitamente pertencem ao acúmulo de conhecimento intergeracional e dos alicerces estruturais que deram suporte ao seu desenvolvimento. Nada ocorre de forma isolada ou é fruto do mérito individual de superdotados, mas é parte de uma teia de relações de interdependência que se perpetua por todo o tecido social, transcende fronteiras e cronologias, num ecossistema que impõe corresponsabilidade, participação e equidade.

John Dewey, filósofo social, argumenta que até todas as instituições, a produção, o comércio, a mídia, etc., estarem sob controle participativo democrático, não teremos uma real sociedade democrática. Onde há estruturas de autoridade, dominação e hierarquia, não pode haver democracia real, só o ativismo permanente pode mudar a ordem estabelecida.

Certamente, as soluções organizacionais que venham a emergir se manifestarão de forma plural, agregando modelos distintos, muitas vezes em estado de tensão, mas que convergem no empenho de construir alternativas mais democráticas, justas, equitativas e sustentáveis. As simplificações entre Estado e mercado parecem estar cada vez mais obsoletas diante da complexidade das sociedades contemporâneas. Como defende Dowbor (2015), a boa governança obriga a existência de uma articulação consistente entre

Estado, sociedade civil organizada e empresas, sem negligenciar a possibilidade de parcerias entre as diferentes esferas. O Estado continua a ser fundamental como agente regulador e controlador, mas reduz sua atuação como proprietário de meios de produção.

O desafio da contemporaneidade não está mais em buscar sociedades perfeitas através de fórmulas mágicas irrealistas. Deve-se pensar em projetos viáveis, capazes de ultrapassar a lógica centrada na maximização do lucro e substituí-la pela primazia da maximização do benefício social, com a ambição de colaborar com a construção de um novo projeto civilizatório, mais democrático, sustentável e solidário. Democracia econômica pressupõe que todos possam participar ativamente das pautas que os atingem, numa ideia de gestão colaborativa em que o conjunto dos atores envolvidos tenha vez e voz, e os resultados provenientes do trabalho coletivo possam ser desfrutados equitativamente por todos os participantes.

Diante da diversidade e complexidade do mundo atual, não se pode pensar num único projeto coletivo estendido a todos os povos, mas, de fato, o que se imagina como possível e desejável são múltiplos arranjos societais, variados tipos de convivência, cada uma com suas marcas e particularidades. Contudo, é preciso compreender as lições e experiências trazidas pela história, para ir além e não repetir os erros passados. É certo que não existe projeto perfeito e muito menos acabado, os caminhos são multifacetados e serão descobertos durante a própria caminhada, como já disse o poeta Antonio Machado: "(...) *caminhante,* não há caminho, se faz caminho ao andar (...)". Mas, certamente, qualquer projeto que se quer progressista e emancipatório deverá ter como premissa fundamental o cuidado para não deixar ninguém para trás. É no desenvolvimento da cultura da fraternidade, na capacidade de inclusão e acolhimento que se fundamentarão as bases principiológicas e valorativas que poderão dar sentido e sustentabilidade à sociedade do século XXI.

Referências

ALIER, Juan Martínez. *O Ecologismo dos Pobres: Conflitos Ambientais e Linguagens de Valoração*. São Paulo: Contexto, 2007.

AMADO, Adriana Moreira; MOLLO, Maria de Lourdes Rollemberg. *Noções de Macroeconomia*. São Paulo: Manole, 2003.

ANDERSON, Perry. *As Origens da Pós-Modernidade*. Rio de Janeiro: Zahar, 1999.

ARBLASTER, Anthony. *A Democracia*. Lisboa: Estampa, 1988.

ARENDT, Hannah. *Sobre a Revolução*. São Paulo: Companhia das Letras, 2011.

______. *A Condição Humana*. 10. ed. Rio de Janeiro: Forense Universitária, 2007.

ARISTÓTELES. *Ética a Nicômaco*. São Paulo: Edipro, 2014.

______. "Ética a Nicômaco". Trad. Leonel Vallandro e Gerd Bornheim. *In*: PESSANHA, José Américo Motta (org.). *Aristóteles*. São Paulo: Nova Cultural, 1991 (Os Pensadores, 2).

ARRUDA, Marcos. *Tornar Real o Possível*. Petrópolis: Vozes, 2006.

______. *Humanizar o Infra-Humano*. Petrópolis: Vozes, 2003.

______. "Socioeconomia Solidária". *In*: CATTANI, Antonio David (org.). *Outra Economia*. Porto Alegre: Veraz, 2003.

AVRITZER, Leonardo. "Sociedade Civil e Participação no Brasil Democrático". *Experiências Nacionais de Participação Social.* São Paulo: Cortez, 2009, p. 27-54. (Coleção Democracia Participativa).

______. "O Orçamento Participativo e a Teoria Democrática: Um Balanço Crítico". *In*: AVRITZER, Leonardo; NAVARRO, Zander (orgs.). *A Inovação Democrática no Brasil: O Orçamento Participativo.* São Paulo: Cortez, 2003, p. 13-60.

______. "Modelos de Deliberação Democrática: Uma Análise do Orçamento Participativo no Brasil". *In*: SANTOS, Boaventura de Sousa (org.). *Democratizar a Democracia: Os Caminhos da Democracia Participativa.* Rio de Janeiro: Civilização Brasileira, 2002.

______. "Teoria Democrática e Deliberação Pública". *Lua Nova,* 50: 25-46, 2000. Disponível em: http://www.scielo.br/scielo.php?pid=S0102-64452000000200003&script=sci_abstract&tlng=pt. Acesso em: 18 nov. 2019.

______. *A Moralidade da Democracia.* Belo Horizonte: UFMG, 1997.

______. "Além da Dicotomia Estado/Mercado: Habermas, Cohen e Arato". *Novos Estudos CEBRAP*, 36: 195-212, 1993.

BATISTA JÚNIOR, Paulo Nogueira. *Brasil e a Economia Internacional.* Rio de Janeiro: Campus, 2005.

BAUMAN, Zygmunt. *A Cultura no Mundo Líquido Moderno.* Rio de Janeiro: Zahar, 2013.

______. *Modernidade e Ambivalência.* Rio de Janeiro: Zahar, 1999.

______. *Modernidade Líquida.* Rio de Janeiro: Zahar, 1999.

BENTHAM, Jeremy. *Teoria das Penas Legais e Tratado dos Sofismas Políticos.* São Paulo: Edijur, 2002.

BOBBIO, Norberto. *Direita e Esquerda: Razões e Significados de uma Distinção Política.* Rio de Janeiro: Paz e Terra, 2009.

______. *O Futuro da Democracia: Uma Defesa das Regras do Jogo.* Rio de Janeiro: Paz e Terra, 2009.

______. *Do Fascismo à Democracia: Os Regimes, as Ideologias, os Personagens e as Culturas Políticas.* Rio de Janeiro: Elsevier, 2007.

BOBBIO, Norberto. *Teoria Geral da Política: A Filosofia Política e as Lições dos Clássicos*. Trad. Daniela Beccaccia Versiani. Rio de Janeiro: Campus, 2000.

______. *Estado, Governo e Sociedade: Para uma Teoria Geral da Política*. Rio de Janeiro: Paz e Terra, 1997.

BOBBIO, Norberto; MATTEUCCI, Nicola; PASQUINO, Gianfranco. *Dicionário de Política*. Brasília: UnB, 2000.

BOFF, Leonardo. *Ethos Mundial: Um Consenso Mínimo entre os Humanos*. Brasília: Letraviva, 2003.

______. *Saber Cuidar: Ética do Humano – Compaixão pela Terra*. Petrópolis: Vozes, 1999.

BORINELLI, Benilson; LUZIO-DOS-SANTOS, Luís Miguel; PITAGUARI, Sinival Osório (orgs.). *Economia Solidária numa Pluralidade de Perspectivas*. Londrina: UEL, 2011.

BOURDIEU, Pierre. *A Distinção: Crítica Social do Julgamento*. Porto Alegre: Zouk, 2015.

BRUE, Stanley; GRANT, Randy. *História do Pensamento Econômico*. São Paulo: Thomson Learning, 2006.

BRUM, Argemiro J. *Desenvolvimento Econômico Brasileiro*. Petrópolis: Vozes, 1982.

BUARQUE, Cristovam. *Admirável Mundo Atual*. São Paulo: Geração, 2001.

______. *A Segunda Abolição*. Rio de Janeiro: Paz e Terra, 1999.

CANUTO, Otaviano; NEVES, Renato Baumann; GONÇALVES, Reinaldo. *Economia Internacional*. Rio de Janeiro: Campus, 2004.

CAPRA, Fritjof. *Conexões Ocultas: Ciência para uma Vida Sustentável*. São Paulo: Cultrix, 2002.

______. *Sabedoria Incomum*. São Paulo: Cultrix, 1998.

______. *A Teia da Vida: Uma Nova Compreensão Científica dos Sistemas Vivos*. São Paulo: Cultrix, 1996.

CARNEIRO, Ricardo (org.). *Os Clássicos da Economia*. São Paulo: Ática, 1997.

CARVALHO, Edgard de Assis. *Ética, Solidariedade e Complexidade*. São Paulo: Palas Athena, 2001.

CASTRO, Gustavo de; CARVALHO, Edgard de Assis; ALMEIDA, Maria da Conceição de (orgs.). *Ensaios de Complexidade*. Porto Alegre: Sulina, 2002.

CASTTELS, Manuel. *A Sociedade em Rede*. São Paulo: Paz e Terra, 1999.

CATTANI, Antonio David (org.). *A Outra Economia: Os Conceitos Essenciais*. Porto Alegre: Veraz, 2003.

CATTANI, Antonio David; LAVILLE, Jean-Louis; GAIGER, Luiz Inácio; HESPANHA, Pedro. *Dicionário Internacional da Outra Economia*. São Paulo: Almedina, 2009.

CHOMSKY, Noam. *Quem Manda no Mundo?*. São Paulo: Crítica, 2017.

CONTIPELLI, Ernani. "Crowdsourcing Constitution: Solidariedade e Legitimação Democrática na Pós-Modernidade". *Revista Eletrônica Direito e Política*, 8 (3): 2364-2389, 3º quadrimestre de 2013 (Itajaí). Disponível em: http://www6.univali.br/seer/index.php/rdp/article/viewFile/5452/2877. Acesso em: 09 out. 2014.

CORTINA, Adela. *Ética de la Razón Cordial: Educar en la Ciudadanía en el Siglo XXI*. Oviedo: Nobel, 2007.

CRÚZIO, Helnon de Oliveira. *Como Organizar e Administrar uma Cooperativa*. São Paulo: FGV, 2006.

DAGNINO, Evelina. "Construção Democrática, Neoliberalismo e Participação: Os Dilemas da Confluência Perversa". *Revista Política & Sociedade*, 3 (5): 139-164, out. 2004.

______. *Sociedade Civil e Espaços Públicos no Brasil*. Rio de Janeiro: Paz e Terra, 2002.

DAHL, Robert Alan. *A Democracia e seus Críticos*. Trad. Patrícia de Freitas Ribeiro. São Paulo: WMF Martins Fontes, 2012.

DAVIES, John Kenyon. *Democracy and Classical Greece*. Londres: Fontana, 1978.

DOWBOR, Ladislau. *Os Mecanismos Econômicos*. São Paulo: Fundação Perseu Abramo, 2014.

DOWBOR, Ladislau. "A Rede do Poder Corporativo Mundial". *Ladislau Dowbor*, 4 jan. 2012. Disponível em: https://dowbor.org/2012/02/a-rede-do-poder-corporativo-mundial-7.html/. Acesso em: 18 nov. 2019.

______. *Democracia Econômica: Alternativas de Gestão Social*. Petrópolis: Vozes, 2008.

DRACHE, Daniel. "Globalização: O Grande Medo". *Revista de Administração da USP*, 34 (1), jan.-mar. 1999 (São Paulo).

DRUCKER, Peter. *A Sociedade Pós-Capitalista*. São Paulo: Pioneira, 1993.

ESPING-ANDERSEN, Gøsta. *Social Foundations of Postindustrial Economies*. Oxford: Oxford University Press, 1999.

______. "As Três Economias Políticas do 'Welfare State'". *Lua Nova*, 24: 85-116, 1991 (São Paulo).

ESPING-ANDERSEN, Gøsta; MYLES, John. "Economic Inequality and the Welfare State". *In*: SALVERDA, Wiemer; NOLAN, Brian; SMEEDING, Timothy M. (eds.). *The Oxford Handbook of Economic Inequality*. Oxford: Oxford University Press, 2009.

FARIA, José Henrique de. *Gestão Participativa: Relações de Poder e de Trabalho nas Organizações*. São Paulo: Atlas, 2009.

FAUSTO, Ruy. *A Esquerda Difícil: Em Torno do Paradigma e do Destino das Revoluções do Século XX e Alguns Outros Temas*. São Paulo: Perspectiva, 2007.

FERRAZ, Henrique. "A Democracia para Marilena Chauí". *Revista Eletrônica de Ciências*, 24, 2004 (São Paulo, USP). Disponível em: http://www.cdcc.sc.usp.br/ciencia/artigos/art_24/demochaui.html. Acesso em: 1 jun. 2015.

FINLEY, Moses Isaac. *A Democracia Antiga e Moderna*. Rio de Janeiro: Graal, 1988.

FRANÇA FILHO, Genauto Carvalho de; LAVILLE, Jean-Louis. *Economia Solidária: Uma Abordagem Internacional*. Porto Alegre: UFRGS, 2004.

FRIEDMAN, Milton. *Capitalismo e Liberdade*. São Paulo: Abril Cultural, 1984 (Os Economistas).

FRIEDMAN, Milton; FRIEDMAN, Rose. *Liberdade para Escolher*. São Paulo: Lua de Papel, 2012.

FURTADO, Celso. *Democracia Econômica: Em Busca de um Novo Modelo*. São Paulo: Paz e Terra, 2002.

______. *O Mito do Desenvolvimento Econômico*. São Paulo: Paz e Terra, 1974.

GALBRAITH, John Kenneth. *Pensamento Econômico em Perspectiva: Uma História Crítica*. São Paulo: Pioneira, 1989.

GASTALDI, J. Petrelli. *Elementos de Economia Política*. São Paulo: Saraiva, 2006.

GLOBAL JUSTICE NOW. *Controlling Corporations: The Case for a UN Treaty on Transnational Corporations and Human Rights*. set. 2016. Disponível em: http://www.globaljustice.org.uk/sites/default/files/files/resources/controlling_corporations_briefing.pdf. Acesso em: 30 out. 2016.

GREMAUD, Amaury Patrick; VASCONCELLOS, Marco Antonio Sandoval de; TONETO JÚNIOR, Rudinei. *Economia Brasileira Contemporânea*. São Paulo: Atlas, 2005.

GRAMSCI, Antonio. *Cadernos do Cárcere*. I. São Paulo: Civilização Brasileira, 1999.

GUTIERREZ, Gustavo Luis. "Da Autogestão à Economia Social: A Concepção de uma Nova Empresa". *Revista de Administração*, 33 (1): 68-74, jan.-mar. 1998 (São Paulo).

HABERMAS, Jürgen. *Teoria do Agir Comunicativo*. São Paulo: WMF Martins Fontes, 2012, 2 vols.

______. *Comentários à Ética do Discurso*. Trad. Gilda Lopes Encarnação. Lisboa: Instituto Piaget, 1999.

______. *Direito e Democracia: Entre Facticidade e Validade*. II. Trad. Flávio Beno Siebeneichler. Rio de Janeiro: Tempo Brasileiro, 1997.

______. "Três Modelos Normativos de Democracia". *Lua Nova*, 36: 39-53, 1995 (São Paulo). Disponível em: http://www.scielo.br/pdf/ln/n36/a03n36.pdf. Acesso em: 18 nov. 2019.

______. *Consciência Moral e Agir Comunicativo*. Rio de Janeiro: Tempo Brasileiro, 1989.

HARDIN, Garrett. "The Tragedy of the Commons". *Science*, 162 (3859): 1243-1248, 13 dez. 1968. Disponível em: http://tinyurl.com/zourwb7. Acesso em: 01 dez. 2016.

HARDT, Michael; NEGRI, Antonio. *Império*. São Paulo: Record, 2004.

HARRINGTON, Michael. *Socialism: Past and Future*. Nova Iorque: Arcade, 2011.

HARVEY, David. *Para Entender o Capital*. I. Trad. Rubens Enderle. São Paulo: Boitempo, 2013.

_______. *A Condição Pós-Moderna: Uma Pesquisa sobre as Origens da Mudança Cultural*. São Paulo: Loyola, 1992.

HAYEK, Friedrich. *O Caminho da Servidão*. Rio de Janeiro: Instituto Liberal, 1990.

HERMAN, Edward S.; CHOMSKY, Noam. *A Manipulação do Público: Política e Poder Econômico no Uso da Mídia*. São Paulo: Futura, 2003.

HOBSBAWM, Eric. *Como Mudar o Mundo: Marx e o Marxismo, 1840-2011*. São Paulo: Companhia das Letras, 2011.

______. *O Novo Século*. São Paulo: Companhia das Letras, 2000.

______. *Era dos Extremos: O Breve Século XX (1914-1991)*. São Paulo: Companhia das Letras, 1996.

HOLANDA, Sérgio Buarque de. *Raízes do Brasil*. São Paulo: Companhia das Letras, 1997.

HUNT, Emery Kay; LAUTZENHEISER, Mark. *História do Pensamento Econômico*. Rio de Janeiro: Campus, 2005.

KAUTSKY, Karl. *A Origem do Cristianismo*. São Paulo: Civilização Brasileira, 2010.

______. *As Três Fontes do Marxismo*. São Paulo: Centauro, 2004.

KELLY, Marjorie. *Owning our Future: The Emerging Ownership Revolution*. São Francisco, CA: Barrett-Koehler, 2012.

______. *The Divine Right of Capital: Dethroning the Corporate Aristocracy*. São Francisco, CA: Barrett-Koehler, 2001.

KERSTENETZKY, Celia Lessa. *O Estado do Bem-Estar Social na Idade da Razão: A Reinvenção do Estado Social no Mundo Contemporâneo*. Rio de Janeiro: Elsevier, 2012.

KEYNES, John Maynard. *A Teoria Geral do Emprego, do Juro e da Moeda*. São Paulo: Nova Cultural, 1985.

KLIKSBERG, Bernardo. *Falácias e Mitos do Desenvolvimento Social*. São Paulo: Cortez, 2001.

KORTEN, David C. *Quando as Corporações Regem o Mundo: Consequências da Globalização da Economia*. São Paulo: Futura, 1996.

KRUGMAN, Paul; WELLS, Robin. *Introdução à Economia*. Rio de Janeiro: Campus, 2006.

"La Constitución Ciudadana de Islandia Acaba Congelada". *El Diario*, 04 abr. 2013. Disponível em: https://www.eldiario.es/politica/constitucion-ciudadana-Islandia-muere-llegar_0_118288687.html. Acesso em: 18 nov. 2019.

LANZANA, Antonio Evaristo Teixeira. *Economia Brasileira: Fundamentos e Atualidade*. São Paulo: Atlas, 2002.

LEITE, José Alfredo. *Macroeconomia*. São Paulo: Atlas, 2000.

LERNER, Abba Ptachya. *The Economics of Control: Principles of Welfare Economics*. Nova Iorque: The Macmillan Company, 1957.

LÉVY, Pierre. *Cibercultura*. Trad. Carlos Irineu da Costa. São Paulo: 34, 1999.

LÜCHMANN, Lígia Helena Hahn. *Possibilidades e Limites da Democracia Deliberativa: A Experiência do Orçamento Participativo de Porto Alegre*. Campinas: Instituto de Filosofia e Ciências Humanas, Universidade Estadual de Campinas, 2002 (Tese de Doutorado em Ciências Sociais).

LUZIO-DOS-SANTOS, Luís Miguel. *Da Economia à Ecossocioeconomia: Compreender para Transformar*. Londrina: Eduel, 2019.

______. *Pautas para outra Sociabilidade*. Londrina: Eduel, 2015.

______. *Socioeconomia: Solidariedade, Economia Social e as Organizações em Debate*. São Paulo: Atlas, 2014.

LUZIO-DOS-SANTOS, Luís Miguel; BORINELLI, Benilson. "Economia Solidária: Propostas e Perspectivas". *In*: BORINELLI, Benilson; LUZIO-DOS-SANTOS, Luís Miguel; PITAGUARI, Sinival Osório (orgs.). *Economia Solidária em Londrina: Aspectos Conceituais e a Experiência Institucional*. Londrina: UEL, 2010.

MAGALHÃES, João Paulo de Almeida. *Brasil Século XXI: Uma Alternativa ao Modelo Neoliberal*. São Paulo: Paz e Terra, 2000.

MARX, Karl. *Marx*. São Paulo: Nova Cultural, 1996 (Os Pensadores, 16).

______. *O Capital: Crítica da Economia Política*. I; III. São Paulo: Abril Cultural, 1984.

______. *Teorias da Mais-Valia: A História Crítica do Pensamento Econômico (Livro IV de O Capital)*. II. São Paulo: Difel, 1983.

MÉSZÁROS, István. *Para Além do Capital*. São Paulo: Boitempo, 2011.

MISES, Ludwig von. *Liberalismo: Segundo a Tradição Clássica*. Trad. Haydn Coutinho Pimenta. São Paulo: Instituto Ludwig von Mises, 2013.

______. *Socialism: An Economic and Sociological Analysis*. Indianápolis: Liberty Fund, 1981.

MONDRAGON. *FAQs*. Disponível em: https://www.mondragon-corporation.com/en/co-operative-experience/faqs/. Acesso em: 19 dez. 2015.

______. *About Mondragon Corporation*. Disponível em: http://aboutmondragon.tumblr.com/post/121187595392/a-mondragon-corporacao-cooperativa-e-um-grupo-de. Acesso em: 11 jun. 2015.

MORIN, Edgar. *O Método 1: A Natureza da Natureza*. Porto Alegre: Sulina, 2015.

______. *A Via para o Futuro da Humanidade*. São Paulo: Bertrand Brasil, 2013.

______. *A Minha Esquerda*. Porto Alegre: Sulina, 2011.

______. *Introdução ao Pensamento Complexo*. Porto Alegre: Sulina, 2007.

______. *O Método 6: Ética*. Porto Alegre: Sulina, 2005.

MONTAÑO, Carlos. *Terceiro Setor e Questão Social: Crítica ao Padrão Emergente de Intervenção Social*. São Paulo: Cortez, 2002.

NOZICK, Robert. *Anarquia, Estado e Utopia*. São Paulo: WMF Martins Fontes, 2011.

OFFE, Claus. *Capitalismo Desorganizado: Transformações Contemporâneas do Trabalho e da Política*. São Paulo: Brasiliense, 1995.

OLIVEIRA, Manfredo; AGUIAR, Odilio Alves; SAHD, Luiz Felipe Netto de Andrade e Silva (orgs.). *Filosofia Política Contemporânea*. Petrópolis: Vozes, 2003.

OLIVEIRA, Manfredo Araújo de (org.). *Correntes Fundamentais da Ética Contemporânea*. Petrópolis: Vozes, 2000.

OLIVEIRA, Roberson de; GENNARI, Adilson Marques. *História do Pensamento Econômico*. São Paulo: Saraiva, 2009.

ORGANIZAÇÃO DAS NAÇÕES UNIDAS. *Transformando Nosso Mundo: A Agenda 2030 para o Desenvolvimento Sustentável*. Trad. Centro de Informação das Nações Unidas para o Brasil (UNIC Rio). Rio de Janeiro, 13 out. 2015, 49 p. Disponível em: https://nacoesunidas.org/pos2015/agenda2030/. Acesso em 12 dez. 2019.

OSBORNE, David; GAEBLER, Ted. *Reinventando o Governo: Como o Espírito Empreendedor Está Transformando o Setor Público*. Brasília: MH Comunicações, 1994.

OSKAR, Lange. *On the Economic Theory of Socialism*. Mineápolis: University of Minnesota Press, 1938 (Government Control of the Economic Order, 2).

OSTROM, Elinor. *Governing the Commons: The Evolution of Institutions for Collective Action*. Cambridge: Cambridge University Press, 1990.

OXFAM BRASIL. *Uma Economia para o 1%*. Disponível em: https://oxfam.org.br/justica-social-e-economica/forum-economico-de-davos/uma-economia-para-o-1/. Acesso em: 19 nov. 2019.

PASSADOR, João Luiz; PASSADOR, Cláudia Souza. "Estado Gerencial, Terceiro Setor e o Exercício da Cidadania". *In*: *III Congreso Internacional del CLAD*. Madri, 1998.

PETRAS, James. *Armadilha Neoliberal e Alternativas para a América Latina*. São Paulo: Xama, 1998.

PIKETTY, Thomas. *A Economia da Desigualdade*. Rio do Janeiro: Intrínseca, 2014.

______. *O Capital no Século XXI*. Rio do Janeiro: Intrínseca, 2014.

PLATÃO. *Apologia de Sócrates*. Trad. Enrico Corvisieri Mirtes Coscodai. São Paulo: Nova Cultural, 1999.

POLANYI, Karl. *A Grande Transformação: As Origens de nossa Época*. Rio de Janeiro: Campus, 2000.

"Por Que as Desigualdades Econômicas Crescentes Ameaçam a Sociedade e a Democracia". *GaúchaZH*, Porto Alegre, RS, 23 jan. 2016. Disponível em: http://zh.clicrbs.com.br/rs/noticias/proa/noticia/2016/01/por-que-as-desigualdades-economicas-crescentes-ameacam-a-sociedade-e-a-democracia-4957920.html. Acesso em: 25 jul. 2018.

PREBISCH, Raúl. *Keynes: Uma Introdução*. São Paulo: Brasiliense, 1991.

PUTNAM, Robert David. *Comunidade e Democracia: A Experiência da Itália Moderna*. Rio de Janeiro: FGV, 2002.

RAWLS, John. *Uma Teoria da Justiça*. São Paulo: Martins Fontes, 2002.

ROSSETTI, José Paschoal. *Política e Programação Econômica*. 3. ed. São Paulo: Atlas, 1979.

SACHS, Ignacy. *Rumo à Ecossocioeconomia: Teoria e Prática do Desenvolvimento*. São Paulo: Cortez, 2007.

______. *Desenvolvimento Includente, Sustentável e Sustentado*. Rio de Janeiro: Garamond, 2006.

SAFATLE, Vladimir. "Fascismo Suíço". *Folha de São Paulo*, 7 dez. 2010. Disponível em: https://www1.folha.uol.com.br/fsp/opiniao/fz0712201006.htm. Acesso em: 19 nov. 2019.

SAMUELSON, Paul; NORDHAUS, William. *Economia*. Porto Alegre: McGraw-Hill, 2010.

SANDEL, Michael J. *O Que o Dinheiro Não Compra: Os Limites Morais do Mercado*. São Paulo: Civilização Brasileira, 2012.

______. *Justiça: O Que É Fazer a Coisa Certa*. São Paulo: Civilização Brasileira, 2011.

SANDRONI, Paulo. *Novíssimo Dicionário de Economia*. São Paulo: Best Seller, 1999.

SANTOS, Boaventura de Sousa. *A Difícil Democracia: Reinventar as Esquerdas*. São Paulo: Boitempo, 2016.

______. *Renovar a Teoria Crítica e Reinventar a Emancipação Social*. São Paulo: Boitempo, 2007.

______. *O Fórum Social Mundial: Manual de Uso*. São Paulo: Cortez, 2005.

SANTOS, Boaventura de Sousa. *Reconhecer para Libertar: Os Caminhos do Cosmopolitismo Multicultural.* Rio de Janeiro: Civilização Brasileira, 2003.

______. *A Crítica da Razão Indolente: Contra o Desperdício da Experiência.* São Paulo: Cortez, 2000.

______. *Reinventar a Democracia: Entre o Pré-Contratualismo e o Pós-Contratualismo.* Lisboa: Gradiva, 1998.

SANTOS, Boaventura de Sousa (org.). *Produzir para Viver: Os Caminhos da Produção Não Capitalista.* Rio de Janeiro: Civilização Brasileira, 2002 (Reinventar a Emancipação Social: Para Novos Manifestos, 2).

SANTOS, Boaventura de Sousa; AVRITZER, Leonardo. "Introdução". *In*: SANTOS, Boaventura de Sousa (org.). *Democratizar a Democracia: Os Caminhos da Democracia Participativa.* Rio de Janeiro: Civilização Brasileira, 2002 (Reinventar a Emancipação Social: Para Novos Manifestos, 1).

SANTOS, Boaventura de Sousa; RODRIGUES, César. "Introdução". *In*: SANTOS, Boaventura de Sousa (org.). *Produzir para Viver: Os Caminhos da Produção Não Capitalista.* Rio de Janeiro: Civilização Brasileira, 2002 (Reinventar a Emancipação Social: Para Novos Manifestos, 2).

SANTOS, Milton. *Por uma Outra Globalização: Do Pensamento Único* à *Consciência Universal.* São Paulo: Record, 2011.

SARKAR, Prabhat Ranjan. *Democracia Econômica.* São Paulo: Ananda Marga, 1998.

SELL, Carlos Eduardo. *Introdução à Sociologia Política: Política e Sociedade na Modernidade Tardia.* Petrópolis: Vozes, 2006.

SEN, Amartya. *Desenvolvimento como Liberdade.* São Paulo: Companhia da Letras, 2000.

______. *Sobre Ética e Economia.* São Paulo: Companhia da Letras, 1999.

SCHUMPETER, Joseph Alois. *Capitalismo, Socialismo e Democracia.* Rio de Janeiro: Fundo de Cultura, 1961.

SINGER, Paul. *Introdução à Economia Solidária.* São Paulo: Fundação Perseu Abramo, 2002.

______. *Globalização e Desemprego: Diagnóstico e Alternativas.* São Paulo: Contexto, 1998.

SINGER, Paul. *Uma Utopia Militante: Repensando o Socialismo*. Petrópolis: Vozes, 1998.

SINGER, Paul; SOUZA, André Ricardo de. *A Economia Solidária no Brasil: A Autogestão como Resposta ao Desemprego*. São Paulo: Contexto, 2000.

SINGER, Peter (ed.). *A Companion to Ethics*. Hoboken, NJ: John Wiley & Sons, 2013.

SMITH, Adam. *A Riqueza das Nações*. São Paulo: Folha de São Paulo, 2010.

______. *Teoria dos Sentimentos Morais*. São Paulo: WMF Martins Fontes, 1999.

SOUZA, Nilson Araújo de. *Economia Brasileira Contemporânea: De Getúlio a Lula*. São Paulo: Atlas, 2007.

SPINK, Peter Kevin; CLEMENTE, Roberta; KEPPKE, Rosane. "Governo Local: O Mito da Descentralização e as Novas Práticas de Governança". *Revista de Administração*, 34 (1): 61-69, jan.-mar. 1999 (São Paulo).

STEGER, Manfred B. *The Quest for Evolutionary Socialism: Eduard Bernstein and Social Democracy*. Cambridge/Nova Iorque: Cambridge University Press, 1997.

STIGLITZ, Joseph. "Só É Sustentável a Propriedade Compartida". *Outras Mídias*, 21 jan. 2017. Disponível em: https://outraspalavras.net/outras-midias/stiglitz-so-e-sustentavel-a-propriedade-compartilhada/. Acesso em: 19 nov. 2019.

______. *The Price of Inequality: How Today's Divided Society Endangers Our Future*. Nova Iorque: W. W. Norton, 2012.

SUNG, Jung Mo. *Sujeito e Sociedades Complexas: Para Repensar os Horizontes Utópicos*. Petrópolis: Vozes, 2002.

SUNG, Jung Mo; SILVA, Josué Cândido da. *Conversando sobre Ética e Sociedade*. Petrópolis: Vozes, 1995.

SUPLICY, Eduardo. *Renda de Cidadania: A Saída É pela Porta*. São Paulo: Cortez, 2002.

VANDERBORGHT, Yannick; PARJS, Philippe Van. *Renda Básica de Cidadania: Argumentos Éticos e Econômicos*. São Paulo: Civilização Brasileira, 2006.

WILKINSON, Richard; PICKETT, Kate. *Espírito da Igualdade: Por Que Razão Sociedades Igualitárias Funcionam Quase Sempre Melhor*. Lisboa: Presença, 2010.

YUNUS, Muhammad. *Um Mundo sem Pobreza: A Empresa Social e o Futuro do Capitalismo*. São Paulo: Ática, 2008.

YUNUS, Muhammad; JOLIS, Alan. *O Banqueiro dos Pobres*. São Paulo: Ática, 2001.

FSC
www.fsc.org
MISTO
Papel produzido a partir de fontes responsáveis
FSC® C132240

A marca FSC® é a garantia de que a madeira utilizada na fabricação do papel deste livro provém de florestas que foram gerenciadas de maneira ambientalmente correta, socialmente justa e economicamente viável.

Esta obra foi composta em CTcP
Capa: Supremo 250g – Miolo: Pólen Soft 80g
Impressão e acabamento
Gráfica e Editora Santuário